JN426153

인터넷 시대의

디지털경영

Digital Management

김 성 언

비앤엠북스

머리말

오늘날 우리는 모든 사람들이 인터넷에 접속해 일상 업무를 처리하는 사회에 살고 있다. 개인들이 인터넷을 부담 없이 사용할 수 있게 된 지는 얼마 되지 않았음에도 불구하고 인터넷의 활용이 개인과 기업에서 일상화되면서 이를 상거래에 이용하는 전자상거래가 활발히 이루어지고 있다. 사람들은 예전에 편지를 쓰며 주고받던 사연들을 이메일이라는 디지털 편지를 이용해 아주 편리하게 주고받고 있다. 기업들은 개인 또는 기업들을 대상으로 이메일을 이용해 카탈로그를 보내기도 하고 또는 주문 및 결재를 하고 있는 실정이다. 전자상거래라 불리는 디지털 상거래 시대를 사는 우리는 인터넷 기술의 응용과 기업 경영이 어떻게 연관되는지를 이해할 필요가 있다. 즉, 전자상거래가 도입될 수 있게 된 기술적 배경은 무엇이며 인터넷 기술의 응용에 따라 기업경영의 방향과 전략이 어떻게 변화하는지를 이해할 수 있어야 한다. 이러한 필요에 부응하기 위한 내용들을 담은 많은 교재들이 출판되고 있다. 그러나 이미 출판된 많은 교재에서는 너무 이론적인 면을 중점으로 내용을 전개하고 있기에 사회적인 경험이 적은 학생들에게는 다소 부담이 되고 있다. 따라서 본 교재에서는 이를 감안하여 좀 더 학생들의 이해를 높일 수 있도록 많은 사례를 동원하였고 또한 실습을 할 수 있도록 본 교재의 내용을 구성하고자 노력하였다. 본 교재를 공부하는 데 있어서 한 가지 지적하고 넘어가야 할 문제는 본 교재에서 인용하고 있는 웹사이트의 형태들이 시간에 따라 변하고 있기 때문에 교재에서 사용한 웹사이트 주소에 나오는 화면이 교재에서 보여주는 화면과 다를 수도 있다는 것이다. 이는 교재 편집에서 기술적으로 해결할 수 없는 문제이기 때문에 독자들의 양해를 구한다.

본 교재의 구성은 크게 3부로 나누어져 있다. 제1부는 인터넷과 통신기술로 컴퓨터 기술의 발달과 더불어 통신기술의 발달을 다루고 있다. 오늘날 우리가 자유롭게 인터넷을 사용할 수 있게 된 배경에는 컴퓨터 기술의 발달과 더불어 통신기술의 발달이 있다. 따라서 인터넷을 이용한 기업 경영이나 상거래를 이해하기 위해서는 기본적인 컴퓨터 기술과 통신기술에 대한 이해와 이들을 바탕으로 생겨난 웹사이트의 운영 특성에 대해 이해하는 것이 바람직하다. 제2부는 인터넷과 기업 경영으로서 전자상거래와 관련된 내용과 이의 기업운영에 이용되는 내용을 다루고 있다. 오늘날 누구나 한 번쯤은 전자상거래를 경험해 보았을 것으로 여겨지나 그 세부적인 내용들에 대해서는 제대로 이해하지 못하고 있다고 여겨진다. 이에 따라 제2부에서는 전자상거래의 기본적인 개념과 인터넷을 이용한 마케팅이나 유통분야에서의 변화 등을 살펴본다. 제3부는 웹사이트 구축과 쇼핑몰로서 기업이 웹사이트를 구축하고자 할 때 미리 염두에 두어야 할 내용과 전자상거래에 대한 이해를 실질적으로 응용해 볼 수 있는 내용을 다루고 있다.

여러 번의 수정을 거치며 원고를 다듬어 오다가 시기적으로 더 이상 미룰 수 없게 되어 출판을 하게 되었으나 아직도 미흡한 부분이 많은 것으로 여겨집니다. 본 교재에 대한 독자들의 비판과 의견들이 있으면 이를 겸허하게 받아들여 이에 대한 지속적인 보충과 수정을 할 것입니다.

본 교재를 집필하는 과정에 여러 가지 궂은일들을 마다않고 헌신적으로 도와주신 박정교 [illegible] 선생에게 심심한 사의를 표합니다. 또한 본 교재가 출판될 수 있도록 [illegible] 비엠엘북스 정[illegible] 여러분께 [illegible]합니다.

2009년 2월

김 성 기

C·O·N·T·E·N·T·S

차 례

C·O·N·T·E·N·T·S

C·O·N·T·E·N·T·S

C·O·N·T·E·N·T·S

C·O·N·T·E·N·T·S

C·O·N·T·E·N·T·S

제 1 부

인터넷과 통신기술

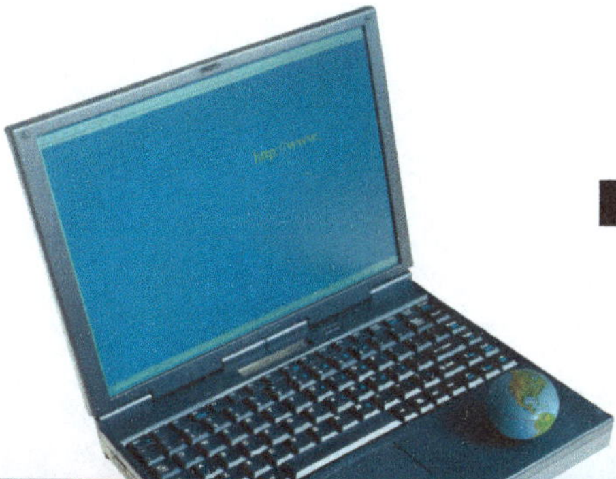

CHAPTER 1

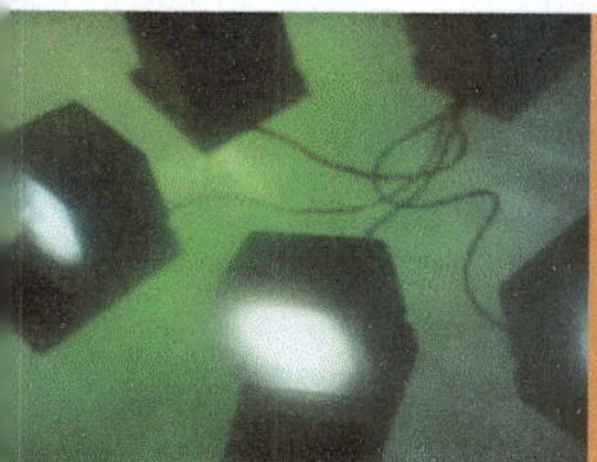

인터넷과 World Wide Web

학습목표

이 장에서는 다음과 같은 내용을 학습한다.

- 컴퓨터의 발전 과정
- 인터넷의 출현 배경
- HTML과 하이퍼텍스트
- 웹의 구성과 작동
- 인터넷 주소체계

오늘날 세계를 하나로 묶어 주며 우리의 사랑을 듬뿍 받고 있는 인터넷은 네트워크 기술 발달의 산물로 보아도 이상이 없다. 그러나 인터넷의 원활한 이용은 네트워크 기술에만 의존할 수 없다. 원활한 인터넷 이용의 배경에는 컴퓨터 기술의 병행된 발달이 자리 잡고 있다. 즉, 1940년대 중반에 최초의 전자식 컴퓨터인 에니악(ENIAC)을 개발한 이후 꾸준히 발달시켜 온 컴퓨터 기술과 1970년대 중반에 개발되어 오늘날 많은 사람들의 사랑을 받고 있는 개인용 컴퓨터의 등장 및 확산은 오늘날과 같은 인터넷 시대의 도래를 앞당길 수 있도록 해 주었다.

본 장에서는 먼저 컴퓨터가 어떻게 발달되어 왔으며 인터넷은 어떻게 출현하게 되었는지를 개략적으로 소개한다. 또한 인터넷과 밀접한 관계에 있는 웹의 구성과 작동에 관한 내용을 소개하고 인터넷 주소체계에 대하여 알아본다.

제1절 컴퓨터의 발전 과정

산업혁명 이후 사회가 점점 복잡해지고, 기업 간의 거래가 활발해지고 커짐에 따라 기업들은 보다 빠르고, 보다 효율적인 자료 처리 방법들을 모색하게 되었다. 이와 같은 필요를 충족시켜 준 것이 컴퓨터의 등장이다. 최초의 컴퓨터인 에니악(ENIAC)이 등장한 이후 컴퓨터는 그 크기가 점차 소형화되고 속도, 저장 능력 및 계산 처리 능력이 나날이 발전하고 있다. 컴퓨터의 발전 과정은 컴퓨터의 처리 능력과 기억 용량의 다양성에 따라 다음과 같은 형식적인 세대 분류를 통하여 설명된다.

1. 제1세대(1942~1958)

1세대 초기의 컴퓨터들은 자료 및 명령어 등의 저장 및 처리에 진공관을 사용하였다. 백열전구와 유사한 진공관은 전력소모가 많고, 열이 많이 나며 부피가 크기 때문에 이를 이용한 컴퓨터는 넓은 공간을 필요로 하였다. 또한, 진공관을 이용한 데이터 처리는 속도가 느리고 고장이 많기 때문에 신뢰성이 떨어지고 프로그래밍하기가 어려웠다. 이러한 가운데 주기억 장치 개발에 진공관을 대체하여 자기드럼이 개발되어 사용되었다.

최초의 전자식 컴퓨터인 에니악(ENIAC)은 1946년 미국 펜실베니아 대학교의 모클리(Mauchly)와 에커트(Eckert)에 의해 개발되었다 그림 1-1 . 에니악은 미사일을 발사할 때 대기 온도, 풍속 등에 따른 탄도를 계산하기 위한 군부의 필요에 의해 개발된 컴퓨터이다. 에니악은 오늘날 우리가 상상할 수 없는 형태를 지니고 있었다. 즉, 무게는 28톤이나 나갔으며, 그 크기는 길이 25m, 높이 2.5m, 폭 1m나 되었다. 에니악은 그림 1-2 와 같은 진공관을 1만 8000여 개, 저항기 7000여 개를 갖춘 컴퓨터로서 120kw의 전력을 소요하였으나 초당 5000번의 연산을 할 수 있었다. 이 속도는 오늘날의 컴퓨터 속도와 비교하면 아주 형편없는 속도지만 당시에는 상상할 수도 없는 속도로서 일반인이 손으로 계산하는 것보다 20만 배나 빠른 속도였다. 에니악이 최초의 군사용 컴퓨터인 데 반해 최초의 상업용 컴퓨터는 유니박(UNIVAC)이다 그림 1-3 . 유니박은 1951년에 모클리와 에커트에 의해 개발되어 미국 인구 통계국에 설치된 컴퓨터이다. 유니박은 에니악과 견주면 매우 작아지긴 했으나 5200개의 진공관이 사용되고 길이 4.3m, 폭 2.4m, 높이 2.6m에 무게는 13t이나 나가는 컴퓨터이다. 그러나 유니박에서는 자기테이프 시스템을 사용하여 입력과 연산, 출력을 동시에 할 수 있었다.

그림 1-1 ENIAC

그림 1-2 진공관

그림 1-3 UNIVAC

2. 제 2 세대(1959~1963)

2세대 컴퓨터에서는 컴퓨터 회로에 있는 진공관을 트랜지스터로 대체하였다 그림 1-4 . 트랜지스터는 실리콘이나 게르마늄으로 만들어진 반도체를 세 개의 층으로 접합하여 만든 전자회로 구성요소로서 가볍고 소비전력이 적은 장점이 있다. 트랜지스터는 그 크기가 작고 가격이 저렴하고 작동하는 속도가 빠르기 때문에 이 트랜지스터를 이용하여 하나의 작업을 100만분의 1초 단위로 수행할 수 있는 컴퓨터들이 개발되었다. 이때 컴퓨터의 주기억 장치에는 접근시간이 짧은 자기 코어(Magnetic Core)를 사용하고 보조기억장치로는 자기드럼과 자기디스크를 사용하였다. 그림 1-5 는 보조기억장치로 사용되던 자기드럼의 형태를 보여준다. 이 시기에는 고급언어인 FORTRAN, COBOL 등의 프로그래밍 언어들이 개발되었다.

그림 1-4 트랜지스터

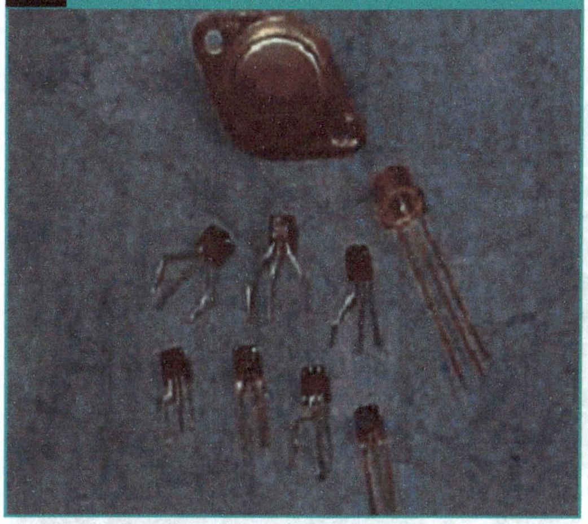

그림 1-5 자기드럼

3. 제 3 세대(1964~1970)

컴퓨터의 3세대는 그림 1-6 과 같이 실리콘칩에 수십 수백 개의 트랜지스터, 저항 등을 정밀하게 부착시킨 집적회로(Integrated Circuit : IC)를 기억장치 소자로 사용한 새로운 기종의 컴퓨터가 개발된 1964년부터로 본다. 집적회로를 사용하는 3세대 컴퓨터의 중

그림 1-6 집적회로(IC)

앙처리장치는 소형화되고 기억용량은 증가되었다. 이 시기에는 천공카드와 프린터 대신 키보드와 모니터가 등장하였으며 운영체제에 대한 연구가 많이 이루어져 다양한 소프트웨어를 구사할 수 있는 기능이 개선되었고, 관리 프로그램과 처리 프로그램 및 사용자 프로그램 등의 소프트웨어 체계가 확립되었다.

4. 제 4 세대(1971~)

4세대 컴퓨터는 그림 1-7 과 같은 손톱 크기만 한 칩에 수천 수만 개의 전자회로 소자를 집적시킨 고밀도 집적회로(Large Scale Integration : LSI)와 초고밀도 집적회로(Very

그림 1-7 고밀도 집적회로

Large Scale Integration : VLSI)를 사용한 컴퓨터를 말한다. 고밀도 집적회로 기술은 마이크로프로세서 기술을 가능하게 하였고, 이에 따라 컴퓨터의 기억용량이 커지고 연산속도가 빨라졌으며 응용 영역도 넓어졌다. 이 시기에 등장한 컴퓨터인 슈퍼 컴퓨터의 연산속도는 1초에 100억 개 이상의 명령어를 수행할 수 있는 정도로 빠르다.

이 시기에 특기할 만한 사항은 1976년도 애플(Apple) 컴퓨터를 선두로 등장한 개인용 컴퓨터(PC)와 1975년도 최초의 근거리 통신망으로 일컬어지는 에서넷(Ethernet)의 개발이다. 애플 컴퓨터 이후 PC 부문에서의 발전사항은 다음과 같이 볼 수 있다. 1980년도에는 개인용 컴퓨터의 운영체제인 MS-DOS가 개발되어 개인들이 가정에서 자유롭게 컴퓨터를 활용할 수 있게 되었다. 대형 컴퓨터계를 석권하고 있던 IBM 컴퓨터 회사는 뒤늦게 이듬해인 1981년에 IBM-PC를 생산하면서 개인용 컴퓨터 시장에 뛰어들었다. IBM이 PC 시장에 늦게 뛰어들었으나 IBM PC 설계 구조를 공개하면서 많은 기업들이 IBM 호환 PC를 만들게 하였다. 1983년에는 최초의 하드디스크를 장착한 컴퓨터인 IBM XT가 개발되었는데 이 컴퓨터의 하드디스크의 용량은 10MB이었다 그림 1-8 .

그림 1-8 IBM XT

이후 1984년에 개발된 AT를 다음으로 지속적인 성능 발달을 추구해 온 IBM은 1993년 초당 1억 1200만 개의 명령어 처리가 가능한 펜티엄 컴퓨터를 개발하였다. 이때의 컴퓨터 칩에는 310만 개의 트랜지스터가 집적되었으나 2000년에 생산된 펜티엄 IV는 4200만 개의 트랜지스터를 집적하였다. 또한 하드디스크의 저장 용량은 10G 단위로 XT 컴퓨터에 비해 1000배나 크다. 그러나 이도 오늘날 시판되는 컴퓨터의 사양에 비하면 형편없는 수준이다. 오늘날 출시되는 컴퓨터의 사양을 보면, CPU는 3.2G Hz, 컴퓨터 메모리(RAM)는 4G Byte이고 이와 더불어 하드디스크 용량은 250G Byte나 되는데 이것도 하루가 다르게 변하고 있다. 더욱이 이러한 컴퓨터에는 병렬처리가 가능한 이중처리기(Dual Processor)와 인터넷 시대의 온라인 업무나 게임 처리에 맞추어 고해상도를 지원하는 그래픽 카드가 탑재되어 있기 때문에 그 처리 속도나 화면의 선명도를 과거의 컴퓨터들의 사양과 단순 비교하기가 어려운 형편이다.

컴퓨터의 발전과 더불어 발전해 온 컴퓨터 운영에 필수적인 운영체제의 발전 과정을 보면 다음과 같다. 1980년도 개발되어 운영체제로 사용되어 오던 마이크로소프트(MicroSoft, MS)사의 MS-DOS는 1992년 Windows 3.1의 등장과 1995년 Windows 95의 등장과 더불어 역사 속으로 사라지고 말았다. Windows 95의 등장은 PC 사용의 전기를 마련하였다. 즉, 이후 Windows 98, Windows Me에 이어 출시된 Windows XP는 사용자 편의에 초점을 맞추어 컴퓨터 초보자라도 쉽게 컴퓨터에 접근하여 사용할 수 있도록 하였다. 윈도우 체제와 더불어 1993년에는 최초의 웹 브라우저인 모자익(Mosaic)이 등장하였으며 1994년도에는 넷스케이프(Netscape Navigator)가 개발되어 인터넷 사용과 웹의 사용을 이끌어 주었으나 이후 1995년도에 MS사의 익스플로러(Explorer)의 출시에 따라 오늘날 대부분의 사람들이 이를 웹 브라우저로 사용하고 있다. 한편, MS사가 개발한 운영체제인 Windows가 전 세계적으로 독보적인 위치를 차지한 가운데 1991년도에 Linus Torvalds에 의해 개발되었던 다수를 위한 공개적인 운영체제인 리눅스(Linux)가 점차 표면에 떠오르게 되었다. 유닉스 기반의 운영체제인 리눅스는 개인용 컴퓨터, 수퍼컴퓨터, 플레이스테이션과 같은 비디오게임 시스템 등과 같이 다양한 컴퓨터 하드웨어의 운영체제로 사용되고 있다. 리눅스의 소스 코드는 완전 무료로 공개되어 있기 때문에 프로그램 개발자나 대학교 등을 중심으로 Windows의 아성에 도전하며 그 이용이 확대되어 가고 있다.

제2절 인터넷

1. 인터넷의 출현과 성장

컴퓨터 네트워크는 여러 곳에 위치한 컴퓨터를 서로서로 연결할 수 있도록 해 주는 기술이다. 인터넷은 수천 개의 이러한 네트워크를 함께 연결하고 있는 기본적인 기술 구조이다. 오늘날 얼마나 많은 컴퓨터가 인터넷에 연결되어 있는지 이를 아는 사람은 없다. 단지 수십억 대의 컴퓨터가 서로 연결되어 있고 그 연결된 컴퓨터 수가 계속 빠르게 증가하고 있다고 믿을 뿐이다. 인터넷은 개개의 네트워크를 관리하는 대형 컴퓨터를 연결함으로써 수백만 대의 서버 컴퓨터에 저장된 정보를 세계 도처의 수억만 명이 이용할 수 있도록 정보고속도로의 역할을 하고 있다. 인터넷은 광케이블이나 인공위성 등을 이용하여 서버 컴퓨터 사이의 정보를 전송할 수 있는 역할을 하고 있다.

인터넷의 출현은 미국 국방성과 냉전의 산물이다. 한 건물에 설치되어 운영되는 중앙 집중식 컴퓨터를 사용하던 시절에 모든 군사 업무를 포함하고 있는 컴퓨터가 적국의 폭탄 공격에 파괴될 경우에 모든 군사기능이 마비될 것은 자명하다. 이러한 경우에 미국으로서는 군사작전을 수행할 수 없게 되는데 이를 우려하여 이에 대한 대처 방안으로 등장한 개념이 컴퓨터 네트워크이다. 즉, 네트워크로 연결된 여러 대의 컴퓨터 중 어느 하나가 파괴되거나 문제를 일으키더라도 나머지 컴퓨터들의 작동이 가능하면 문제가 없을 것이라는 개념이다. 이 개념은 1964년도에 RAND 연구소[1)]의 과학자들이 인간두뇌의 뇌세포에서 정보가 전달되는 방법에서 힌트를 얻어 수천 대의 컴퓨터를 서로 연결하는 개념으로 발달하였다. 이 개념은 중단 없는 컴퓨팅을 표방한 것으로서 인간 두뇌에서 몇몇의 신경이 손상되더라도 두뇌 기능이 완전히 정지되지 않는다는 점에 착안한 것이다. 이 과학자들이 설정한 최초의 목표는 여분의 통신망을 통하여 선정된 사이트에 있는 군사 컴퓨터들 사이에 데이터의 안전한 변화를 유지할 네트워크를 설계하는 것이었다. 이러한

1) 1948년 설립된 미국의 민간연구소로 주로 미국의 국방에 관한 계획과 예산을 연구하는 기관.

노력의 결과 1969년에 두 대의 컴퓨터들이 진보적 연구 프로젝트(Advanced Research Project)라 불리는 네트워크(ARPAnet)에 연결되었다. 이것이 오늘날 우리가 인터넷이라 부르는 네트워크의 시작이다. 1984년 ARPAnet[2)]은 두 개의 연결된 네트워크로 분리되었다. 이 중 하나는 군사용 네트워크인데 MILNET로 이름 지어졌고 다른 하나는 교육기관용으로 같은 이름인 ARPAnet로 불리었는데 이것이 오늘날 인터넷으로 알려진 네트워크이다.

1980년대 중반 이후 1994년도까지 미국의 국립과학재단(National Science Foundation)[3)]과 미국 정부 부처들은 인터넷에 대한 접근을 통제하여 인터넷은 군사시설을 포함한 정부와 관련되거나 정부 산하 관련 기관에만 국한되어 사용되었다. 따라서 일반인은 물론 일반 기업에서조차 인터넷을 사용할 수 없었다. 그러나 1995년 4월 미국 정부가 인터넷에 대한 통제를 독립 단체들로 양도한 이후 모든 상황이 변화되었다. 즉, 거의 모든 사람들이 인터넷을 사용할 수 있게 되고 인터넷과 이에 관련된 기술 및 업무가 빠르게 발전하게 되었다. 일반인들의 인터넷 이용은 처음에 이메일 이용에만 국한되었으나 웹 브라우저의 등장에 따라 웹(World Wide Web)의 이용이 손쉽게 되면서 인터넷 이용의 대중화가 진행되었다.[4)]

2. 인터넷의 활용

고속도로의 출현이 국가 경제 발전에 큰 변화를 일으킨 것과 마찬가지로 인터넷의 출현과 이의 이용은 기업의 업무 환경과 경쟁 환경에 전반적인 변화를 일으키고 있다. 인터넷의 활용이 일반화되면서 대부분의 기업에서는 인터넷 기술을 그들의 사업에 이용하고 있다. 기업의 입장에서 네트워크는 인터넷 기술의 이용 목적에 따라 인터넷(Internet), 인트라넷(Intranet) 및 엑스트라넷(Extranet)으로 구분된다.

인터넷은 기업들 간의 경계가 없이 기업과 기업, 기업과 고객 사이를 연결시켜 주는 네트워크로서 누구에게나 공개되어 있다. 이러한 인터넷의 공개성으로 인해 기업들은 조직 내부의 업무 내용을 외부로부터 보호하고 조직 내 구성원들 사이의 정보 공개 및 처리를

2) Advanced Research Projects Agency + network
3) 과학기술 분야의 연구지원 계획 수립을 담당하는 정부 기관.
4) 제3절에 설명.

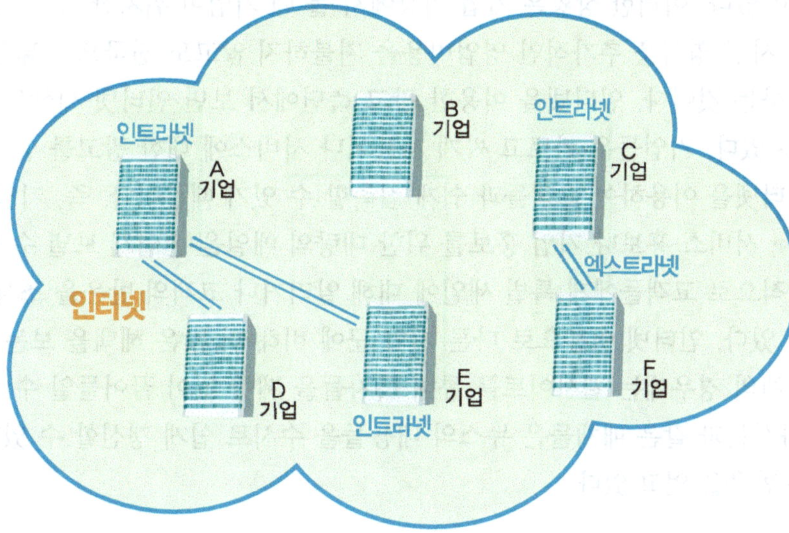

위한 네트워크를 구축할 필요가 있게 되었다. 이와 같은 과정에서 LAN[5)]을 이용하여 기업 내부 업무 부서를 연결시키도록 구축된 네트워크를 인트라넷이라 한다. 엑스트라넷은 인트라넷의 개념을 기업의 주요거래 업체로 확대시킨 네트워크이다. 즉, 이는 협력업체들 사이의 협정에 의해 업무 처리에 관련된 상대 기업의 인트라넷에 접속할 수 있는 권한을 주어 협력업체들 간에만 인트라넷과 인트라넷을 연결시킨 것과 같은 효과를 나타내는 네트워크이다. 인트라넷의 설치 목적이 사내 정보 교류 및 원활한 업무 운영에 있는 반면 부품의 수요 공급과 관련된 업체를 연결하고 있는 엑스트라넷의 설치 목적은 수주 · 발주의 효율화에 있다.

기업들은 인터넷을 활용하여 경영 환경이나 경쟁업체에 대한 정보를 쉽고 빠르게 수집하여 기업운영에 이용하고 있다. 기업들이 인터넷을 사용하여 얻을 수 있는 인터넷 활용 효과를 정리하면 다음과 같다.

1) 판매와 광고 증진

인터넷의 사용이 일반화되면서 기업들은 거리나 시간에 구애받지 않고 별도의 비용을 지불하지 않고도 기업의 웹사이트를 이용하여 고객을 맞이하고 제품 및 서비스 판매를

5) LAN (Local Area Network) : 근거리 통신망으로서 한 건물 또는 좁은 지역 안에 설치된 네트워크를 말한다.

증진시키고 있다. 이러한 상황은 기업 입장에서 볼 때 기업이 위치한 특정 지역에 한정될 수도 있는 사업 영역을 추가적인 영업비용을 지불하지 않고도 전국으로 넓힐 수 있는 기회를 제공하는 것이다. 인터넷을 이용한 광고 측면에서 보면 인터넷 세상은 마케팅 천국으로 볼 수 있다. 기업들은 빠르고 싸게 제품이나 서비스에 대한 광고를 할 수 있을 뿐만 아니라 인터넷을 이용하여 고객들과 쉽게 접촉할 수 있기 때문이다. 즉, 기업들은 고객들에게 제품 · 서비스 홍보나 기업 홍보를 위한 대량의 메일을 손쉽게 보낼 수 있을 뿐만 아니라 선택적으로 고객들에게 특별 세일에 대해 알리거나 고객의 반응을 조사하여 홍보에 이용할 수 있다. 인터넷 이용으로 다른 기업 군에 비해 더 많은 혜택을 보는 신문이나 정보제공 업체의 경우에는 웹사이트를 통해 독자들을 제한 없이 끌어들일 수 있게 되었다. 특히, 전자신문과 같은 매체들은 뉴스의 내용들을 수시로 쉽게 갱신할 수 있기 때문에 고객의 좋은 반응을 얻고 있다.

2) 신속한 거래 처리

인터넷을 이용한 거래는 제품이나 서비스에 대한 의문이 있을 때 상담원의 즉각적인 도움을 받을 수 없다는 단점이 있지만 고객들의 입장에서 보면 컴퓨터 앞에 앉아서 여유를 가지고 시간에 구애를 받지 않고 진행할 수 있는 거래 형태이다. 고객들이 일단 구매 의사를 갖게 되면 이미 정해진 일정한 구매 절차에 따라 주문을 하고 지불하는 과정을 거쳐 신속히 거래를 마무리할 수 있다. 이와 같은 고객 주도형의 거래 방법으로 인해 온라인 거래 고객은 꾸준히 증가하고 있다.

3) 효율적인 고객지원 서비스

대부분의 웹사이트는 고객의 제안이나 불평 등을 수합하여 고객의 의견을 들을 수 있게 되어 있다. 온라인 사업에서 고객의 제안이나 불평에 대해 시의 적절하게 응해야 하는 것이 가장 큰 문제이다. 고객 서비스와 고객지원을 제때 제공하지 못하면 고객의 불평이 늘어나고 결과적으로 고객들이 등을 돌리기 때문이다. 이러한 문제는 온라인 기업에게 압력으로 작용하기도 한다. 예를 들면, 1990년대 후반기에 Amazon.com[6)]은 고객의 요구에 적절히 대처하기 위한 방편으로 시간당 12개의 고객 메시지를 처리하지 못하는 고

6) 1994년 7월에 미국에서 설립된 최초의 온라인 서점.

객담당 직원을 해고하기도 하였다. 이러한 문제에 가장 도움이 되는 고객지원 자원은 자주 묻는 질문(Frequently Asked Question : FAQ) 목록이다. 새로운 질의가 들어오면 이 질의에 대한 답은 이 목록에 추가된다. FAQ 목록의 사용은 전화를 사용하여 같은 질문에 대하여 반복적으로 답해야 하는 직원의 시간과 부담을 덜어주기 때문에 비용 감소 효과를 준다.

인터넷을 이용한 고객과의 상호 교환적인 여론조사는 설문지를 이용한 기존의 여론조사와는 달리 장소나 거리에 상관없이 효과적이고 빠르게 고객들의 의견을 모을 수 있다. 인터넷을 이용한 온라인 여론조사는 바로 컴퓨터를 이용하여 분석이 가능하기 때문에 고객의 반응을 실시간으로 알아낼 수 있다. 이러한 통계 분석 결과를 이용하여 기업은 고객의 반응에 대처하기 위한 새로운 아이디어를 빠르고 쉽게 도출할 수 있기 때문에 고객에 대한 지원 강도를 더욱 높일 수 있다.

4) 종이 문서 없는 환경 촉진

기업에서는 기업 홍보나 제품 · 서비스 홍보를 위해서 홍보 카달로그나 광고 전단지 등을 만들어 고객들에게 배포해 왔다. 그러나 인터넷의 사용이 보편화되면서 기업의 웹사이트나 이메일의 활용에 의해 홍보 카달로그나 광고 전단지 등의 사용이 현저히 줄어들게 됨에 따라 이들에 쓰이던 종이 소비를 줄일 수 있게 되었다. 또한 기업의 업무 관련 서류도 종이 문서를 사용하는 대신에 기업의 인트라넷을 이용하여 언제나 검색되고 회람할 수 있게 됨에 따라 종이 소비가 줄어들게 된다. 따라서 인터넷은 용지 없는 환경의 촉진에 기여한다고 볼 수 있다.

5) 경영자를 위한 정보지원

기업 경영에 대한 계획을 세우고, 기업 내부 조직을 총괄하고, 업무를 지시하고 통제하는 것과 같은 경영자의 역할 및 기능으로 인하여 경영자는 경쟁업체에 대한 정보, 정부 정책에 관한 정보 및 세계정세에 대한 정보 등을 포함한 경영에 관한 일체의 정보를 모으고, 평가하고 분배할 필요가 있다. 특히, 지역적 · 세계적으로 분산되어 있는 기업의 경영자일 경우에는 이러한 요구 사항이 더욱 많아지고 절실하다. 인터넷이 보편화되기 전에는 위와 같은 정보를 모으기 위해서는 해당 정보를 모으기 위해서는 많은 시간과 노력이 필요하였다. 또한 국외의 자료를 얻기 위해서는 직접 있는 해당 국가로 출장을 가야 하는 경우가 많았다. 그러나 인터넷을 활용하게 됨에 따라 전 세계에 퍼져 있는 네트워크를 통해 기업 경영에 필요로 하는 정보를 모으고 이를 평가하기가 상당히 수월해졌기 때문에 낮은 비용으로 높은 성과를 올릴 수 있게 되었다.

제3절 World Wide Web

1. World Wide Web의 개념

World Wide Web(웹)은 1990년에 출현하였으나 1993년 최초의 브라우저인 모자익(Mosaic)이 등장하기 전까지는 이에 대한 반응이 전혀 없었고 모자익의 등장 이후 변하기 시작했다. Andreessen을 위시한 일리노이 대학생들에 의해 만들어진 모자익의 사용자 중심의 그래픽 사용자 인터페이스는 진정한 킬러앱(killer application)[7)]으로서 모든 사람들에게 인터넷과 웹에 접근할 수 있도록 해 주었다. Andreessen은 모자익 통신회사를 설립하였는데 이것이 이후 넷스케이프 통신 회사로 바뀌고 1994년에 웹 브라우저인 넷스케이프(Netscape Navigator)를 출시하면서 대중에게 알려지게 되었다. 이와 유사한 시기에 마이크로소프트사에서도 익스플로러(Explorer)라는 브라우저를 개발하였는데 이와 같은 웹 브라우저들의 출현으로 인하여 웹의 사용이 폭발적으로 늘어나고 사업에도 응용되기 시작하였다.

웹은 인터넷에 연결된 컴퓨터에서 작동되는 소프트웨어이다. 웹 소프트웨어에 의해서

7) 증기기관, 다이너마이트, 원자탄 등과 같이 발명자들이 의도했던 것보다 그 효과나 충격이 사회적 · 정치적 · 경제적으로 훨씬 큰 발명품을 지칭한다.

생성되는 네트워크 교통량은 오늘날 단일 카테고리에서 가장 큰 것으로 추정된다. 웹은 이것이 특별한 기술이라기보다는 정보를 저장하고 검색할 수 있도록 조직화하는 방법으로 받아들여진다. 웹의 주요 성공 요인으로 여겨지는 두 가지 중요한 혁신은 하이퍼텍스트(hypertext)와 그래픽 사용자 인터페이스이다.

01 02 03 04 05 06 07 08 09

1) 하이퍼텍스트의 개발

1960년대 Nelson[8)]은 한 페이지에 있는 문자가 다른 페이지에 있는 문자에 연결될 수 있는 시스템을 묘사하고 이 시스템을 하이퍼텍스트라고 불렀다. 이후 1987년도에 Nelson은 정보가 저장된 위치가 세계 어느 곳에 있든지 정보가 들어 있는 페이지를 서로 연결하는 페이지 연결 시스템에 대하여 하이퍼텍스트라는 용어를 사용하기 시작하였다. 하이퍼텍스트는 우리가 책을 읽을 때 페이지 순서에 따라 읽어 나가는 것과 같이 문서의 연결을 순차적으로 해 주지 않고 다음 그림 1-9 에서 보듯이 문서의 연결을 읽는 사람의 주제 선택에 따라 순서에 상관없이 비순차적으로 연결시켜 주는 텍스트로서 오늘날 웹의 이용에 지대한 공헌을 하였다.

그림 1-9 하이퍼텍스트

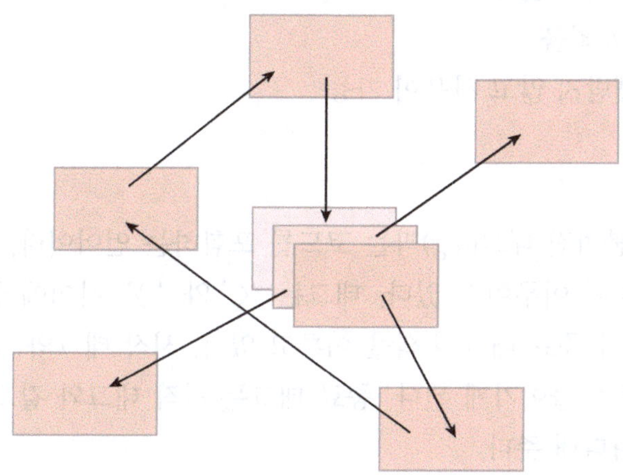

8) Ted Nelson : 당시 뉴욕에 있는 바사(Vassar) 대학 사회학과 교수.

1989년에서 1991년까지 2년에 걸쳐 Berners-Lee[9]는 하이퍼텍스트 서버 프로그램을 위한 코드를 개발하고 이를 인터넷에서 사용할 수 있도록 하였다. 하이퍼텍스트 서버는 하나의 컴퓨터로서 이 컴퓨터는 Hypertext Markup Language(HTML)로 만들어진 화일들을 저장하고 다른 컴퓨터들이 이 화일들에 연결하여 이 화일들을 읽을 수 있게 해 주는 컴퓨터이다. 오늘날 웹에 사용되는 하이퍼텍스트 서버는 보통 웹 서버라 불린다.

2) HTML 개념

① 정의

HTML이란 HyperText Markup Language의 약자로 인터넷에서 정보를 보여주기 위한 하이퍼텍스트를 만드는 표준적인 언어이며 웹상에 올려져 있는 많은 홈페이지를 작성하는 대표적인 프로그래밍 언어이다. 여기서 Markup이란 "추가로 적어 넣다"는 뜻을 나타내는데, 문서의 내용 자체가 아니라 내용이 어떻게 배치되고 어떤 크기와 모양을 가지며 여백은 어느 정도인지를 표현하는 기술이라고 볼 수 있다.

HTML이 대표적인 웹 언어로 사용되는 이유는 다음과 같다.

- 화일 크기가 작아 네트워크상에서 빠르게 전송가능
- 문법과 구조를 배우기 쉬움
- 대소문자를 구별하지 않음
- 컴파일[10]이 필요 없음
- 운영체제에 구애받지 않고 사용이 가능

② 구조

HTML은 문자에 붙여진 태그(tag)라는 코드를 포함하는 언어이다. HTML 문서의 형태는 그림 1-10 과 같이 이루어져 있다. 태그는 '〈'와 '〉' 사이에 들어가는 명령문으로, 대부분 시작 태그와 종료 태그의 짝을 이루고 있다. 시작 태그와 종료 태그 사이에는 표현하고자 하는 내용이 들어가게 된다. 종료 태그는 시작 태그와 같으나 태그 앞에 /를 넣어 종료 태그임을 나타내 준다.

9) 당시 스위스 입자물리연구소 연구원.
10) COBOL · FORTRAN 따위의 고급언어로 작성된 프로그램을 번역하고 프로그램의 오류를 체크한 후, 컴퓨터에서 실행할 수 있는 기계어 프로그램으로 고치는 과정.

그림 1-10 태그의 구조

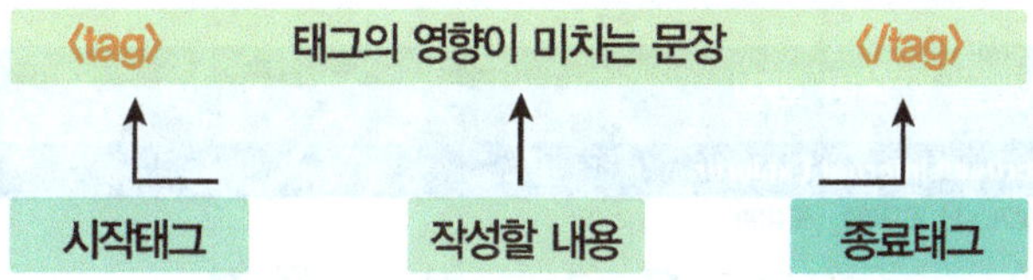

HTML의 기본 구조는 그림 1-11 과 같이 <html>로 시작해서 </html>로 끝나며 이 사이에 페이지의 머리글, 본문 등을 나타내는 태그들이 포함되어 있다.

그림 1-11 HTML의 기본 구조

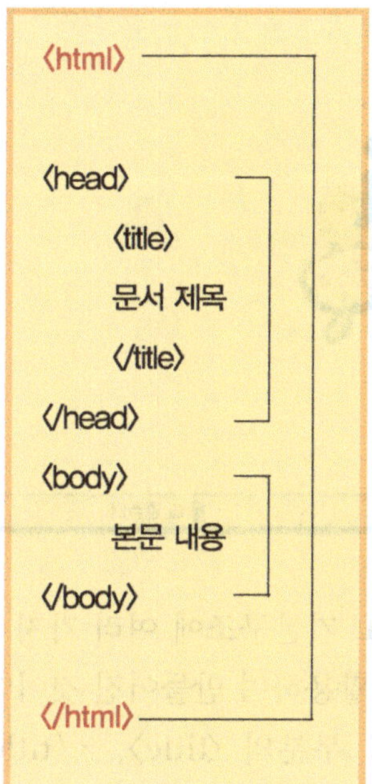

■<HTML>과 </HTML> 태그
현재의 문서가 HTML문서라는 것을 웹 브라우저에게 알려주는 역할
모든 홈페이지는 <HTML> 태그로 시작하여 </HTML> 태그로 끝난다

■<HEAD>와 </HEAD> 태그
내부에 홈페이지의 제목을 포함한 세부 정보 저장

■<TITLE>과 </TITLE> 태그
문서에 제목을 넣기 위한 태그
<HEAD>와 </HEAD> 태그 안에서만 사용
내용은 웹 브라우저의 제목표시줄에 표시됨

■<BODY>와 </BODY> 태그
홈페이지를 구성하는 각종 항목과 내용을 나타내는 부분

다음은 HTML을 활용한 화면이다. 그림 1-12 를 통해 태그를 이해해 보도록 하자.

그림 1-12 HTML을 활용한 화면

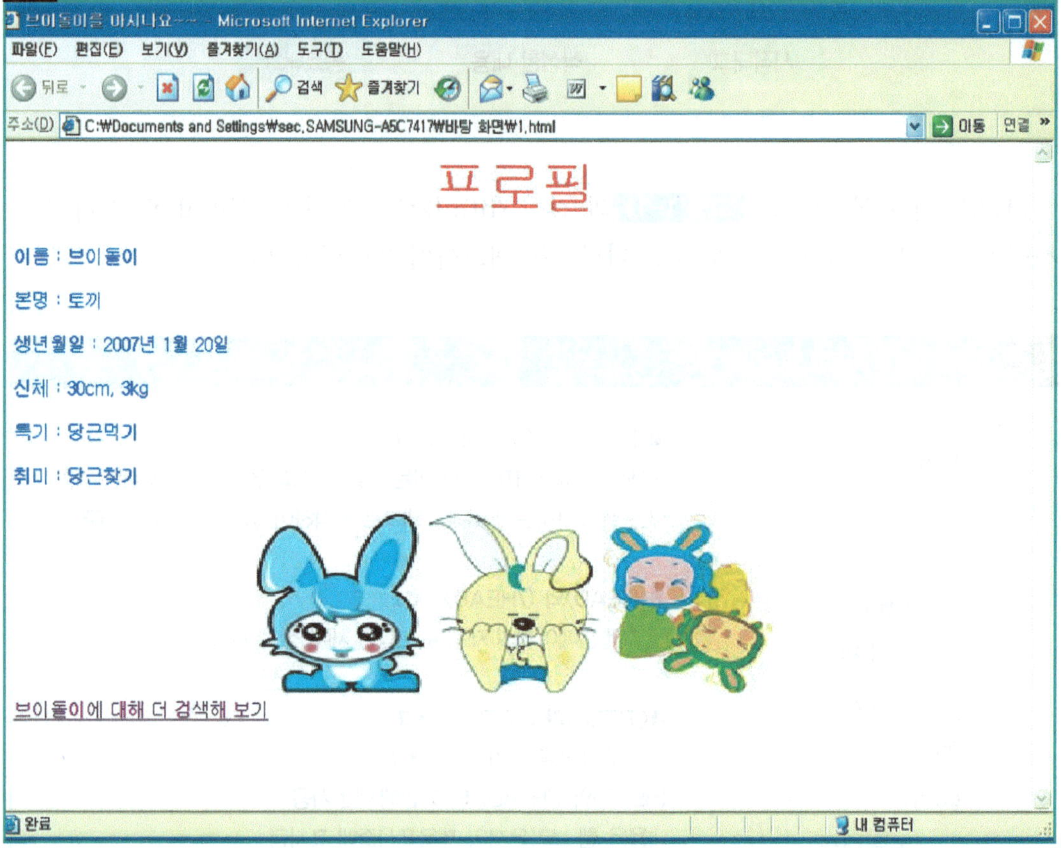

그림 1-12 가 만들어지기 위해서는 그림 1-11 의 HTML 기본구조에 여러 가지 태그를 활용하면 가능하다. 그림 1-12 는 그림 1-13 의 태그를 활용하여 만들어진 것이다.

그림 1-13 의 태그를 설명해 보면 다음과 같다. Head 부분의 〈title〉...〈/title〉은 HTML의 제목을 쓰는 태그이다. Body 부분에서 글자들에 관련된 부분은 〈font〉...〈/font〉라는 태그를 활용하면 되는데 글자의 크기에 관련된 속성으로 size를, 글자색에 관련된 속성으로 color라는 속성을 활용하였다. Body 부분의 그림은 〈img〉라는 태그를 활용하면 된다. 그림의 경로를 지정하기 위해 src="그림화일의 위치"를 삽입해 주고 그림의 가로 길이를 정하기 위해 width, 그림의 높이를 정하기 위해 height라는 속성을 사용하였다. 그림 1-12 에는 그림이 여러 장 보여지고 있다. 이 그림들을 표를 작

그림 1-13 HTML 화면의 소스

```
1 - 메모장
파일(F) 편집(E) 서식(O) 보기(V) 도움말(H)
<html>

<head>
        <title> 브이돌이를 아시나요~~</title>
</head>

<body>
        <font size=7 color="red"><center>프로필</center></font><p>
        <font size=3 color="blue">
                이름 : 브이돌이<p>
                본명 : 토끼<p>
                생년월일 : 2007년 1월 20일<p>
                신체 : 30cm, 3kg<p>
                특기 : 당근먹기<p>
                취미 : 당근찾기<p>
        </font>

        <table border="0" align="center">
        <tr>
                <td>
                        <img src="c:₩img₩01.jpg" width="150" height="150">
                </td>
                <td>
                        <img src="c:₩img₩02.jpg" width="150" height="150">
                </td>
                <td>
                        <img src="c:₩img₩03.jpg" width="150" height="150">
                </td>
        </tr>
        </table>

        <a href="http://www.naver.com">브이돌이에 대해 더 검색해 보기</a>
</body>

</html>
```

성하여 분류하였는데 표를 만드는 태그가 〈table〉...〈/table〉이다. 표의 행을 만드는 것이 〈tr〉...〈/tr〉이며, 열을 만드는 것이 〈td〉...〈/td〉 태그이다.

HTML에서 사용하고 있는 태그 중 중요한 형태의 태그는 하이퍼텍스트 링크 태그이다. 하이퍼텍스트 링크 또는 줄여 불러서 하이퍼링크는 같은 HTML 문서 안의 특정 위치나 또는 다른 HTML 문서의 특정 위치를 가리키며 이를 클릭할 경우 하이퍼링크가 가리키는 문서의 특정 위치로 이동된다. 이때 쓰이는 태그는 〈a〉...〈/a〉이다. 그림 1-12 에서 "브이돌이에 대해 더 검색해 보기"를 클릭하면 하이퍼링크 태그 안에 있는 href=" http://www.naver.com"에 따라 이 주소지가 나타나는 곳으로 이동하게 된다. 그림 1-12 의 각 부분을 그림 1-11 에 보여준 HTML 기본 구조에 맞추어 보면 그림 1-14 와 같다.

그림 1-14 HTML 기본구조와 활용 예 적용

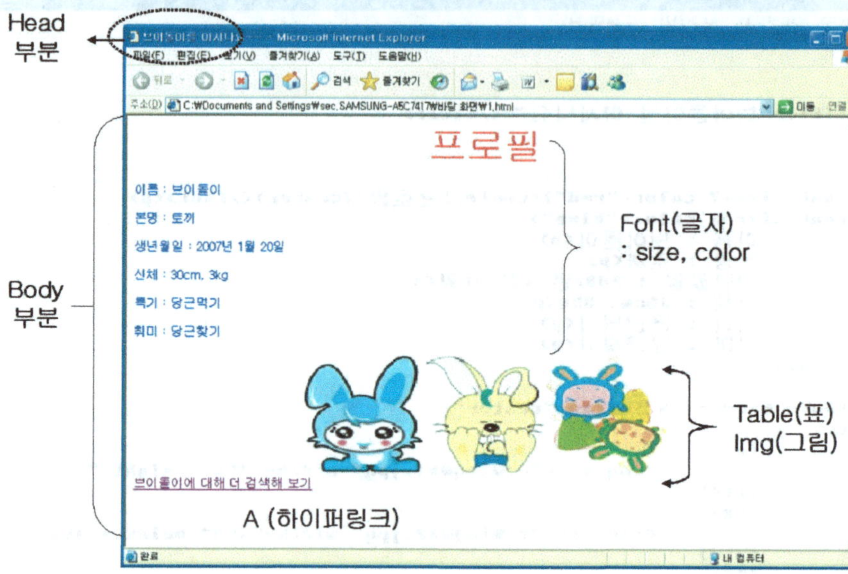

3) 하이퍼텍스트 그래픽 인터페이스

HTML 문서를 읽기 위한 몇 가지 서로 다른 소프트웨어들이 있는데 대부분 사람들은 넷스케이프(Netscape Navigator)나 익스플로러(Microsoft Internet Explorer)와 같은 웹 브라우저를 사용한다.

웹 브라우저는 사용자들이 HTML 문서를 읽고, 각 화일에 있는 하이퍼링크를 이용하여 한 HTML 문서에서 다른 HTML 문서로 이동할 수 있도록 하는 소프트웨어 인터페이스이다. 만일 HTML 문서가 인터넷에 연결된 컴퓨터에 있다면 웹 브라우저는 한 컴퓨터에 있는 HTML 문서에서 인터넷에 연결되어 있는 다른 컴퓨터의 HTML 문서로 이동할 수 있게 해 준다. 웹 브라우저는 브라우저의 그래픽 사용자 인터페이스(Graphic User Interface : GUI)에서 HTML 문서를 쉽게 읽을 수 있는 형태로 보여준다. GUI는 마우스 등을 이용하여 프로그램의 제어 기능과 프로그램의 산출물을 사용자가 화면의 메뉴 중에서 하나를 선택하여 볼 수 있도록 하는 방법이다. 이것은 단지 문자만을 이용하지 않고 그림, 아이콘 등 그래픽 요소들을 사용한다. 오늘날 대부분의 PC는 Windows와 같은 GUI를 사용한다.

2. World Wide Web의 구성 요인과 작동 원리

1) World Wide Web의 구성 요인

Berners-lee는 그의 하이퍼링크된 HTML 문서를 World Wide Web이라고 불렀는데[11] 이를 줄여서 웹이라고 한다. 웹은 클라이언트-서버[12] 응용프로그램이다. 웹에서 정보의 가장 기본적인 단위는 웹페이지이다. 웹사이트는 밀접하게 관련된 웹페이지들의 집합체인데 이 웹페이지들은 하이퍼링크라 불리는 논리적 포인터에 의하여 서로 연결되어진다 그림 1-15 . 일반적으로 한 페이지가 웹사이트의 홈페이지로 정해지는데 이 페이

그림 1-15 하이퍼링크

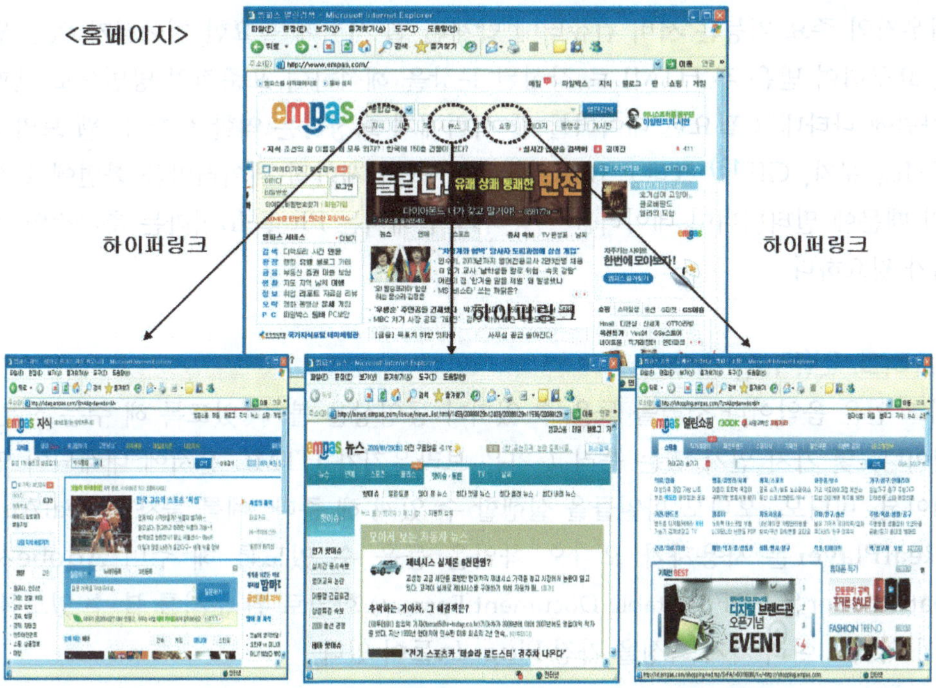

11) 인터넷이 지구촌을 거미줄(Web)처럼 둘러싸고 있다는 뜻에서 지어진 이름임.

12) 클라이언트/서버는 두 개의 컴퓨터 프로그램 사이에 이루어지는 역할 관계를 나타내는 것이다. 클라이언트는 다른 프로그램에게 서비스를 요청하는 프로그램이며, 서버는 그 요청에 대해 응답을 해 주는 프로그램이다.

지는 그 사이트를 항해하는 데 필요한 내용의 목차 또는 인덱스로서 제공되는 출발점이다. 대부분의 웹페이지는 다른 웹 사이트에 있는 페이지를 지정해 주는 하이퍼링크를 포함하고 있다. 이와 같은 하이퍼링크로 연결된 수십억 개의 웹페이지의 집합은 우리의 상상을 초월하는 규모의 웹을 이루고 있다.

웹은 인터넷을 기반으로 하는 하이퍼미디어(Hypermedia) 정보시스템으로서 문자 · 그림 · 동화상 · 사운드 등 멀티미디어 환경의 자료를 보고 읽고 들을 수 있게 해 주는 인터넷 정보 검색용 인터페이스(Interface)로 각광받고 있다. 이러한 웹의 일반적인 구성 요인들을 살펴보면 다음과 같다.

① 브라우저(Browser)

인터넷 서비스 중 웹 관련 문서들을 컴퓨터 화면에서 볼 수 있게 해 주는 프로그램을 '웹 브라우저' 라고 하는데 모자익을 시작으로 넷스케이프, 익스플로러 등이 대표적인 예이다.

브라우저의 주요 기능은 서버 컴퓨터에 탑재된 웹 서버에 필요한 데이터가 있는 웹페이지를 요구하여 받은 후 HTML로 작성된 문장을 해석하여 표준적인 방법으로 웹페이지를 화면에 나타내고 필요한 데이터를 웹 서버에게 요청하는 역할을 한다. 웹 브라우저는 HTML, 문자, GIF[13] 그리고 JPEG[14] 화일 등의 제한적 데이터만을 화면에 표시할 수 있기 때문에 멀티미디어 데이터를 이용하기 위해서는 Plug-In이라는 추가적인 소프트웨어가 필요하다.

② 플러그 인(Plug-In)

플러그 인은 음악이나 소리를 들을 수 있거나 동영상을 볼 수 있도록 해 주는 작은 프로그램이다. 몇 가지 인기 있는 플러그 인은 브라우저가 HTML 문서에 내재되어 있는 애니메이션, 비디오, 오디오 화일들을 실행할 수 있게 해 준다. 예를 들자면 RealAudio사의 RealPlayer는 사용자가 오디오 화일을 들을 수 있도록 해 주며 Adobe사의 Acrobat Reader는 PDF(Portable Document Format) 화일로 된 문서를 볼 수 있도록 해 준다. 이 외에도 여러 가지 특성을 가진 Plug-In들이 있다.

---

13) 'Graphics Interchange Format'의 약자로 인터넷에서 그래픽을 압축하여 빠르게 전송하려는 목적으로 개발되었다. JPEG 화일에 비해 압축률은 떨어지지만 사이즈가 작아 전송속도가 빠르고 이미지의 손상도 적다는 장점을 가지고 있다.

14) 'Joint Photographic Coding Experts Group'의 약자로 사진 등의 정지화상을 통신에 사용하기 위해서 압축하는 기술의 표준이다. GIF에 비해 데이터의 압축 효율이 더 좋다. 또한 GIF는 256색을 표시할 수 있는 데 반해 JPEG는 1,600만 색상을 표시할 수 있어 고해상도 표시장치에 적합하다.

③ 웹 서버(Web Server)

웹 서버는 웹페이지가 들어 있는 화일을 사용자들에게 제공하는 프로그램이다. 웹 서버는 클라이언트의 브라우저가 요청한 웹페이지를 찾아 이를 보내주는 역할을 한다. 따라서 웹사이트를 통해 서비스를 하려면 웹 서버 프로그램을 설치해야 한다. 대표적인 웹 서버로는 아파치(Apache), 인터넷 정보 서버(Internet Information Server : IIS)와 엔터프라이즈(enterprise) 서버 등이 있다. 이 중 아파치는 32비트 윈도우와 유닉스 기반의 운영체제에서 모두 쓸 수 있기 때문에 세계 웹 서버 시장의 70%를 석권하고 있다.

④ 스크립트

스크립트는 C나 C++와 같은 프로그래밍 언어와 다른 언어로 작성한 짧은 프로그램이나 명령어들을 의미한다. 스크립트 언어로는 유닉스 중심의 펄(PERL)과 넷스케이프의 자바 스크립트 (Java Script), 마이크로소프트의 VBSscript 등이 유명하다. 이 스크립트는 웹 브라우저 자체가 여러 가지 기능을 수행하도록 하는 언어로서 HTML 문서와 유기적으로 결합되어 있어 쉽게 사용할 수 있다. 웹페이지에 문자열이 흘러 지나가거나 문서 색깔이 바뀌는 것 등과 같은 기능은 대부분 스크립트를 이용해 만든다. 스크립트는 웹 서버의 부담을 줄여 주면서도 다양한 기능을 수행할 수 있도록 해 준다. 웹 클라이언트-서버 환경에서 보면 펄은 웹 서버에서, 자바 스크립트는 클라이언트에서, VBSript는 서버와 클라이언트에서 동시에 실행된다.

2) World Wide Web의 작동 원리

웹 소프트웨어는 분산된 클라이언트-서버 구조로 설계되어 있다. 인터넷을 통한 클라이언트 컴퓨터와 서버 컴퓨터 간의 교류는 다음 그림 1-16 에서와 같이 클라이언트 컴퓨터에 탑재된 웹 브라우저에서 데이터 요구를 하면 웹 서버가 서버 컴퓨터에 있는 HTML로 쓰인 문서가 들어 있는 웹페이지를 검사하여 웹 브라우저의 요구에 맞는 페이지를 찾아 이의 복사본을 보내주는 방법으로 이루어진다. 위의 과정에서 웹 브라우저와 웹 서버 사이의 요구 및 응답을 위하여 HTTP(Hypertext Transfer Protocol) 프로토콜[15]을 사용하는데, 이 프로토콜은 하이퍼텍스트 문서를 교환하기 위하여 사용되는 프로토콜이다.

15) 프로토콜은 컴퓨터나 단말 장치 등이 네트워크를 이용하여 상호 통신하기 위한 정보의 표현 수단, 정보의 내용, 통신 수단 등에 대한 약속을 말한다.

그림 1-16 웹의 클라이언트-서버 시스템

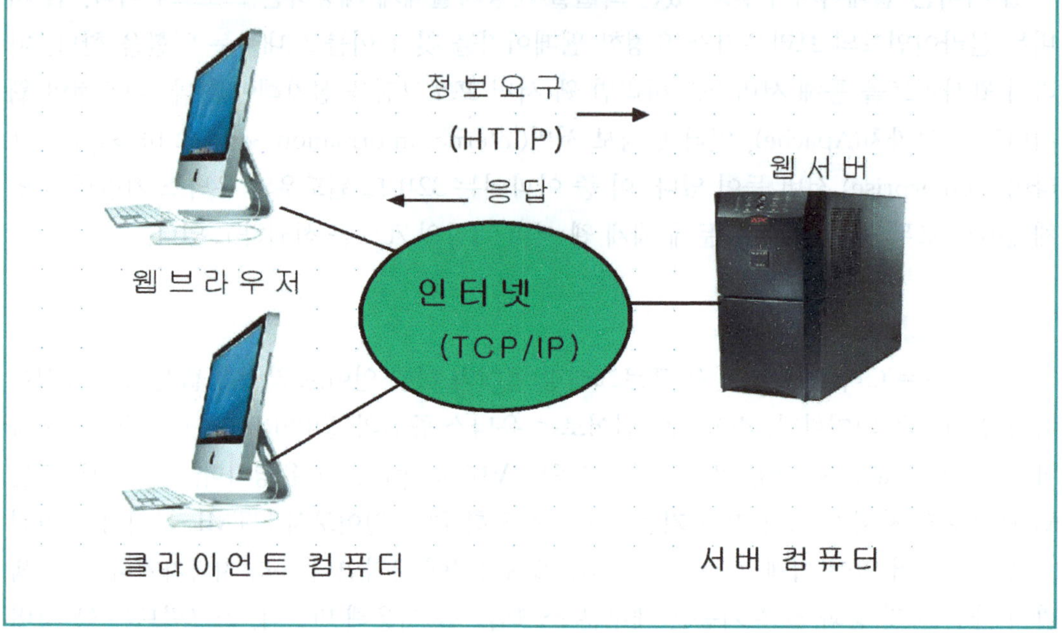

이때 클라이언트 컴퓨터와 서버 컴퓨터 사이를 이어주는 인터넷을 통하여 HTML 문서가 전달되기 위해서는 TCP/IP 프로토콜이 필요하다. TCP/IP 프로토콜은 클라이언트 컴퓨터와 서버 컴퓨터 사이의 데이터 전달을 위해서 사용되는 인터넷 통신 프로토콜이다. 이에 대한 좀 더 구체적인 설명은 2장에서 살펴보기로 한다.

웹 브라우저는 클라이언트 컴퓨터에서 작동하며 필요한 웹페이지를 웹 서버에게 요구하여 이를 받아 화면에 보여준다. 웹 서버는 서버 컴퓨터에 탑재된 응용프로그램으로서 서버 컴퓨터에서 작동하며 웹사이트의 데이터베이스에 저장된 웹페이지를 관할한다. 전형적으로 브라우저는 포털사이트[16)]로 들어가는 입장 페이지와 같은 시작 홈페이지를 요구하고 표시한다. 일단 시작 홈페이지가 표시되면 사용자는 하이퍼링크를 이용하여 웹을 누비기 시작할 수 있다. 각 하이퍼링크 뒤에는 다른 웹페이지의 주소가 숨겨져 있다. 하이퍼링크를 클릭하는 것은 원하는 페이지 요구를 브라우저로부터 웹 서버에게 보내는 것이다. 웹 서버는 브라우저로부터 요청받은 페이지를 웹 서버의 데이터베이스에서 찾아서

16) 포털사이트는 인터넷 접근을 제공하고 이메일, 검색엔진, 뉴스, 및 지역 정보와 같은 부가적인 서비스를 제공하는 웹사이트이다.

이의 복사본을 클라이언트의 브라우저에게 되돌려 보내도록 반응한다. 그러면 브라우저는 HTML 문서인 이 페이지를 우리가 웹사이트에서 보는 형태로 화면에 나타내 준다.

제4절 인터넷 주소

현실 세계에서 집이나 건물마다 고유한 주소가 있는 것처럼 가상세계인 인터넷에 연결된 각각의 컴퓨터는 저마다의 주소를 가지고 있다. 이를 IP(Internet Protocol)주소라고 한다. 또한 웹에 있는 각 페이지에도 유일한 주소가 할당되어 있는데, 이는 자원위치 탐사 장치(Uniform Resource Locator, URL)라고 한다.

1. 자원위치 탐사 장치(URL)

URL은 웹에서 어느 특정 페이지를 찾을 수 있는 주소를 나타낸다. 웹에서 사용하는 URL의 구성을 다음과 같은 URL의 예를 들어 살펴보자.

http://www.alpha.com/help.html

이 URL은 주소가 www.alpha.com인 웹페이지를 나타낸다. 여기서 Colon(:)은 http 프로토콜과 주소지를 분리하는 분리자이고 두 개의 슬래시(//)는 시스템 주소 또는 도메인 이름이 뒤따라 나올 것을 나타낸다. 도메인이란 어떤 한 기관이나 단체가 가진 네트워크를 총칭하며 도메인 이름은 인터넷상에 있는 개인이나 조직의 웹사이트 이름이다.

위의 예에서는 www.alpha.com이 도메인 이름이다. 이 도메인 이름은 영문으로 표현된 인터넷 IP주소로서 컴퓨터 이름, 소속단체, 단체의 성격, 소속국가 순으로 오른쪽으로 갈수록 범위가 커지는 계층적 구조를 보여준다. 컴퓨터가 인식하기 쉽게 만들어진 IP주소와 사람이 인식하기 쉽게 만들어 놓은 도메인 이름 사이의 변환은 DNS(Domain Name System)가 담당한다. 위의 예에서 사용된 도메인 이름에서 .com은 상위계층 도메인이고, alpha는 회사 또는 지역 도메인이다. www는 웹 서버에 대해 약정된 이름이다. 마지막으로 help.html은 호스트 컴퓨터에 저장된 웹페이지의 이름이다. 만일 어떤 화일 이름도 주어지지 않으면 서버는 index.html 또는 index.htm이라 이름 지어진 홈페이지를 가정한다. 대부분의 URL이 http로 시작하지만 화일을 요구하기 위한 화일 전송 프로토콜인 ftp를 사용하는 경우도 있으며 드물게 gopher, news, telnet, file 등을 사용하기도 한다. 다음 표 1-1 은 기관과 국가를 나타내는 도메인의 형태를 보여준다.

표 1-1 도메인 종류

도메인	기관명	도메인	국가명
edu, ac	교육기관	kr	한국
com, co	사업체	my	말레이시아
gov, go	정부기관	jp	일본
int	국제 기구	ca	캐나다
org	비영리 공공기관	de	독일
net	네트워크 관련기관	br	브라질
mil	군사 관련기관	fr	프랑스

2. IP주소 관리

인터넷에 연결된 컴퓨터들은 우리의 실생활에서 각 개인의 집이 주소를 갖고 있듯이 고유한 주소를 가지고 있다. 이 주소는 각각의 컴퓨터를 분명하게 구분하고 상호 통신하기 위해 일정한 규칙을 가지고 있다. 이 주소는 IP주소라고 불린다. IP는 데이터를 주고받을 주소 정보를 포함하는 과정을 지원한다. IP주소는 이때 사용되는 인터넷의 주소 체계인 것이다. IP주소는 중복으로 인한 혼란을 방지하기 위해 국가별 네트워크 정보센터(Network Information Center : NIC)에서 할당하고 관리하고 있다. 인터넷에서 사용되는 모든 주소 체계를 관리하는 국제기구는 IANA(Internet Assigned Number Authority)이다. IANA는 대륙별 인터넷 등록기관(Regional IRs)에 인터넷 번호를 할당한다. 대륙별 인터넷 등록기관은 일반적으로 국가별로 구분되어 있는 지역별 인터넷 등록기관(Local IRs)에 IP주소를 할당하고 이를 관리한다. 우리나라에서는 한국인터넷정보센터(Korea Network Information Center : KRNIC)가 지역별 인터넷 등록기관의 역할을 하고 있다. 한국인터넷정보센터는 한국전산원에서 관장하고 있는데, 이 센터에서는 국내의 IP주소, 도메인 등록, 관리, 국내의 인터넷 서비스 제공자와 네트워크 간의 조정과 중재 등의 서비스 업무를 하고 있다.

3. IP주소의 체계

IPv4 체계로 불리는 IP주소는 아래 예에서 보듯이 점(.)으로 구분되는 4개의 옥텟(Octet)으로 구성되어 있고, 각각의 옥텟은 0부터 255 사이의 값을 가진다.

예 : 128.211.65.7

이렇게 구성된 IP주소는 숫자가 의미하는 바에 따라서 해당 컴퓨터가 소속된 네트워크에 배정된 NetID와 해당 컴퓨터에 배정된 HostID로 나누어져 있다. 쉽게 설명하면 집 주소를 적을 때 어떤 지역에 속해 있는지 쉽게 인식하기 위해서 '대구광역시 수성구'와 같은 방식으로 행정구역을 표시하고 1234와 같은 번지수를 적는 것과 마찬가지로 IP주소도 네트워크를 의미하는 부분과 호스트를 의미하는 부분으로 구성되어 있다.

현재 사용하고 있는 IP주소는 4개의 옥텟, 즉 32비트로 이루어져 있다(IPv4). 이론상으로 볼 때 IP주소의 개수는 256×256×256×256=4,294,967,296개가 되지만, 0과 255는 특별한 용도로 사용되므로 각 단위별로 254개만 IP주소로 사용된다. 따라서 사용할 수 있는 IP주소는 4,162,314,256(약 41억)개가 된다. 이 숫자로만 본다면 IP주소는 전 세계의 컴퓨터들이 사용하기에 충분해 보인다. 그러나 급속히 늘어나는 인터넷 사용자의 추세를 보면 얼마 못가서 IP주소가 부족해질 것은 자명하다. 이에 따라 기존 IP주소의 고갈로 인한 문제점을 극복하고 실시간 멀티미디어 데이터 처리기술을 제공하기 위해 개발된 새로운 주소 체계가 IPv6이다. IPv6는 1994년 미국의 인터넷 공학 프로젝트 팀(Internet Engineering Task Force : IETF)[17]에 의해 제안되었으며 인터넷 기술관리 그룹

(Internet Engineering Steering Group : IESG)[18)]에 의해 승인되었다. IPv6는 128비트 주소 체계로 16비트씩 8개 부분으로 나누어지며 각 부분은 콜론(:)으로 구분하는데 주소 표기 능력을 보면 거의 무한대에 가까운(43억×43억×43억×43억) 주소 수를 나타낼 수 있다. IPv6의 주소 형태는 다음 예와 같다.

예 : 2111:421:aaaa:kkkk:0000:0000:bbbb:2222

IPv6를 사용할 경우의 장점은 다음과 같다.

- 보안 강화
- 자동네트워킹
- 주소 공간의 확대

IPv6 주소 체계를 사용할 경우에는 IPv4를 사용할 때와 같이 단말기의 IP 설정을 위한 별도의 작업이 필요 없으며 보안 문제가 해결된다. 왜냐하면 IPv6에서는 사용자의 관여 없이 자동으로 주소를 설정하는 기능이 있기 때문이다. 또한, 확장기능에서 보안 기능을 기본으로 제공하기 때문에 자체적인 보안 기능을 지원하지 않아 인터넷 보안 프로토콜(Internet Protocol Security : IPS)을 별도로 설치해야 했던 IPv4보다 훨씬 편리하다.

IPv4 주소 체계에서는 IP주소의 수가 한정되어 단말기의 이동시 IP를 재부여받거나 재설정하는 절차가 필요하다. 그러나 IPv6 주소 체계에서는 앞에서 언급하였듯이 무한대에 가까운 IP주소 수를 갖고 있기 때문에 수많은 단말기마다 고유의 IP를 부여할 수 있기 때문에 각 단말기를 이동하더라도 기존의 IP를 그대로 사용하여 자동적으로 설정이 가능하다.

더구나 주소 수의 사용에 제한이 없는 IPv6 체제에서는 각 가전기마다 고유의 IP주소를 부여한 홈 네트워킹 실현이 가능해진다. 현재 모든 가전제품에 정보 단말기의 기능을 추가하고 있으며, 심지어 자동차, PDA, 이동전화기 등 무선 인터넷 기능을 가진 모든 개체에 IP를 부여할 계획이기 때문에 향후 IP에 대한 수요는 급격히 늘어날 것으로 여겨진다.

---

17) 인터넷에 대한 새로운 TCP/IP 표준을 개발하는 주요한 활동 그룹으로서 인터넷 아키텍처와 관련된 문제들을 협의하고 조정하는 국제기구인 IAB(Internet Architecture Board)의 기술적인 업무를 수행.

18) 인터넷의 기술적 문제를 해결할 목적으로 설립된 조직인 인터넷 엔지니어링 태스크포스 IETF의 업무를 총괄 · 심의 · 조정 · 감독하는 책임을 갖는다.

주요 용어

애니악	진공관	유니박
트랜지스터	자기드럼	Windows
리눅스	인터넷	웹
하이퍼텍스트	HTML	브라우저
플러그인	웹 서버	스크립트
URL	IPv4	IPv6

연습문제

01 컴퓨터의 발전과정에 대하여 설명하라.

02 인터넷의 도입 배경에 관하여 설명하라.

03 기업 운영에 있어서 인터넷의 유용한 점을 기술하라.

04 월드와이드웹이 무엇인지 기술하라.

05 HTML의 기본적인 형태는 어떻게 이루어져 있는지 기술하라.

06 브라우저의 역할은 무엇인지 기술하라.

07 월드와이드웹의 작동원리를 기술하라.

08 인터넷 주소체계는 어떻게 이루어져 있는지 기술하라.

09 IP 주소 관리는 어디에서 관장하는지 기술하라.

10 IPv4에 대한 IPv6의 장점은 무엇인지 기술하라.

11 자신의 프로필을 HTML을 이용하여 작성하여 보아라.

12 table 태그를 이용하여 이번 학기 시간표를 작성하여 보아라.

쉬어가기

안방서 거실로 출 · 퇴근

재택근무가 공공기관과 기업을 중심으로 확산되고 있다. 사무실에 '나만의 자리'가 없어지면서 시간이나 장소에 얽매여 일하던 '사무실 시대'는 끝났다는 징후도 보인다. 직장인의 가장 큰 꿈인 '사무실로부터의 탈출'이 실현될 날도 멀지 않았다.

기업의 영업부문을 총괄하고 있는 김 부장의 하루는 아침 7시에 시작된다. 8시까지 근처 헬스장에서 체력단련을 한 다음 8시 반부터 회사 네트워크에 접속해 하루 스케줄을 체크하고, 일정 메일을 확인한 후 전화로 부서 텔레컨퍼런스를 진행한다. 10시에 고객사를 방문해 고객의 요구를 파악하고, 제품을 소개하며, 고객 관련 미팅을 진행한다. 고객사 방문 후 다시 사무실로 복귀할 필요는 없다.

미래에는 사무실에서 일하지 않아도 될지 모른다. 한국IBM의 경우처럼 직원 3~4명당 자리 1개의 비율로 사무실 공간을 줄이는 '모바일오피스(움직이는 사무실)'가 늘어나고 있기 때문이다. 한국IBM은 업무 특성상 내부 붙박이 자리가 필요한 직원을 제외하고는 전체 직원 중 절반 이상이 모바일 근무 중이다. 1995년 국내에서 처음으로 모바일 근무를 전면 실시한 한국IBM은 사무실 전체 공간이 절반 수준(20개 층에서 11개 층)으로 줄어들었다. 이로 인한 연간 비용절감 효과만 22억 원에 달한다.

한국썬마이크로시스템즈의 '플렉서블 오피스'도 비슷한 개념이다. 이동이 잦은 직원들은 지정된 사무실과 책상 없이 ID카드만 소지하고 있으면 전 세계 어느 지역에서라도 근무할 수 있다.

SK C&C도 재택근무나 탄력근무시간제 도입에 맞춰 유비쿼터스 개념을 활용했다. 건물 내의 어느 곳에서든 무선 랜을 쓸 수 있도록 한 것이다. 따라서 사무실 내의 개인공간에 대한 '내 자리' 개념도 무너지고 있다. 이미 IT기업들은 기존 사무실 개념을 완전히 탈피한 새로운 개념의 사무실을 만들고 있다. 세계 최대의 통신장비 기업인 시스코시스템즈는 네트워크 업무공간인 '넷빌딩'을 선보였으며, 일본의 대형 컴퓨터 제조사인 NEC도 벽, 의자 등이 없는 새로운 형태의 사무실을 구상하고 있다.

(이코노미플러스, 장세형)

CHAPTER 2

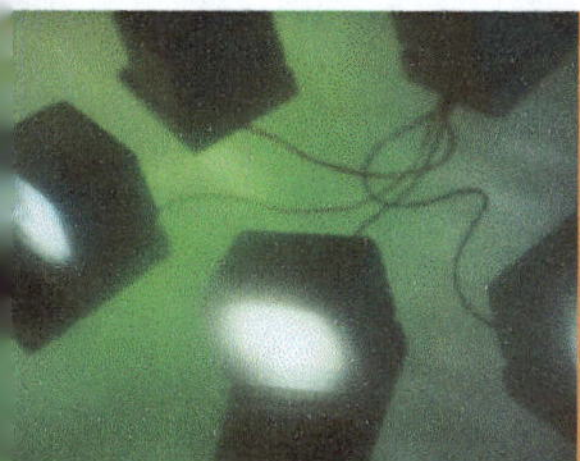

통신 네트워크

학습목표

이 장에서는 다음과 같은 내용을 학습한다.

- 네트워크 장비
- 네트워크 분류
- 네트워크 프로토콜

컴퓨터 기술과 정보통신 기술의 빠른 발달로 인하여 세상이 하루하루 다르게 발전하고 있다. 인터넷을 이용한 기업 업무의 변화 속에 전자상거래, 모바일 상거래 등 컴퓨터 통신망을 이용한 거래 형태가 일상생활 속에 나타나고 있다.

인터넷 이용의 근간은 통신 네트워크이다. 따라서 본 장에서는 통신 네트워크의 기초가 되는 네트워크 장비, 네트워크 분류 및 네트워크 프로토콜에 대한 기본적인 내용을 소개하고자 한다.

제1절 네트워크 장비

네트워크란 한 대 혹은 그 이상의 컴퓨터를 연결하여 근거리나 원거리 통신을 제공하고 서로 연결된 컴퓨터용 기기들 간의 데이터 등을 전송하는 통신망을 말한다. 예를 들어, 사무실에서 하나의 컴퓨터에만 프린터가 연결되어 있다면 프린터가 연결되어 있지 않는 컴퓨터에서 파일을 인쇄하기 위해서는 플로피 디스크, CD 또는 USB와 같은 것에 파일을 복사하여 프린터가 연결되어 있는 컴퓨터를 이용하여 인쇄를 하여야 한다. 그러나 컴퓨터들이 네트워크로 연결되어 있다면 네트워크에 연결된 모든 컴퓨터에서 프린터를 공유하여 인쇄할 수 있다.

네트워크의 구성은 정보를 처리하는 장비인 컴퓨터, 정보를 전달하는 유선 매체나 무선 매체를 포함한 전송 매체와 브리지나 라우터 등과 같이 데이터를 전달하는 데 필요한 네트워크 장비들로 이루어진다.

본 절에서는 정보통신망에서 데이터를 전달하는 데 이용되는 대표적인 네트워크 장비인 브리지, 라우터, 리피터 및 게이트웨이에 대해서 알아보기로 한다.

1. 브리지(Bridge)

브리지는 쉽고 저렴한 가격으로 근거리 통신망들을 연결시키는 장비이다. 브리지는 그림 2-1 에서 보듯이 서로 다른 형태의 네트워크 매체들을 연결시켜 준다. 또한 브리지는 한 형태의 매체에서 다른 형태의 매체로 정보를 전송하기 위하여 요구되는 환경설정을 자동적으로 시행한다. 가정이나 조그만 사무실에서 일하는 사람들은 일반적으로 그들이 서로 다른 형태의 네트워크를 가지고 있으나 이 네트워크 사이에 정보를 교환하거나 파일을 교환하고자 할 경우에는 브리지를 사용한다. 예를 들어 두개의 네트워크를 갖고 있다고 보자. 하나의 네트워크에는 컴퓨터들이 케이블을 사용하여 유선으로 연결되어 있고 다른 네트워크에는 컴퓨터들이 무선으로 연결되어 있다고 가정하자. 일반적으로 유

그림 2-1 브리지 이용 형태

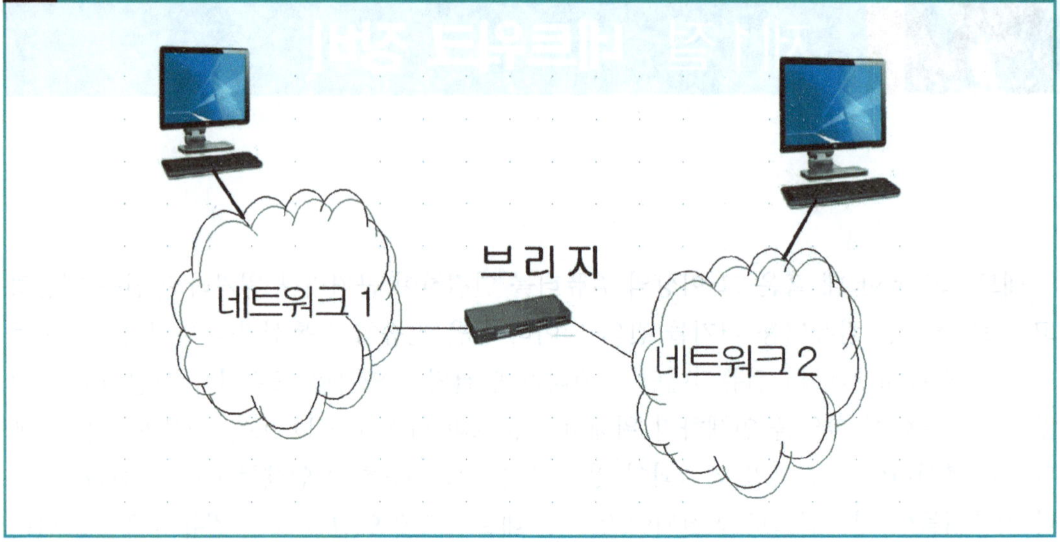

선으로 연결된 컴퓨터들은 오직 유선으로 연결된 컴퓨터들끼리 소통할 수 있고, 무선으로 연결된 컴퓨터들은 무선으로 연결된 컴퓨터들끼리 소통할 수 있다, 그러나 브리지를 사용하면 유선으로 연결된 컴퓨터들이나 무선으로 연결된 컴퓨터들을 포함한 모든 컴퓨터들이 서로 소통할 수 있다.

2. 라우터(Router)

라우터는 서로 다른 프로토콜로 운영하는 통신망에서 정보를 전송하기 위해 경로를 설정하는 역할을 제공하는 통신장비이다. 네트워크를 통하여 정보를 주고받을 때 패킷에 담긴 수신처의 주소를 읽고 가장 적절한 통신통로를 이용하여 전송하는 역할을 한다. 단순히 통신망을 연결해 주는 브리지 기능에 추가하여 라우터는 경로설정 프로토콜을 이용하여 자신이 연결되어 있는 통신망과 그 외의 통신망 사이에 주어진 여러 경로 중 가장 효율적인 경로를 선택하여 패킷을 보낸다. 예를 들어 서울에서 부산까지 차를 타고 갈 때, 경유할 수 있는 길은 여러 가지이며 도로의 상황에 따라 걸리는 시간 또한 다를 수 있다. 방금 전까지는 소통이 원활한 도로도 갑자기 정체가 생길 수 있으며, 공사 등으로 인하여 도로가 잠시 폐쇄될 수도 있다. 운전자는 네비게이션이나 뉴스 등을 통하여 얻은 도로 정보를 바탕으로 자신이 지나갈 최적의 도로를 선택하여 운행한다. 이와 마찬가지로, 네트워크에서도 패킷을 전송할 수 있는 여러 가지 경로가 존재하며 시시각각 경로의 상황이 변할 수 있는데 네트워크에서는 라우터가 다른 라우터와 교신하여 이러한 정보를 라우터끼리 주고받으며 최적의 경로를 선택하는 것이다. 경로 설정과 더불어 라우터는 네트워크의 통신 흐름을 제어하며 통신망 내부에 여러 보조 통신망을 구성하는 등의 다양한 통신망 관리 기능을 수행한다.

3. 리피터(Repeater)

리피터는 네트워크상에서 신호를 수신하여 신호를 증폭하여 재전송하는 장치이다. 디지털 신호는 일정한 거리 이상 지나가면 출력이 감쇠하는 성질이 있기 때문에 장거리 전송을 위해서는 리피터의 사용이 요구된다. 디지털 통신 네트워크에서 근거리 통신망의 역할이 커지면서 초기에 구성하였던 통신망을 확장시키게 되는데 이때 리피터를 이용하면 근거리 통신망을 서로 접속시켜서 쉽게 확장할 수 있다. 그림 2-2 는 리피터를 이용하여 통신망을 확장하는 모양을 보여준다.

그림 2-2 리피터

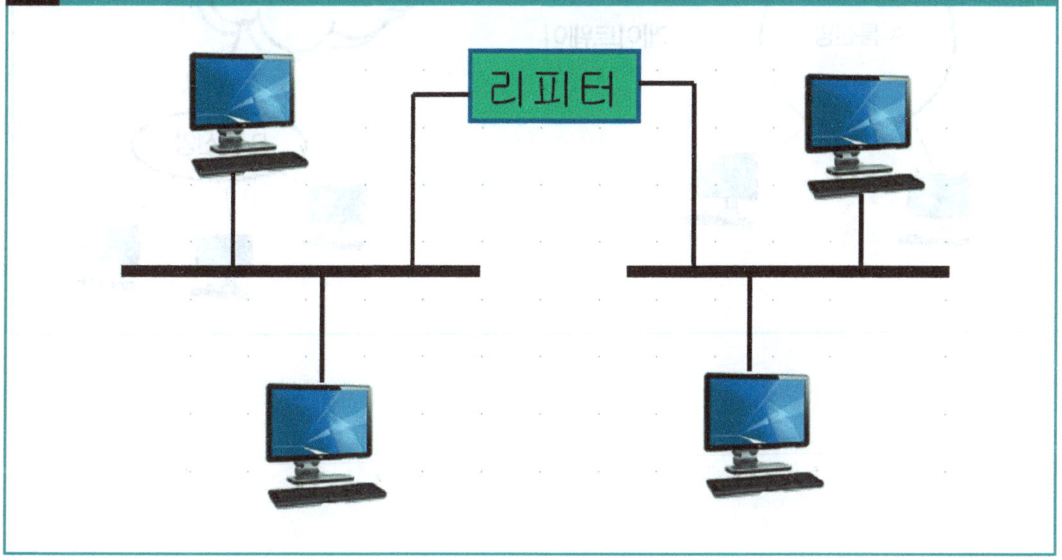

4. 게이트웨이(Gateway)

게이트웨이는 두 개 이상의 다른 종류의 네트워크를 상호 접속하여 정보를 주고받을 수 있게 하는 장비로, 하나의 통신망에서 다른 통신망으로 들어가는 입구 역할을 한다 그림 2-3 . 통신 프로토콜이 같거나 유사한 통신망을 상호 접속하여 정보를 주고받는 브리지와는 달리, 게이트웨이는 프로토콜이 다른 복수의 통신망 간에 프로토콜을 변환하여 정보를 주고받을 수 있게 해 준다. 게이트웨이는 네트워크에서 사용되는 서로 다른 특성이나 프로토콜을 상호 변환시켜 결합시켜 줌으로써 호환성 있는 정보를 전송할 수 있게 해 주는데, 이의 주요 변환 기능으로 전송 속도 차이의 변환, 프로토콜 변환, 주소 변환 기능 등이 있다.

그림 2-3 게이트웨이

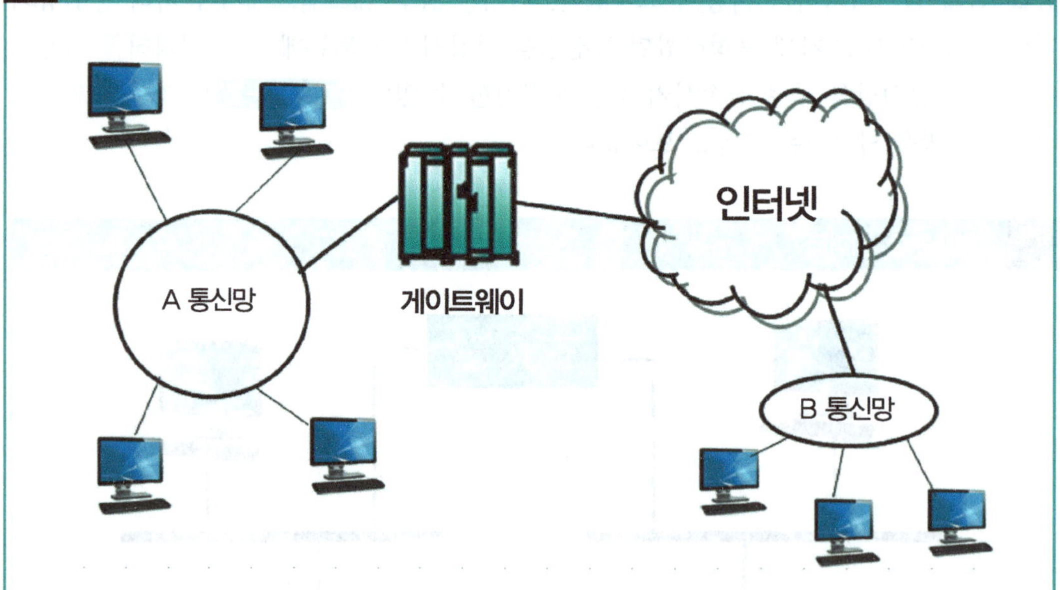

제2절 네트워크 분류

네트워크의 분류는 토폴로지에 의한 분류와 교환방식에 의한 분류 및 전송매체에 의한 분류 방법이 있는데, 여기서는 앞의 두 가지 분류 방법에 대해서 알아보기로 한다.

1. 토폴로지(Topology : 위상)에 의한 분류

네트워크 토폴로지는 네트워크에 있는 컴퓨터, 케이블 및 다른 주변장치의 배치 상태를 나타내는 말이다. 사용하는 토폴로지 종류는 네트워크 하드웨어의 종류와 기능, 그 관리, 미래의 확장 가능성에 영향을 미치므로 각자 자신의 환경에 맞는 선택을 하는 것이 중요하다. 네트워크 토폴로지는 버스 토폴로지(Bus Topology), 스타 토폴로지(Star Topology), 링 토폴로지(Ring Topology), 메쉬 토폴로지(Mesh Topology) 및 하이브리드 토폴로지(Hybrid Topology)로 분류된다. 여기서는 기본적인 세 가지 네트워크 토폴로지인 버스 토폴로지, 스타 토폴로지, 링 토폴로지만 다루기로 한다.

1) 버스 토폴로지

버스 토폴로지란 컴퓨터, 파일 서버, 프린터 및 주변장치 등이 네트워크에 연결된 하나의 케이블을 말한다. 이 토폴로지를 사용하는 네트워크는 가장 간단하고 오래된 형태로서 최근에 건설된 현대적인 사무실에서는 보기 힘든 형태이다. 그림 2-4 에서 보듯이 이 네트워크에서는 모든 컴퓨터들이 중추케이블에 직접적으로 연결되어서 통신을 한다. 한 컴퓨터에서 전송된 자료는 중추케이블에 연결된 모든 컴퓨터에서 수신할 수 있도록 되어 있다. 이 토폴로지는 연결된 컴퓨터가 2~5대 정도인 네트워크에서는 작동이 원활하나 컴퓨터의 수가 5대 이상이 되면 수행성과가 감소한다. 그러나 어느 한 부분이 끊어지거나 한 끝이 종단되지 않으면 신호가 네트워크를 통해 왕복하여 모든 통신이 중지된다. 또 버스에 접속된 컴퓨터 수에 따라 네트워크 성능 크게 저하되는 단점이 있다. 버스 토폴로지의 장점과 단점을 정리하면 다음과 같다.

● 장점

- 중추케이블에 컴퓨터나 주변장치를 연결하기 쉽다.
- 스타 토폴로지보다 케이블이 덜 사용된다.
- 빠른 속도를 요구하지 않는 적은 네트워크에 적당하다.

● 단점

- 중추케이블이 끊어지면 전체 시스템이 마비된다.
- 중추케이블의 양끝에 종료기가 필요하다.
- 전체 시스템이 마비되면 그 원인을 찾기가 쉽지 않다.

그림 2-4 버스 토폴로지

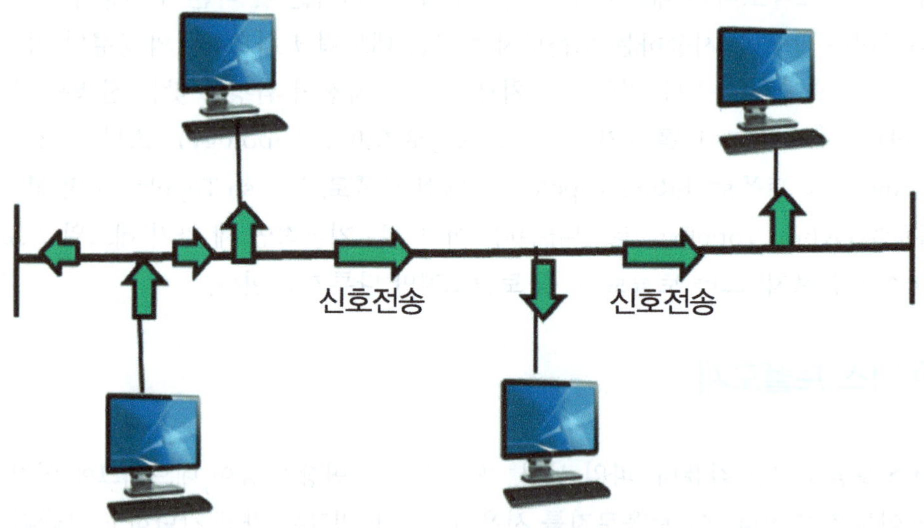

2) 스타 토폴로지(Star Topology)

스타 토폴로지는 그림 2-5 에서 보듯이 네트워크에 연결되어 있는 컴퓨터, 프린터와 같은 주변장치들이 중앙에 있는 허브 또는 집중기에 직접적으로 연결되도록 구성되어 있다. 한 컴퓨터에서 전송된 신호는 허브 또는 집중기를 거쳐 목적지 수신컴퓨터로 전송된다. 허브 또는 집중기는 전체 네트워크를 제어하고 또한 리피터로서의 역할을 한다. 스타 토폴로지는 가장 일반적으로 사용되는 토폴로지로서 보통 다른 토폴로지와 혼합하여 사용되기도 한다. 스타 토폴로지의 장점과 단점을 정리하면 다음과 같다.

● 장점

- 확장 설치가 쉽다.
- 대형 네트워크에 적합하다.
- 네트워크의 작동에 지장을 주지 않고 컴퓨터를 추가하거나 제거할 수 있다.
- 한 컴퓨터가 고장 나더라도 나머지 부분은 정상 작동이 가능하다.
- 고장 난 지점을 쉽게 알 수 있다.

● 단점

- 버스 토폴로지보다 더 긴 케이블이 필요하다.
- 허브/집중기가 고장 나면 전체 시스템이 마비된다.
- 허브/집중기의 가격 때문에 버스 토폴로지보다 비용이 많이 든다.

그림 2-5 스타 토폴로지

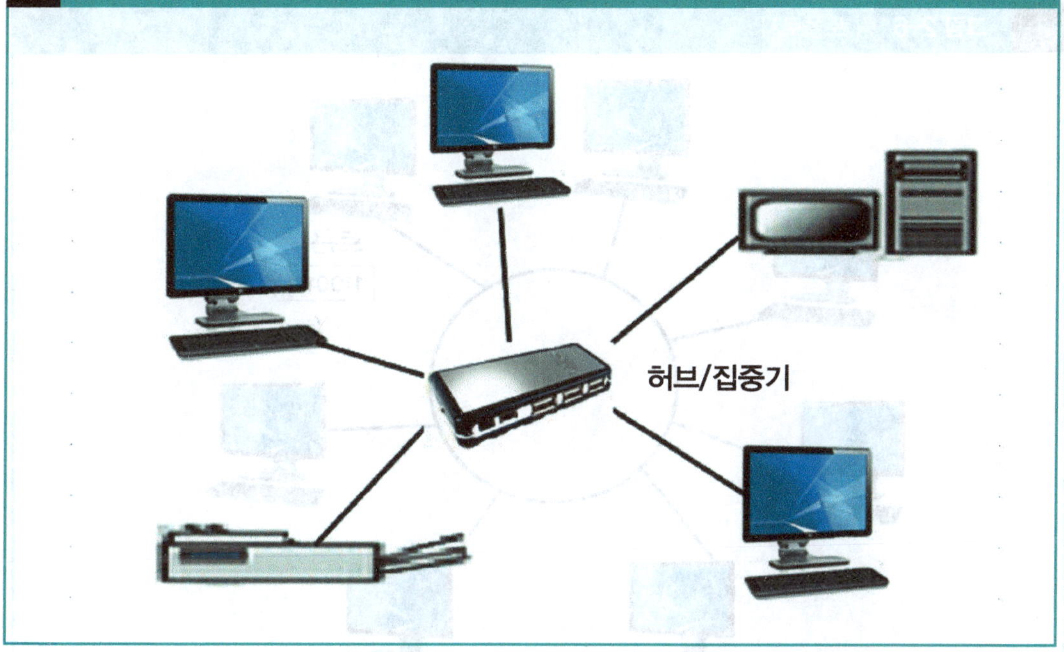

3) 링 토폴로지(Ring Topology)

링 토폴로지는 그림 2-6 과 같이 컴퓨터들이 하나의 케이블 원에 연결된 상태를 보여준다. 링 토폴로지는 토큰 링 네트워크에서 사용된다. 토큰은 작은 데이터 패킷으로 각 컴퓨터 노드가 신호를 전송하기 위한 필수 요소이다. 한 컴퓨터가 신호를 전송하고자 하면 토큰을 확보하고 토큰에 데이터 패킷을 부착하여 전송한다. 수신지 컴퓨터가 신호를 수신하면 수신 확인 패킷을 보내고 다시 토큰을 자유롭게 풀어 놓는다. 링 토폴로지의 장점과 단점을 정리하면 다음과 같다.

● 장점

- 토큰을 확보하고 전송하는 매우 순서적인 네트워크이다.
- 전송량이 많은 네트워크에서는 스타 토폴로지보다 성능이 좋다.

● 단점

- 네트워크의 한 부분에 문제가 생기면 전체 시스템이 마비된다.
- 컴퓨터를 추가하거나 제거할 경우 전체 네트워크에 영향을 준다.
- 비교적 속도가 느리다.

그림 2-6 링 토폴로지

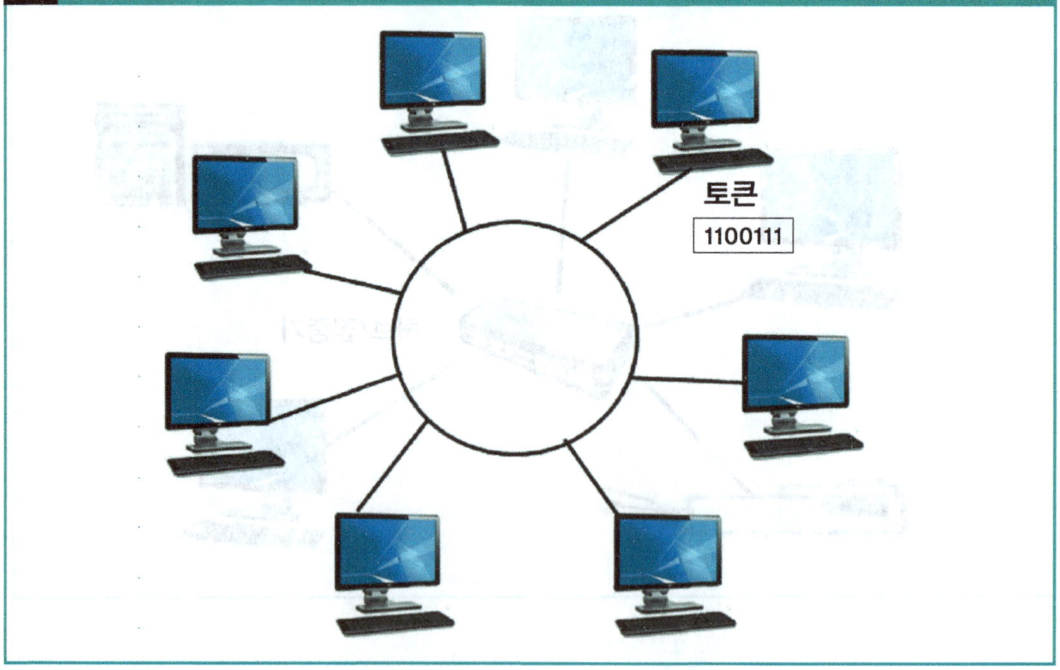

2. 교환방식에 의한 분류

1) 회선교환 방식(Circuit Switching)

회선교환 방식은 사용자가 통신을 시작하기 전에 송신자와 수신자 사이의 회선을 점유하는 방식이다. 일단 회선이 점유되면 실질적인 통신이 이루어지지 않더라도 다른 사용자는 이 점유된 회선을 사용할 수 없다.

회선교환 방식은 전화시스템과 같이 비교적 연속적인 흐름을 갖는 데이터 교환의 경우에 적절하게 사용되는 기술이다. 전화시스템에서 회선은 컴퓨터의 제어하에 신속하게 연결되며, 일단 접속이 이루어지면 회선을 독점하게 되며 통신이 완료될 때까지 접속이 유지된다. 이때 교환기의 역할은 접속과 차단 중의 역할만 하며, 접속 후의 정보 내용에는 일체 관여하지 않는 방식이다.

2) 패킷교환 방식(Packet Switching)

패킷교환 방식은 정보를 패킷이라 불리는 일정한 크기의 블락으로 나누고, 블락마다 수신지 주소를 붙여서 보내는 방식이다. 패킷 교환 방식은 회선교환 방식이 통신 회선을 효율적으로 사용하지 못하는 단점을 보완하기 위하여 등장한 방법인데 오늘날 인터넷에서 이 방법이 사용되고 있다. 정보 전송을 함에 있어서 이 방법에서는 패킷의 수신 측 주소정보를 바탕으로 교환기가 상황에 따라 적절한 전송경로를 결정한 후에 정보를 전송한다. 이 방식은 회선의 효율성은 높여 주지만 목적지에 도달한 패킷을 순서에 맞게 재조립해야 하기 때문에 이를 위한 장비에 대한 비용을 요구한다. 또한, 네트워크에 통신량이 많을 경우 회선교환 방식에서는 회선 설정 자체가 어렵지만, 패킷교환 방식에서는 정보 전송이 지연되기는 하나 거부당하지는 않는다. 즉, 많은 사람들이 전화를 동시에 사용하는 경우 통화 연결조차 안 될 수 있지만, 패킷 네트워크에서는 일단 패킷을 수용하게 된다.

3) 메시지교환 방식(Message Switching)

메시지교환 방식은 전송 경로상의 모든 노드에서 데이터를 저장하였다가 적절한 경로가 발견되면 해당 경로를 따라서 메시지를 보내는 방식이다. 이 방식은 '축적 후 전송'이라는 용어로 잘 알려져 있다. 메시지교환 방식은 데이터를 저장하고 전달한다는 측면에서 패킷교환 방식과 비슷하지만, 패킷 단위로 교환하는 것이 아니라 메시지 단위로 교환한다는 점이 다르다. 각각의 메시지 교환기들은 수신되는 패킷들을 모아서 메시지를 재구성하고 이상이 없을 경우에 다시 패킷으로 분할한 뒤 다음 교환기로 전송한다. 초기 전자메일 시스템에서 메시지교환 방식을 사용하기도 했지만 지금은 거의 사용하지 않는다.

제3절 네트워크 프로토콜

네트워크는 통신이 가능한 모든 통신 환경에서 쉽게 찾아볼 수 있다. 가장 일반적인 네트워크인 전화망에서의 통화 절차의 전체 과정을 살펴보면 다음과 같다.

전화로 상대방과 통화하려면, 먼저 송 · 수화기를 든다. 그리고 상대방의 전화번호를 누르는 다이얼링(dialing) 단계 이후, 상대 전화기에 전화가 왔음을 알리는 신호음을 보낸다. 다음으로 신호음을 들은 상대방이 전화가 왔음을 알고 수화기를 든다. 이때 전화를 건 사람은 신호가 가고 있다는 연결 확인음을 계속 듣고 있다가 통화를 하고자 하는 상대방이 수화기를 들면 연결되었음을 알고 통화를 시작한다. 모든 통화 내용이 끝났다면 송수화기를 서로 내려놓음으로써 모든 통신이 완료된다. 이처럼 간단한 전화 통화의 경우에도 미리 정해진 일련의 통신절차를 따라야 한다. 사람과 사람이 대화를 하는 경우에 언어, 화제, 대화 수단 등에 대해서 사전에 또는 대화 중에 약속을 서로 정해 두어야 의사소통이나 정보교환이 가능한 것과 마찬가지로 네트워크를 이용하여 컴퓨터나 단말장치 등이 상호 통신하는 경우에도 이와 같이 정보의 표현 수단, 정보의 내용, 통신 수단 등에 대해서 여러 가지의 약속을 정해 두는 일이 필요한데, 이러한 약속을 프로토콜이라 부른다. 본 절에서는 네트워크 프로토콜과 관련된 가장 기본적인 내용인 OSI 7계층 모델과

TCP/IP 프로토콜에 대한 개략적인 내용만을 소개하도록 한다.

1. OSI(Open System Interconnection) 7계층 모델

OSI 7계층 모델은 국제표준기구(International Stanfords Organization : ISO)가 효율적인 컴퓨터 네트워크를 구축하기 위하여 제정한 국제표준의 하나인 참조 모델이다. 이 모델은 네트워크 통신의 전 과정을 7개 계층으로 나누고 각 계층마다 일정한 역할을 수행하도록 하여 하나의 네트워크 통신이 완성되는 과정을 나타낸 것이다. 따라서 이는 네트워크 통신을 위한 프로토콜 제정에 이를 참고할 것을 권하는 참조 모델이다. OSI 모델의 7개 계층은 응용 계층, 프리젠테이션 계층, 세션 계층, 전송 계층, 네트워크 계층, 데이터링크 계층 및 물리적 계층으로 나뉘어져 있는데 각 계층에서 행해지는 작업들은 표 2-1 에 정리되어 있다.

표 2-1 OSI 7계층

7	응용 계층 (Application Layer)	사용자에 의해서 정의되는 계층. 전송될 데이터, 데이터 형식, 수신자가 알아볼 수 있는 전송규약 등을 정해 준다.
6	표현 계층 (Presentation Layer)	응용 계층에서 데이터를 받아 데이터를 일반적인 형식으로 바꾸어 준다. 이 계층에서는 데이터의 압축, 암호화 등을 수행하고 ASCII나 EBCDIC와 같이 서로 다른 코드를 호환되게 해 준다.
5	세션 계층 (Session Layer)	통신 순서 제어나 통신 버퍼 체크 등을 포함하여 통신기 사이의 연결을 책임진다.
4	전송 계층 (Transport Layer)	외부 통신망과 관련된 계층으로서 최종사용자의 주소를 생성하고 모든 데이터 패킷이 수신되었는가를 확인하여 전송의 완성도를 높인다.
3	네트워크 계층 (Network Layecr)	데이터 전송 시에 발신처와 수신처 사이의 데이터 패킷을 위한 경로 생성에 책임이 있다.
2	데이터링크 계층 (Data Link Layer)	한 노드에서 다음 노드로의 전송을 위한 물리적 경로를 설정하고 통제한다.
1	물리적 계층 (Physical Layer)	전송 매체와 컴퓨터 사이의 전자적 연결을 알려준다. 이 계층은 신호를 전송하기 위하여 어떤 전선이 얼마나 있어야 하며 어떤 종류의 연결 장비가 필요한가 등을 알려준다.

2. TCP/ IP 프로토콜

TCP/IP 프로토콜은 TCP(Transmission Control Protocol)과 IP(Internet Protocol)의 두 개의 프로토콜을 의미한다. TCP/IP는 컴퓨터와 통신기기들을 네트워크에 연결시키는 데 사용되는 프로토콜이다. TCP는 주로 컴퓨터통신망에서 데이터의 흐름을 관리하고 에러를 점검하는 등 데이터의 전송이 잘 이루어졌는지를 확인하는 기능을 담당하고, IP는 데이터 패킷을 한 장소에서 다른 장소로 전송하는 기능을 담당한다. TCP/IP는 본래 인터넷을 위하여 개발된 프로토콜이지만 최근에는 각종 컴퓨터통신망에 널리 사용되고 있다. 모든 네트워크 프로토콜이 OSI 참조모델에서 제안한 것과 같이 7개 층으로 만들어져야 하는 것은 아니다. TCP/IP 프로토콜은 그림 2-7 에서 보듯이 개념적으로 4개의 계층으로 이루어져 있다.

그림 2-7 OSI 모델과 TCP/IP 비교

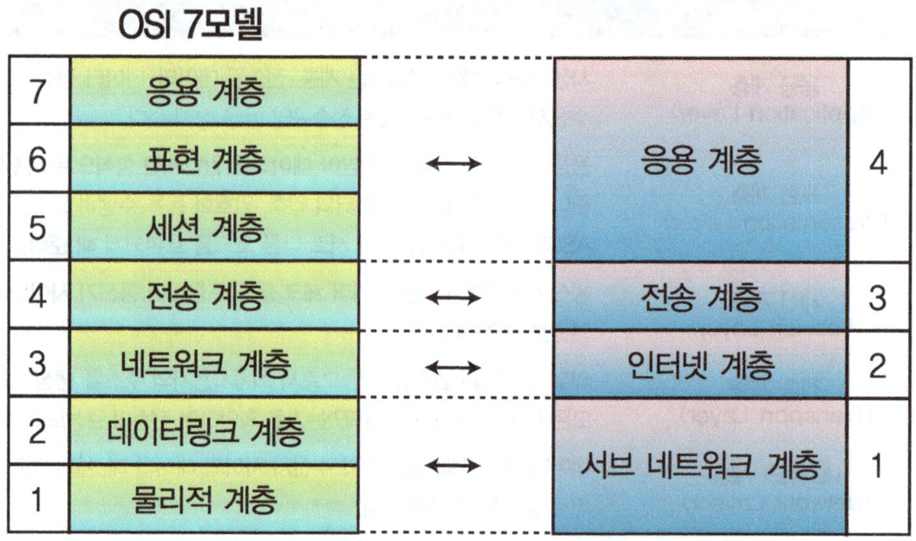

주요 용어

브리지	라우터	리피터
게이트웨이	버스 토폴로지	스타 토폴로지
링 토폴로지	회선교환	패킷교환
메시지교환	네트워크 프로토콜	OSI 7계층 모델
TCP/IP 프로토콜		

연습문제

01 네트워크 장비를 나열하고 그 기능을 기술하라.

02 브리지는 어떤 통신장비인가?

03 라우터는 어떤 역할을 하는 통신장비인가?

04 리피터는 어떤 때에 사용하는 통신장비인가?

05 게이트웨이의 역할은 무엇인가?

06 토폴로지에 의해 분류된 세 가지 네트워크는 무엇인가?

07 버스 토폴로지의 장단점을 기술하라.

08 스타 토폴로지의 장단점을 기술하라.

09 링 토폴로지의 장단점을 기술하라.

10 회선교환 방식이 무엇인지 기술하라.

11 패킷교환 방식이 무엇인지 기술하라.

12 메시지교환 방식이 무엇인지 기술하라.

13 OSI 7계층 모델이 무엇인지 기술하라.

14 TCP/IP 프로토콜이 무엇인지 기술하라.

쉬어가기

"와, 신기하다…" 기술과 아이디어가 만난 발명품

욕조에 띄워 놓으면 음악 소리에 따라 잔물결을 만들어 내는 라디오, 위성항법장치(GPS)가 부착돼 부모에게 위치를 알려주는 어린이용 운동화, USB에 연결해 따뜻하게 데울 수 있는 슬리퍼….

국내 '얼리 어댑터(early adapter)'들도 관심을 가질 만한 일상생활의 작은 편의장치들이 해외의 젊은 세대들 사이에서 인기를 끌고 있다. <뉴욕타임스>는 15일 "첨단 기술과 기발한 아이디어가 결합된 각종 발명품을 어디에서나 볼 수 있게 됐다"며 이 같은 최신 경향을 소개했다.

개가 달리면서 끌고 가도록 디자인된 '강아지 스쿠터'와 비디오 게임을 볼 수 있는 T셔츠, 자동차를 타고 일터로 가는 동안 에스프레소 커피를 끓여 주는 기계도 소개됐다. 달라붙은 병뚜껑을 못 열어 애를 먹는 사람들을 위해 만들어진 병뚜껑 따개 장치와 새우 내장 제거기도 있다. 주방용품업체 옥소(Oxo)는 6월 병 속 마요네즈를 남김 없이 긁어먹을 수 있도록 고안된 제품을 선보일 예정.

전자제품을 다루는 '기즈모도(Gizmodo)'나 '엥가젯(Engadget)' 같은 블로그에는 이런 재미난 발명품을 찾는 네티즌들의 방문이 특히 잦다. 2월 이 사이트 방문자 수는 160만 명으로 지난해 같은 기간에 비해 거의 2배가 늘었다.

GPS나 블루투스 같은 첨단기술을 싸면서도 편하게 활용할 수 있게 된 것이 이런 발명품의 잇따른 등장을 촉진한 것으로 분석된다. 각종 디지털 장치의 사용에 익숙한 베이비붐 세대의 수요가 많아진 점, 24시간 홈쇼핑 채널과 인터넷 쇼핑몰의 증가에 따라 반짝이는 아이디어들이 상품화되고 유통되기 쉬워진 점도 원인으로 꼽혔다.

(동아일보, 이정은)

제2부

인터넷과 기업 경영

CHAPTER **3**

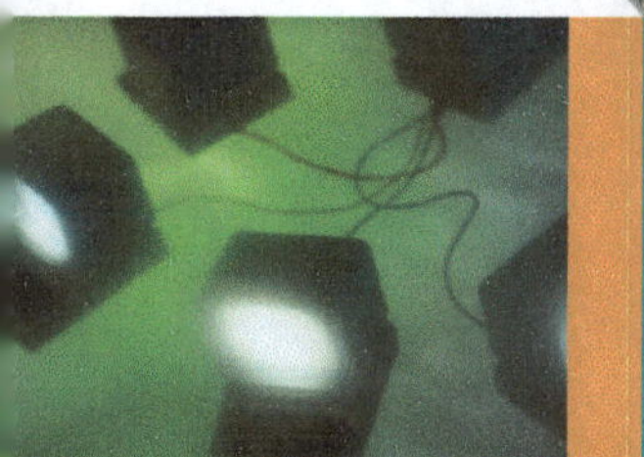

전자상거래와 모바일 상거래

CHAPTER

3

전자상거래와 모바일 상거래

학습목표

이 장에서는 다음과 같은 내용을 학습한다.

- 기업과 웹
- 전자상거래
- 모바일 상거래

인터넷은 전 세계에 흩어져 있는 수많은 지식과 정보를 검색하는 수단이자 언제 어디서나 접속이 가능한 커뮤니케이션 매체로서 등장하였다. 현대인들의 인터넷 이용 형태는 이메일 · 채팅 및 자료 · 정보 획득뿐만 아니라 여가활동, 홈페이지 · 블로그, 쇼핑 · 예약, 금융거래 등 다양하게 나타나고 있다. 또한 기업에서는 인터넷을 시장 확대와 새로운 고객 확보 및 마케팅 활동 수행 도구 등으로 활용하여 새로운 사업모델을 만들어 가고 있다. 오늘날 기업이나 소비자 모두 인터넷이라는 가상공간을 이용하여 여러 가지 활동들을 수행하고 있는데 이들 활동 중 상거래와 관련된 활동이 전자상거래이다.

본 장에서는 기업이 웹을 이용하여 사업을 수행할 경우 얻을 수 있는 장점을 알아보고 웹을 통해 이루어지는 대표적인 사업인 전자상거래에 대한 개략적인 소개를 한 후 전자상거래에 대한 사례들을 살펴본다. 또한 휴대폰이나 PDA와 같은 기기를 이용해 무선인터넷에 접속하여 상거래를 수행하는 모바일 상거래에 대해서도 소개한다.

제1절 기업과 웹

기존 상거래 시장에서 기업의 출현은 사무실 건물, 공장, 창고 등의 설립으로 이루어지고 한 기업의 존재 또는 평판은 그것이 지니고 있는 사회적 이미지로 나타내진다. 사람들 사이의 관계는 상대방에 대한 첫인상에 따라 차이가 날 수도 있다. 그러나 첫인상이라 불리는 상대방에 대하여 처음에 가졌던 인상은 만남, 전화 통화, 편지나 이메일 교환 등과 같은 형태의 지속적인 접촉에 의해서 변화될 수 있다. 이와 마찬가지로 기업의 직원 개개인이 회사의 고객이나 공급업자에게 어떠한 인상을 심어 주느냐에 따라 기업의 상대적 평판이 달라질 수 있다. 따라서 기업에서 새로운 직원을 채용할 경우에는 업무에 맞추어 신중하게 채용하여야 한다. 예를 들자면, 서비스업을 하는 기업에서 우락부락한 인상을 지닌 직원을 출입구 앞에 세우고 고객을 맞는다면 손님들의 기업에 대한 첫인상에서 긍정적인 면을 찾기는 쉽지 않다. 따라서 업무에 따라 직원의 배치에 많은 신경을 기울여야 한다. 기업의 규모가 커져서 상당한 규모에 이르게 되면 기업은 시장점유율과 고객 기반의 평판을 유지하기 위하여 기업의 신경이나 자원을 집중시킨다. 이를 위하여 대부분의 대기업에는 고객이나 대중매체와의 교류를 위한 홍보부서를 두고 있다. 오늘날 기업에서 웹의 이용이 일반화되면서 기업들은 다투어 기업의 웹사이트들을 선보이고 있다. 기업의 웹사이트는 출입구 앞에서 고객을 맞는 직원의 역할을 할 수도 있고, 기업의 홍보부서의 역할을 할 수도 있으며, 기업의 이미지를 나타내 주는 기업의 얼굴이 될 수도 있기 때문에 그 존재가 상당히 중요하다.

새로운 기업을 시작하고자 할 때 기존 오프라인 기업의 개업과 웹을 이용하는 온라인 기업의 개업 준비와 형태는 근본적인 차이를 나타낸다. 오프라인 기업이 사업을 하기 위해서는 물리적 공간이 필요하고 이 물리적 공간을 확보하고자 하는 경영자는 매우 뚜렷한 목적에 초점을 맞춘다. 공간은 충분히 넓은가, 고객 판매에 편리한가, 재고품을 쌓아 놓을 공간이 충분한가, 임대료는 적당한가 등의 조건을 따지며 경영자는 사업장소를 물색한다. 앞에 열거한 여러 가지 조건 또는 목적을 만족시킨 결과로 확보된 물리적 사업장소라 할지라도 이 확보된 공간이 어떤 특정 사업자를 위해 의도적으로 만들어진 것이 아니기 때문에 원래의 설계 목적이 공간을 확보한 경영자의 의도와 충분히 다를 수 있다. 그렇다고 경영자가 직접 자신의 사업 목적에 맞게 설계하고 건축하기에는 만만하지 않는 비용이 요구되기 때문에 어려움이 따른다. 그러나 웹을 사업 공간으로 이용하고자 하는 기업에겐 기존 기업이 처할 수 있는 사업 공간에 대한 문제는 생각할 필요조차 없다. 왜냐하면 물리적 건축 비용에 비해 웹사이트 구축비용은 상당히 적기 때문에 웹을 사업에 이용하고자 하는 기업들은 비용 걱정 없이 특정 목적을 지닌 웹사이트를 의도적으로 만들 수 있기 때문이다. 더욱이 기존의 사업 형태에 비하여 웹을 이용한 사업은 다음과 같은 여러 가지 장점들을 지니고 있다.

첫째, 세계 각국에서 수많은 고객들이 빠르고 쉽게 거래할 수 있다.

고객들은 웹사이트에 접속하여 편하고 쉽게 서비스나 제품을 찾은 후 바로 주문절차를 밟을 수 있다.

둘째, 싸고, 빠르고, 제약 없이 광고를 할 수 있다.

TV, 라디오, 신문 등의 대중매체에서의 광고는 시간적, 지면적 제한을 갖고 있으면서도 상당히 비싼 광고비를 지불해야 한다. 그러나 웹사이트에서는 여러 가지 이미지 생성과 이미지 증진 작업을 매우 효과적으로 수행할 수 있어 저렴한 비용으로 광고 효과를 얻을 수 있다.

셋째, 인건비를 줄일 수 있다.

웹사이트는 사람의 개입 없이 링크나 이메일을 이용하여 지원서나 정보 획득과 같은 서비스를 제공할 수 있고 주문이나 출하를 다룰 수 있기 때문에 많은 인력 투입과 이에 따르는 노동시간을 벌어 준다. 또한, 제품이나 서비스 및 판매 절차 등에 관하여 자주 묻는 질문에 대하여 Q&A 등과 같이 웹사이트에 게재된 내용을 이용하면 일일이 전화 통화에 답변하며 행하던 안내 비용을 줄일 수 있다.

넷째, 대중 관계를 증진시킬 수 있다.

웹사이트는 수많은 잠재 고객에게 회사 광고를 위한 전단지 같은 역할을 하고 또한 새로운 제품이나 특정 세일 행사 등에 관한 광고지 역할을 한다.

오늘날 인터넷의 활성화에 발맞추어 웹을 이용한 사업들이 늘어나고 있다. 웹을 이용하여 사업을 하는 기업들과 고객들 사이의 상거래는 전자상거래로 분류되고 있다. 지금부터 전자상거래에 대해서 살펴보기로 하자.

제 2 절 전자상거래

1. 전자상거래 개념

1) 전자상거래 정의

1990년대 초까지만 해도 인터넷은 군사적 목적과 연구 및 학술 목적을 가진 소수의 전문가들 사이에서만 이용되던 네트워크였다. 그러나 정보통신기술의 발달과 멀티미디어, 웹 등과 같은 응용기술의 급속한 발전에 힘입어 오늘날 인터넷은 지구촌을 하나로 묶어 생활, 문화, 정치, 경제, 교육 등 사회 전 분야에 걸쳐 전례 없는 변화의 물결을 가져다주고 있다.

사람들은 인터넷을 이용한 정보검색 및 자료전달, 이메일 등을 일상적으로 사용하고, 인터넷을 활용하여 개인의 소비 및 여가생활의 편리성을 높이고 있다. 이에 따라 사이버 제품구매, 홈뱅킹, 인터넷 방송의 이용도 점차 확산되고 있다.

기업은 인터넷을 활용하여 새로운 사업 모델을 만들고 소비자나 부품 · 원료 공급업자들을 직접 연결하여 제품의 생산 · 마케팅 · 선적 · 판매 · 사후관리 등의 기업 활동 전반에 걸쳐 보다 많은 부가가치를 창출하고 있다.

전자상거래는 단순하게 네트워크를 통한 상품의 구매와 판매로 정의되기도 하나 보편적으로는 사이버공간상에서 수행되는 모든 상거래 행위와 이를 위해 필요한 정보의 비교 검색이나 커뮤니케이션 지원, 의사결정 과정 지원 등 상거래를 좀 더 효율적이고 신속하게 수행할 수 있도록 지원하는 활동까지를 포함한다.

전자상거래에 대한 가장 알기 쉬운 예로는 인터넷 쇼핑몰에서의 거래를 들 수 있다. 일반적으로 우리가 쇼핑이라고 말하면 소비자가 시장, 백화점 또는 할인매장을 돌아다니면서 상점에 진열되어 있는 상품을 보고 가격을 비교해 가며 자신이 원하는 상품을 구매하는 것을 말한다.

그러나 인터넷 쇼핑몰에서의 쇼핑은 기존의 쇼핑 행태와는 달리 소비자가 사이버공간에서 기업 또는 개인이 만들어 놓은 웹사이트를 찾아다니며 상품을 비교 · 검색하며 자신이 원하는 상품을 구매하는 것을 말한다.

그림 3-1 은 인터넷 쇼핑몰에서 소비자가 상품을 구매하는 과정을 보여주고 있다. 기존의 쇼핑 행태에서는 상거래의 성립에 소비자와 판매자만이 관여되었으나 그림 3-1 에서 보듯이 인터넷 쇼핑몰에서의 거래에는 소비자와 판매자 외에도 인증기관, 신용카드사 및 택배회사로 불리는 물류업체가 관여되고 경우에 따라서는 상품공급업체가 관여되고 있다.

그림 3-1 인터넷 쇼핑몰 상거래 과정

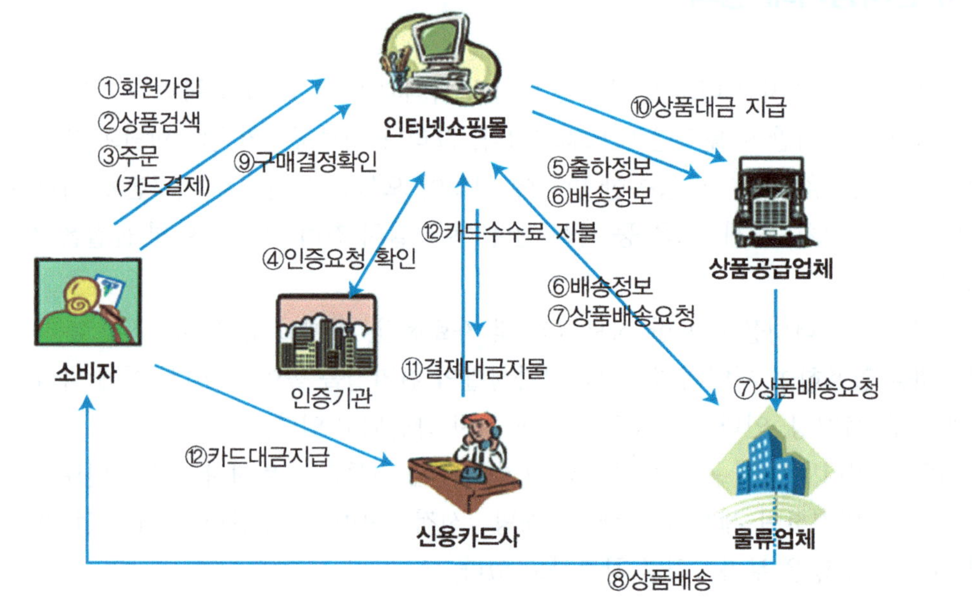

인터넷 쇼핑몰에서 상거래가 처리되는 일련의 과정을 살펴보면 다음과 같다. 소비자가 인터넷 쇼핑몰에서 상품을 구입하기 위해서는 제일 먼저 해당 쇼핑몰의 회원으로 가입해야 한다. 회원 가입이 되었으면 상품 검색과정을 원하는 상품을 주문하게 되는데 이 때 쇼핑몰에 상품 값과 택배비용을 포함한 금액을 송금하거나 카드로 결제하게 된다. 그림 3-1 은 카드 결제를 전제로 한 과정을 보여준다. 쇼핑몰에서 상품 대금을 카드로 결제하기 위해서는 카드의 유효성 체크와 카드 거래의 안전성을 보호하기 위한 인증 절차를 거치게 된다. 이 과정을 거쳐 주문이 확정되면 인터넷 쇼핑몰은 택배회사에 상품 배송을 요청하게 된다. 이 배송 요청에는 쇼핑몰이 상품을 갖고 판매하는 경우와 상품 판매를 중계만 하는 경우를 생각할 수 있다. 전자의 경우에는 인터넷 쇼핑몰이 직접 물류업체에 상품과 배송정보를 보내며 배송을 요청하게 되고, 후자의 경우에는 쇼핑몰에서 출하정보와 배송정보를 상품공급업체에게 보내면 상품공급업체에서 물류업체에게 상품배송을 요청하게 된다. 소비자가 물류업체로부터 상품을 인도받은 후 인터넷 쇼핑몰에 접속하여 상품을 받았으며 반품의 의지가 없음을 밝히거나, 쇼핑몰이 정한 일정 기간 동안 소비자로부터 반품 요구가 없으면 쇼핑몰은 상품 대금을 결제하여 거래를 종료시킨다.

2) 전자상거래와 전통적인 상거래의 차이

시간과 장소에 관계없이 쉽게 상거래를 수행할 수 있는 편리함으로 인해 전자상거래는 바쁜 일상에 쫓기는 현대인들에게 매력적인 거래 형태로 각광받게 되었다. 이러한 분위기 속에 전자상거래에 참여하는 기업들이 점차 늘어나고 있는 추세이다. 소비자들이나 기업들이 전자상거래를 행함으로써 전통적인 상거래를 행할 때보다 얻을 수 있는 이익은 여러 가지 면에서 생각해 볼 수 있는데, 이를 정리해 보면 유통단계의 단축, 시 · 공간의 제약 극복, 비용 절감, 고객서비스와 지원 향상, 새로운 기회 창출 등으로 설명할 수 있다.

① 유통단계의 단축

전통적인 상거래에서 기업이 물건을 생산하여 최종 소비자가 이를 구매하기까지 여러 유통단계를 거쳐야만 되었으나 전자상거래에서는 인터넷이라는 전자적인 매체를 이용하면서 이 유통단계를 축소할 수 있게 되었다. 즉, 전통적인 상거래에서의 유통단계는 기업→도매상→소매상→고객으로 이어지는 것이 일반적이지만 전자상거래에서의 유통단계는 기업→고객 혹은 기업→중간상→고객으로 단순화되면서 유통단계의 축소를 볼 수 있다. 유통단계가 축소되고 단순화되면서 유통비용이 크게 감소됨에 따라 제품의 최종 소비자가격도 감소되게 되었다. 이 결과 소비자는 저렴하게 제품을 구매할 수 있게 되어 구매가 촉진되고, 기업은 생산과 판매를 늘릴 수 있게 됨에 따라 기업과 소비자 모두의 이익을 최대화할 수 있는 기회를 갖게 되었다.

② 시 · 공간 제약 극복

전통적인 상거래에서는 제한된 지역에서 한정된 영업시간 내에서만 상품의 판매가 가능하였다. 하지만 전자상거래에서는 전 세계를 대상으로 24시간 365일 상거래가 가능하다. 즉, 소비자들은 자신이 원하는 장소와 시간에 자유롭게 상품을 검색하고 비교하여 구매할 수 있게 되었다. 한편, 기업들은 시장의 범위와 판매시간의 제약 없이 영업활동이 가능하게 됨에 따라 고객확보를 광범위하게 할 수 있게 되었고 그 결과 매출 확대가 가능해지고 제품가격 인하를 도모할 수 있게 되었다.

③ 비용 절감

기업은 전자상거래를 위해 인터넷 서버 구입, 홈페이지 구축 등의 비용만 소요하면 되기 때문에 전통적인 상거래에서 필요한 점포 임대, 인테리어, 제품 진열, 종업원 고용 등에 관련한 비용을 상대적으로 절감시킬 수 있다. 또한 기업은 인터넷을 이용하여 전 세계에 흩어져 있는 고객들을 대상으로 신속하고 다양한 마케팅 활동을 수행할 수 있게 됨에 따라 기존의 마케팅 비용보다 저렴한 비용으로 소기의 마케팅 목적을 달성할 수 있다. 한편, 소비자들은 관심 있는 상품에 대하여 필요한 정보들을 기업이 제공하는 온라인 카탈로그나 웹사이트를 통해서 손쉽게 얻을 수 있어서, 직접 상점까지 가서 구매할 때 드는 교통비나 시간을 줄일 수 있다.

④ 고객서비스와 고객지원 향상

전통적인 상거래 기업에서는 새로운 고객을 발굴하거나 기존 고객들을 유지하기 위한 정보를 얻기 위해서는 영업사원이 직접 고객들과 접촉하거나 설문지를 이용할 수밖에 없었다. 이 경우에는 정보를 얻기 위한 노력이나 비용이 상당히 많이 요구됨에도 불구하고 많은 양의 정보를 얻을 수 없었다. 그러나 웹사이트를 개설하고 이를 이용하는 전자상거래 기업에서는 웹사이트를 이용하여 고객과의 1:1 관계를 형성할 수 있게 됨에 따라 손쉽게 고객들의 정보를 획득할 수 있게 되었으며 고객의 요구사항이나 불평사항들을 파악하기가 용이해졌다. 웹사이트를 통해서 획득한 고객들의 데이터를 이용하여 기업은 고객 개개인에게 적합한 서비스를 제공할 수 있게 되었으며 또한 고객이 필요로 하는 서비스를 제공할 수 있게 되었다. 기업이 고객에 대한 서비스나 지원을 향상시키게 되면 이에 따라 기업에 대한 고객들의 충성도가 높아지게 되어 기업이 염원하는 고객인 '평생고객' 확보도 용이해진다.

⑤ 새로운 기회 창출

전자상거래는 소비자와 기업 모두에게 새로운 기회를 제공한다. 기업은 전자상거래를 통해 시간과 장소에 구애받지 않고 판매를 할 수 있기 때문에 새로운 고객확보와 시장개

척의 기회를 갖게 되었으며 또한 인터넷을 이용하여 새로운 공급자들과 거래 파트너를 찾을 수 있게 되었다. 그리고 기업이 웹사이트를 통해서 획득한 고객 데이터를 분석하여 새로운 제품개발, 기존 제품 보완이나 마케팅 활동 등 다양한 전략 수립에 이용하고 있다. 한편, 고객인 소비자의 입장에서는 기업의 웹사이트를 통하여 제품에 관한 정보를 효율적으로 획득할 수 있게 되어 자신이 원하는 제품을 충분히 검토, 비교한 후 구매를 하는 것이 가능해졌기 때문에 이에 따라 능동적인 구매 성향이 증가될 수 있다.

전자상거래를 행함으로써 전통적인 상거래를 행할 때보다 얻을 수 있는 이점을 정리하면 표 3-1 과 같다.

표 3-1 전자상거래 도입의 이점

특 징	설 명
유통단계 단축	• 기업 → 도매상 → 소매상 → 고객에서 기업 → 고객 또는 기업 → 중간상 → 고객으로 축소 • 유통비용 감소 → 소비자가격 감소 • 기업과 소비자 상호간의 이익 극대화
시 · 공간 제약 극복	• 전 세계를 대상으로 24시간 365일 상거래 가능 • 광범위한 고객 확보 가능 • 매출 확대, 재품가격 인하
비용 절감	• 가상 점포 설립으로 점포 설립 비용 절감 • 신속하고 다양한 쇼핑 정보 제공을 통한 마케팅 촉진으로 마케팅 비용 절감 • 고객의 구매 비용 절감
고객서비스와 고객지원 향상	• 고객의 욕구변화에 신속한 반응 • 고객에 적합한 서비스 제공
새로운 기회 창출	• 새로운 고객 확보, 시장 개척의 기회 • 새로운 공급자와 거래파트너 확보 • 고객 데이터를 이용한 전략 창출 • 소비자의 능동적 구매 성향 제고

2. 전자상거래 도입에 따른 경영환경 변화

정보통신기술의 발전을 바탕으로 도입된 인터넷의 영향은 우리들 생활에 깊숙이 자리를 차지하고 있다. 사람들은 인터넷을 이용해 필요한 자료를 검색하거나 뉴스를 찾아보고, 블로그나 미니홈피를 이용해서 자신의 존재를 알리기도 한다. 또한 메신저 프로그램을 이용해 친구들 혹은 가족들과 이야기를 나누기도 하고, 인터넷 쇼핑몰에서 필요한 책이나 옷, CD, 액세서리 등을 구입한다. 즉, 인터넷은 정보검색은 물론 은행, 증권, 교육, 게임 등 각종 서비스와 각종 상품 및 재화에 대한 모든 거래에 있어서 필수적인 도구가 되면서 사회 경제 활동에 지대한 변화를 요구하고 있다. 이러한 가운데 인터넷이 상거래 도구로 이용되면서 도입된 전자상거래가 활성화되면서 기업의 경영환경은 커다란 변화를 보여주고 있다. 전자상거래 도입에 따른 경영환경의 변화는 디지털시대의 도래에 따른 제품과 서비스의 변화, 기업의 생산 · 운영 · 구조에 대한 변화와 같은 기업 측면의 변화 및 고객들의 구매형태 변화와 같은 고객 측면의 변화 등으로 살펴볼 수 있다.

1) 제품과 서비스의 변화

신문, TV, 서적 및 잡지 등과 같은 과거의 컨텐츠 전달 매체들은 현재 컴퓨터, 휴대폰, PDA 등과 같은 디지털 매체들로 대체되어 가고 있으며 전달되는 컨텐츠 자체도 디지털화되고 있다.

우리는 웹사이트를 통해 원하는 방송 프로그램이나 신문, 잡지를 보고 이메일, 정보검색, 인터넷 게임 등의 디지털 서비스를 쉽게 이용하고 있다.

컨텐츠 디지털화의 대표적인 예로서 음반과 책을 들 수 있다. 이미 과거의 LP 음반은 CD로 완전히 대체되었고, 핸드폰 벨소리의 경우에도 웹사이트에 접속하여 파일을 다운받아 사용한다. 책도 디지털화되어 전자책(e-book)으로 판매되는 경우가 점차 늘어나고 있다. 이에 대한 예는 그림 3-2 에서 보듯이 서적을 판매하는 교보문고에서 개설하여 전자책을 판매하는 제노마드(www.genomad.co.kr) 사이트를 들 수 있다. 구매자들은 전자책을 구매한 후에 자신의 PC, 휴대전화, PDA 등과 같은 기기를 이용해서 언제 어디서나 책을 읽을 수 있다. 또한 최근에 급속히 확산되는 서비스 중 하나인 가상교육(e-Learning) 서비스는 비용 절감, 시간과 공간의 제약 극복, 반복학습 가능, 그리고 다양한 교육 프로그램 제공 등과 같은 이유로 소비자들의 관심을 끌고 있다.

그림 3-2 제노마드(www.genomad.co.kr)

2) 기업 측면의 변화

정보기술 산업의 발전, 컴퓨터 및 통신 산업의 발전과 인터넷의 등장에 따라 기업이나 산업 전반에 걸쳐 디지털화가 진행되고 있다. 기업의 가치사슬[1] 활동이 디지털화되어 가고 있는 상황에서 기업의 생산 활동에도 변화가 생기고, 기업 형태 및 산업 구조도 변화를 겪고 있다.

■ 생산 활동의 변화

생산요소로서 정보의 중요성이 커지면서 상품기획에서부터 제조, 판매에 이르기까지 모든 생산 활동이 디지털화 · 네트워크화되고 있다. 이에 따라 기능별로 단계화되던 제품생산이 점차 인터넷을 통해 동시적으로 이루어지면서 제품출시 기간과 비용이 단축되었다. 또한 인터넷기반 구매조달시스템의 이용으로 재료나 장비의 구매비용이 낮추어지고

1) 회사가 행하는 모든 활동들과 그 활동들 사이의 연결성과 반응을 살펴보는 시스템적 방법.

조달에 걸리는 기간이 단축되었다.

■ 기업 형태의 변화

아웃소싱[2]의 도입으로 기업의 업무재편이 이루어지면서 기업의 규모는 점차 축소되고 있다. 즉, 기업은 자사의 핵심역량 부문을 특화시키고 기타 부문은 다른 기업들과의 장기공급계약이나 전략적 제휴 등을 통해 충당하는 것이다. 결국 전통적인 형태의 기업 형태는 점차 약화되고, 핵심역량들의 일시적인 합작형태인 가상기업[3]이 늘어나고 있다.

■ 산업 구조의 변화

정보가 부가가치를 형성하는 주된 생산요소가 됨에 따라 정보관리, 유통과 관련한 정보기술 산업의 비중이 계속 확대되고, 정보서비스에 대한 수요가 확대되었다. 디지털정보의 혼합가능성은 기술의 통합을 가능하게 하여 산업의 융합화 현상을 초래하여 기존의 산업구조에 변화를 주고 있다.

3) 고객 측면의 변화

과거의 소비자는 필요한 정보를 어디서 어떻게 얻어야 하는지에 대한 지식이 부족했을 뿐만 아니라 정보를 획득하기 위해서는 많은 비용을 지불해야 하였다. 그러나 전자상거래하에서 소비자는 인터넷을 통해 한 번의 클릭으로 시간과 공간을 뛰어넘어 제품에 대한 다양한 정보를 매우 저렴한 비용으로 획득하는 것이 가능하게 되었다. 이로 인해 가격과 품질에 대한 보다 정확한 정보를 가지고 소비자가 재화와 서비스를 선택할 수 있는 폭이 넓어졌다. 예를 들어 소비자가 어떤 제품을 구입하고자 한다면, 각종 가격비교사이트를 통해서 여러 인터넷 쇼핑몰에서 판매되고 있는 해당 제품의 가격을 비교해 보고, 판매사이트에 기록되어 있는 제품사용후기를 통해서 제품의 장 · 단점, 쇼핑몰에 대한 의견 등을 참고하여 보다 나은 제품을 구입할 수 있게 되었다. 그림 3-3 은 노트북의 가격을 사이트별로 비교해서 보여주는 가격비교사이트인 다나와(www.danawa.com)이다.

소비자들의 넓어진 선택 폭과 더불어 소비자들은 각종 안티(anti) 사이트나 인터넷 커

2) 기업 업무의 일부 프로세스를 경영 효과 및 효율의 극대화를 위한 방안으로 제3자에게 위탁해 처리하는 것.

3) 동종업체, 협력업체나 경쟁업체 간에 전략적 제휴나 합작관계를 맺고 이를 통해 형성하는 기업 네트워크로서 특정 목적을 달성한 후에는 해체되는 한시적인 기업 형태.

그림 3-3 가격비교사이트 – 다나와(www.danawa.com)

뮤니티를 통해 자신들의 요구사항을 기업에 전달할 수 있게 되어 기업에 대한 소비자들의 영향력을 높일 수 있게 되었으며, 또한 공동구매[4], 역경매[5] 등 새로운 거래방법의 도입으로 소비자의 협상력을 크게 증대시킬 수 있게 되었다.

오늘날 고객은 더 이상 단순한 소비자로서의 기능만을 하는 것이 아니라 기업의 생산과정에 자신의 의견을 반영시키는 생산자로서의 기능도 같이 수행하고 있다. 따라서 기업은 높아진 소비자들의 영향력을 인지하여 경영의 모든 측면에서 고객 중심적 사고를 동원하는 것이 필요하다고 여겨진다.

---

4) 한 상품을 필요로 하는 구매자들이 주축이 되어 물건을 구입할 때 단체로 구입함으로써 대량구매를 통한 차별적인 가격할인을 통해 기존의 가격보다 저렴하게 구입하게 되는 수단.

5) 구매자가 자신이 사고자 하는 물품에 대한 명세와 거래조건을 제시한 후 다수의 공급자 중 최적의 가격과 거래조건을 제시한 공급자로부터 구매하는 방식.

3. 전자상거래의 긍정적 영향

앞에서 우리는 기존 상거래에 대한 전자상거래의 상대적 이점과 전자상거래의 도입에 따라 변화하는 경영환경에 대하여 알아보았다. 전자상거래의 긍정적 영향은 여러 가지 관점에서 논의될 수 있으나 이를 경영의 주체가 되는 기업, 기업이 속한 사회, 기업의 수익원인 소비자의 측면에서 살펴보기로 하자.

1) 기업 운영에 대한 긍정적 영향

전자상거래가 도입됨에 따라 기업의 운영이나 업무형태는 변화를 받게 되었다. 이러한 변화의 긍정적인 면을 살펴보면 다음과 같다.

■ 시장 확대와 고객 확보

전자상거래 도입으로 기업은 쉽고 빠르게 보다 많은 고객, 최고의 공급자 그리고 적합한 사업파트너를 지리적 제약 없이 찾아낼 수 있고, 그들과 보다 가깝게 상호작용하며 거래 관계를 증진시킬 수 있다. 결과적으로 이러한 상거래 활동은 시장범위를 확대시켜 주고 고객을 확보할 수 있는 기회를 제공해 준다.

■ 비용 절감

전자상거래를 하는 기업은 서류에 기반을 둔 정보생산, 처리, 배포, 저장, 검색하는 비용을 획기적으로 줄일 수 있다. 예를 들어 구매조달시스템을 도입하면 기업은 구매 관리 비용을 줄일 수 있고, 효율적인 전자조달을 가능하게 해 준다. 또한 인터넷을 활용하면 마케팅활동비용이나 점포개설과 관련된 비용들도 절감할 수 있다.

■ 조직의 업무처리과정 향상

전자상거래를 도입한 기업에서는 생산활동, 영업활동, 판매활동 및 마케팅 활동과 연계된 모든 업무들이 디지털화되면서 정보의 공유화가 가능해졌기 때문에 의사결정이 빨라지고 이에 따라 업무 처리가 효율적으로 향상되고 있다.

■ 고객, 협력업체와의 협력 촉진

전자상거래를 하는 기업은 고객 및 협력업체와 양방향 의사소통을 통한 정보 교류로 서로의 협력 관계를 촉진시킬 수 있다.

2) 사회에 미치는 긍정적 영향

전자상거래가 도입되면서 사람들은 쇼핑이나 공공서비스 이용을 위하여 필요로 하던 많은 시간과 노력을 줄일 수 있게 되었다. 이와 더불어 전자상거래는 재택근무나 인터넷 창업의 가능성을 제공해 주고 있다. 즉, 사람들은 자신들이 원하는 상품과 서비스를 인터넷을 통하여 쉽게 구입할 수 있으며 건강관리, 교육, 정부의 사회서비스 제공 등과 같은 공공서비스에 대한 정보도 편안히 집에 머물면서 알아내고 처리할 수 있게 되었다. 또한 많은 비용이 들지 않는 웹사이트 개설만으로 새로운 사업을 구상하고 실천하면서 새로운 인생 설계를 할 수도 있게 되었다.

3) 소비자들에게 미치는 긍정적 영향

소비자들에게 전자상거래가 미치는 긍정적 영향은 편리함과 신속함 그리고 저렴한 비용 등을 들 수 있다. 이미 앞에서 수없이 언급하였듯이 전자상거래는 시간과 장소에 구애받지 않고 소비자들이 물건을 사거나 다른 거래를 수행할 수 있도록 해 주기 때문에 소비자들은 많은 판매자들로부터 보다 많은 상품에 대해 더 많은 선택권을 가질 수 있게 되었다.

소비자들이 원하는 상품에 대한 정보와 가격을 빠르게 비교 검토할 수 있게 됨에 따라 전자상거래에 참여하는 기업들 간의 경쟁이 조장되고 그 결과 소비자들은 낮은 가격에 질 좋은 제품 및 서비스를 구입할 수 있게 되었다. 즉, 소비자들은 매우 합리적인 비용으로 맞춤화된 상품과 개개인에 적합한 서비스를 얻을 수 있게 되었다는 것이다.

4. 전자상거래의 문제점

전자상거래가 새로운 상거래 방식으로 등장하면서 경영환경에 여러 가지 긍정적인 영향을 미치고 있는 것은 사실이다. 그러나 이러한 전자상거래가 확산되기 위해서는 전자상거래를 추진하는 데 있어서 문제가 될 수 있는 여러 가지 제한적인 요인에 대한 고찰이 필요하다. 즉, 전자상거래를 행함으로써 기존의 상거래 체제에서는 문제가 되지 않았던 것이나 새로이 고려해야 할 사항들에 대한 지적이 요구된다. 전자상거래의 확산 및 보급과 관련하여 해결되어야 할 과제를 소비자, 운영, 제도적, 확산의 측면으로 나누어 살펴볼 수 있는데 이러한 문제점들이 제대로 해결될 때 우리는 전자상거래에 대한 불안을 털어내고 진정한 전자상거래의 진수를 느낄 수 있게 될 것이다.

1) 소비자 측면의 문제점

소비자들은 전자상거래의 편리함이나 비용과 가격 절감의 이유로 전자상거래에 참여하고 있다. 그러나 소비자들이 적극적으로 전자상거래에 참여하기에는 아래와 같이 심정적으로 많은 불안감을 주는 요인들에 관한 문제가 해결되어야 한다.

첫째, 전자상거래 기업에 대한 충분한 신뢰가 미비하다.

전자상거래에 참여하는 소비자들의 입장에서 볼 때 판매 기업에 대한 충분한 정보가 없는 경우도 많고 거래 과정에서 충분한 서비스를 보장받을 수 있다는 확신이 안 서는 경우가 많다. 이는 전자상거래에 참여하고자 하는 소비자들의 의지를 꺾을 수도 있다. 따라서 이 문제를 해결하기 위해서는 판매자에 대한 충분한 정보와 거래 상태에 대한 충분한 정보를 제공하도록 하여서 소비자들에게 전자상거래를 통한 거래의 안전성을 확인시켜 줄 수 있도록 해야 한다.

둘째, 개인 정보 보호가 제대로 안 되고 있다.

전자상거래의 첫 단계인 회원 가입 절차를 통해 제공된 소비자들의 개인 정보가 법적 보호를 제대로 받지 못하고 일부 부도덕한 사람들에 의해 시중에 누출되어 개인적 · 사회적 문제를 일으키면서 전자상거래에 참여하는 소비자들을 불안하게 하고 있다. 이러한 개인정보 누출을 막을 수 있는 법적 · 제도적 장치가 보완되지 않으면 전자상거래의 발전을 기대하기 어려워진다.

셋째, 소비자 보호 체계가 부족하다.

전자상거래는 직접 대면하여 제품이나 서비스를 확인하고 구매하는 거래가 아니기 때문에 사기 행위에 노출되기가 용이하다. 또한 사기 행위를 적발하였다 하더라도 이를 추적하여 처벌하기가 상당히 어렵다. 이는 전자상거래가 지니고 있는 편리함과 비용 절감이라는 장점을 무색하게 하는 점이다. 또한 장소나 국가에 구애받지 않고 상거래를 행할 수 있다는 특성도 소비자 보호에 대한 국가별 법리 적용의 차이로 인해 그 의미를 살리기가 어렵게 되고 있다. 따라서 전자상거래 발전을 위해서는 전자상거래 환경에 맞추어 소비자의 권익 보호를 위한 소비자보호 및 보상 체계에 대한 보충이 필요하다.

2) 운영 측면의 문제점

기업들이 웹사이트를 개설하여 전자상거래를 유도하고 있으나 기업이 운영하고 있는 시스템의 기술적 문제로 인해 소비자가 피해를 입는 경우가 발생하고 있다. 이러한 문제점들을 살펴보면 다음과 같다.

첫째, 네트워크 환경의 안정성이 필요하다.

인터넷을 이용하여 전자상거래에 참여하고 있는 소비자들이 네트워크 환경의 불안정으로 피해를 보는 경우가 발생하기도 한다. 예를 들면, 은행 전산망의 다운이나 증권회사 전산망의 다운으로 인해 고객들은 필요한 자금이체나 시간적으로 꼭 필요한 순간에 거래를 못하게 되어 손해를 입는 경우가 있다.

둘째, 보안 문제 해결 부족이다.

컴퓨터의 확산과 컴퓨터 성능의 향상 및 네트워크 기술 발달에 따른 정보기술과 통신기술의 융합 등은 시스템의 효용을 제고하는 동시에 위험에 대한 노출도 증가시키고 있다. 특히 전자상거래의 전 과정이 디지털 거래라는 특성을 가지고 있기 때문에 충분한 보안체계가 만들어지지 않으면 해킹에 의해 단시간에 막대한 손실을 야기시킬 수 있다.

셋째, 인증체계의 강화와 매매보호서비스의 도입이 필요하다.

제품과 서비스를 구매한 후 이에 대한 대금 지급과 결제에 대한 디지털 정보의 진위를 검증하기 위한 인증체계가 적절히 만들어지지 않으면 전자상거래에 참여하는 기업은 손실을 입게 된다. 또한 이와 마찬가지로 소비자가 제품과 서비스를 구매한 후 제품과 서비스를 확인하고 만족한 상태에서 대금 지급이 이루어질 수 있도록 모든 전자상거래에 매매보호 서비스가 도입되어야 한다.

3) 제도적 측면의 문제점

전자상거래가 일반화되면서 많은 사람들이 이에 참가하여 거래를 하고 있으나 제도적 측면에서 해결해야 할 문제들이 있다.

첫째, 지적재산권에 대한 보호가 필요하다.

지적재산권은 아이디어에 대한 투자와 교역 그리고 문화적인 활동에 경제적인 보상을 제공하는 것이다. 전자상거래가 확산되기 이전에 사람들은 웹사이트를 통해 많은 정보와 서비스를 무료로 다운받아 사용해 오던 습관이 있기 때문에 웹사이트를 통해 얻는 정보와 서비스 등에 대해 대금을 지불해야 한다는 기본적인 개념이 상당히 약하다. 그러나 웹사이트를 통해 얻을 수 있는 정보와 서비스도 엄연히 그 소유권이 저작자에게 속해 있고 이에 대한 합당한 보상이 이루어지지 않는다면 새로운 창조를 기대하기가 어렵게 된다. 이와 같은 문제는 한때 마음대로 노래를 다운받게 하여 많은 애용자들을 모을 수 있었던 사이트로 인해 음반판매계에 커다란 분란을 일으켰던 경우에서도 볼 수 있다. 이러한 사이트가 성행하게 되면 사람들은 가수의 수입원인 음반을 사지 않게 되고 이는 가수를 비롯한 음반 판매에 관련된 모든 사람들을 망치게 되면서 새로운 음반의 출시가 중지되게 되어 결국은 그 피해가 음악을 좋아하는 일반 대중에게 미치게 된다. 이러한 관점에서 볼 때 인터넷 세상에서 지적재산권 보호는 더욱 신중하게 고려되어야 할 것으로 여겨진다.

둘째, 거래의 투명성을 보장하기 위한 제도적 보완이 필요하다.

전자상거래에 대해서 세금을 부과하고 징수하는 것은 정부와 기업 모두에게 관련된 문제이다. 많은 사람들이 전자상거래를 하면서 구입한 제품이나 서비스에 대한 대금을 지불하고 있으나 대부분의 거래에서 영수증이나 세금계산서 발급을 요구하지 않고 있다. 전자상거래 사이트인 쇼핑몰에서는 원할 경우에 세금계산서를 발행해 준다고 하고 있으나 많은 소비자들이 이러한 절차를 외면하고 있다. 전통적인 상거래에서조차 영수증 주고받기 운동을 통해 어렵게 정착되고 있는 영수증 발행 제도가 소규모 거래에서는 아직도 제대로 운영되고 있지 않고 있는데 이러한 상황은 전자상거래 쇼핑몰에서는 더욱 빈번히 일어나고 있다. 이 결과는 쇼핑몰 업자들의 세금 탈루로 이어질 수 있기 때문에 장차 사회적 문제로 발전될 소지가 있는데 이를 막기 위한 제도적 보완이 필요하다고 본다. 또한, 국경 없는 인터넷 거래로 인해 국제적 상거래의 경우에 고려되어야 하는 관세의 처리가 문제가 된다. 전자상거래에 대해 국제적으로 통일된 법제가 마련되어 있지 않기 때문에 각국의 법령에 따라 여러 가지 경우가 생기고 있다. 이에 대해 각국은 상호 공조하여 전자상거래의 발전을 저해하지 않으면서 세금 징수의 근원을 마련할 수 있는 방법을 마련해야 한다.

4) 확산 측면의 문제점

첫째, 제품과 서비스에 대한 정보 부족이다.

전자상거래를 통한 제품과 서비스를 구매할 때 고객들은 제품을 직접 확인하고 구매할 수 없고 서비스의 내용을 완전히 확인하고 구매할 수 없기 때문에 전자상거래를 통하여 이들을 구매할 경우에 항상 불안한 감정을 지니게 된다. 왜냐하면 고객들이 웹사이트에서 보았던 제품과 집에 도착한 제품 사이에 차이가 있는 경우를 많이 경험해 보았기 때문이다. 따라서 이러한 불안을 잠재우고 좀 더 원활한 전자상거래를 유도하기 위해서는 제품이나 서비스에 대해 좀 더 많은 정보를 제공하여 고객들로 하여금 구매 이전에 신중하게 판단할 수 있는 기회를 제공해 주는 것이 좋을 것 같다.

둘째, 물류 및 배달 체계의 개선이 필요하다.

온라인 거래의 편리성에 비해 오프라인으로 수행되는 제품의 물리적인 배달은 비용이 많이 소요되고 비효율적으로 진행되고 있어 이의 개선을 위한 노력이 필요하다. 전자상거래 쇼핑몰에서의 정보제공이나 거래 절차에 만족을 느끼더라도 배송비가 비싸게 느껴지거나, 배달 체계가 원만히 이루어지지 않아 배송이 지연되고 물품의 파손이 생기는 경우에는 고객들의 불만이 생기게 되고 전자상거래에 등을 돌리는 경우가 생기기 때문이다.

5. 전자상거래 사례

1) 일반 쇼핑몰사이트

전자상거래 사이트의 가장 대표적인 형태는 인터넷 쇼핑몰이다. 전자상거래 도입 초기의 인터넷 쇼핑몰은 특정한 종류의 제품만을 전문적으로 취급하면서 인터넷 환경에 적절하게 어울리는 상점형태로 등장했다. 그러나 시간이 지날수록 이러한 전문 쇼핑몰의 운영이 다양한 상품들을 요구하는 고객의 욕구를 충족시켜 주지 못한다는 문제점을 보여줌에 따라 다양한 상품을 판매하는 종합 쇼핑몰이 등장하였다. 국내 · 외에서 운영되고 있는 종합 쇼핑몰의 수는 헤아릴 수도 없이 많다. 여기서는 일례로 인터파크를 소개하기로 한다.

◈ 인터파크

국내 최초의 인터넷 쇼핑몰로서 인터파크는 생활가전용품, 잡화, 의류, 유아용품, 도서, 컴퓨터, 식료품을 비롯하여 각종 티켓예매에 이르기까지 다양한 제품구색과 차별화된 서비스를 제공하고 있다 그림 3-4 .

그림 3-4 인터파크 메인 화면

인터파크의 마케팅 전략은 '싸고 믿을 수 있는 쇼핑몰' 로 요약된다.

2003년 6월 업계 처음으로 책 한 권을 사도 무료로 배송해 주는 광고 카피를 앞세워 '도서 무료 배송 서비스' 를 시행하고, 화장품 등 소액 구매 고객이 많은 분야를 먼저 공략하여 배송비를 무료화함으로써 배송비에 부담을 느끼던 많은 소액 결제 고객을 끌어들였다.

또한 온라인 백화점 형식의 다른 쇼핑몰과는 달리, 티켓예매, 온라인서점, 종합몰, 오픈마켓, 여행서비스 등 인터넷 쇼핑에서 제공할 수 있는 모든 서비스를 구현하고 있는 것도 강점이다. 그리고 고객 구매 데이터를 기반으로 고객이 로그인하면 과거의 구매이력과 성별, 나이, 직업 등의 인구 통계학적 특성 등에 따라 같은 성별, 연령층의 고객들이 최근 가장 많이 구매한 인기상품을 추천해 주는 '매직박스' 기능을 통해 고객 맞춤서비스를 제공하고 있다. 그림 3-5 는 매직박스를 선택한 후 맞춤 정보를 선택했을 경우에 고객에게 맞는 추천 상품을 추천해 주는 것을 보여준다.

그림 3-5 인터파크의 매직박스 기능

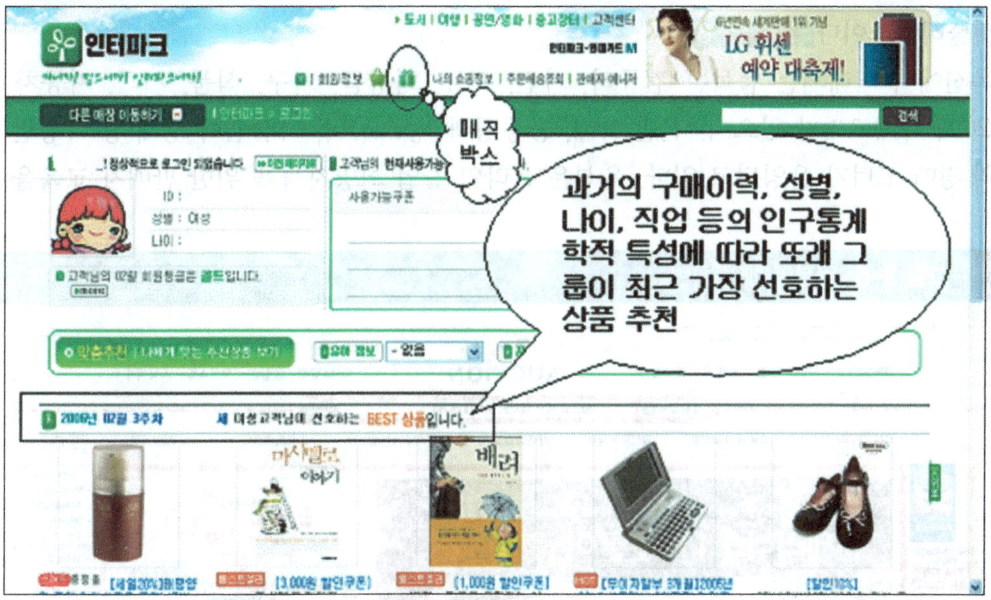

2) 경매사이트

인터넷 경매는 오프라인에서 행해지던 경매 방식을 온라인에서 실행시킨 독특한 전자상거래 모델로서 경매에 대해 잘 모르는 일반인들도 경매에 대한 경험을 할 수 있도록 해준다. 인터넷 경매에서는 소량의 상품을 가진 판매자들이나 개인들이 제시한 상품들을 구매자들의 경쟁을 통한 가격 결정으로 판매된다. 경매사이트가 커다란 성공을 거두고 있는 이유는 이용자들이 필요한 물건을 매우 저렴하게 구입할 수 있다는 장점과 경매 결과가 나오기까지 이용자 본인이 제시한 낮은 가격에 상품을 낙찰받을 수 있는가에 대한 기대감과 같이 일반적인 쇼핑몰에서 느낄 수 없는 즐거움을 느낄 수 있기 때문이다. 일반적인 쇼핑몰에서 미리 정해진 가격에 맞추어 상품을 구매하는 것과 달리 인터넷 경매에서는 판매자가 정해 놓은 시간 동안 구매자들이 각자 가격을 제시하여 가장 높은 가격을 제시한 사람순으로 상품을 낙찰받아 살 수 있도록 되어 있다. 인터넷 경매사이트로는 미국의 이베이가 가장 유명하나 국내에서는 경매의 뜻을 지닌 옥션이 가장 잘 알려져 있다.

◈ 옥션

1998년 4월 국내 최초 인터넷 경매사이트로 시작한 옥션은 경매뿐만 아니라 즉시구매, 고정가 판매 등 다양한 방식으로 물품을 구매 또는 판매할 수 있는 대표적인 온라인 마켓플레이스이다 그림 3-6 .

옥션에서 거래되는 품목은 컴퓨터, 가전, 의류, 화장품, 가구, 식품, 서적, 자동차 등 약 20개 카테고리가 있으며, 천원 경매, 공동경매, 중고장터, 마감임박 경매 등 다양한 형태의 경매 코너가 운영되고 있다. 옥션은 온라인 창업 희망자들을 위한 판매자 교육을 지

그림 3-6 옥션의 메인 화면

속적으로 실시하고, 옥션의 사업자 회원이면 누구나 온라인 매장을 갖고 운영할 수 있는 몰인몰(Mall-in-Mall)방식의 '옥션 스토어'를 운영하여 옥션 사이트를 통해 판매할 수 있는 판매자의 수를 늘리고 있다.

그림 3-7 은 옥션에서 경매에 참여하는 과정을 나타낸 것이다. 먼저 원하는 상품을 검색한 후 '입찰하기'를 누르면 입찰에 참여하게 된다.

새로운 거래 방식으로 이용자들의 인기를 얻고 있기는 하나 경매사이트에서의 거래는 몇 가지 문제점을 지니고 있었다. 이곳에서 판매되는 상품에 대한 정보가 판매자의 마음대로 작성되기 때문에 상품에 대한 판단을 내리기가 어렵다는 것과 더 큰 문제는 다른 인터넷 쇼핑몰과는 달리 많은 수의 소자본 판매자들에 의한 판매로 상품에 대한 구매 결제가 이뤄진 뒤에 거래상 문제가 생길 경우 보상을 받기가 어렵다는 것이다. 이러한 문제점으로 인해 고객과 판매자들 사이의 갈등으로 고객이 멀어져 감에 따라 옥션은 이에 대한 자구책으로 안전한 거래 환경을 제공하기 위한 매매보호서비스를 도입하였다. 옥션에서의 매매보호서비스를 도입한 거래 과정은 그림 3-8 에서 보여주듯이 다음과 같다. 경매에서 상품을 낙찰받은 구매자가 옥션에 대금을 송금하면 판매자는 구매자에게 물품을 보낸다. 이때 구매자가 상품을 확인한 후 하자가 없을 경우에 옥션 사이트에서 구매확정을

그림 3-7 경매과정

그림 3-8 옥션의 매매보호서비스

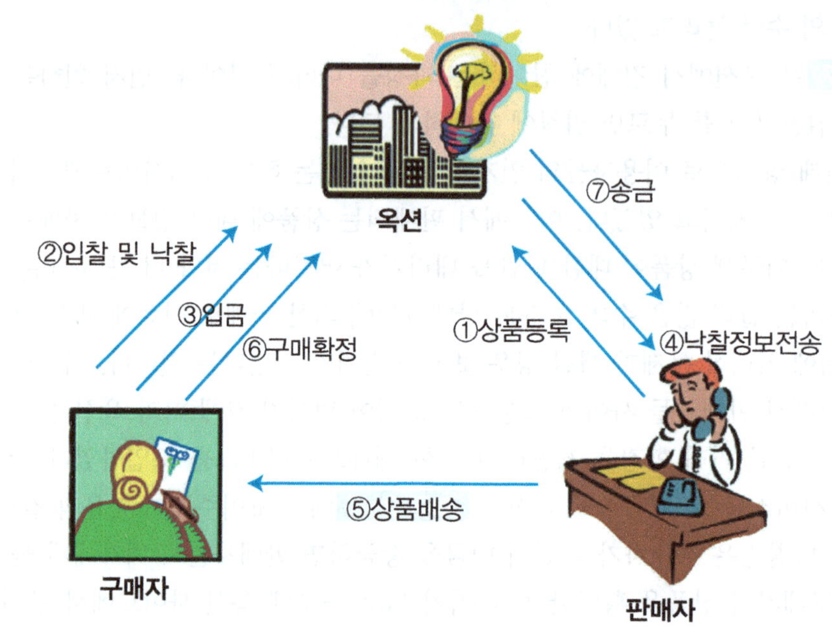

통보하면 옥션이 판매자에게 대금을 송금하고 구매자가 구매 확정을 하지 않고 이의 신청을 할 경우에는 판매자에게 대금을 송금하지 않도록 한다. 이 과정에서 매매보호서비스의 역할은 구매자나 판매자 어느 한 고객이라도 만족하지 못할 경우 경매를 무효화시킬 수 있도록 하여 거래상대방과 거래물품에 대한 불안요소를 제거하고 분쟁의 소지를 줄일 수 있도록 하는 것이다.

3) 포털 사이트

'포털(Portal)'이란 단어의 사전적인 의미는 '크고 웅장한 문(door) 또는 입구(entrance)' 이나, 흔히 인터넷 이용자들이 인터넷을 이용하기 위한 출발점으로 주로 이용하는 사이트를 일컫는 말로 사용되고 있다. 현재 포털 사이트들은 인터넷과 관련된 검색기능, 전자메일기능, 뉴스 제공기능, 쇼핑기능 등 매우 다양한 기능을 제공하고 있다.

미국의 유명 포털 사이트로는 MSN, 구글, AOL 등을 들 수 있고 국내의 유명 포털 사이트로는 네이버, 다음, 네이트, 야후코리아 등을 들 수 있다. 여기서는 지식검색으로 잘 알려진 네이버의 예를 들어 보기로 한다.

◈ 네이버

네이버는 지식검색이라는 새로운 방식을 도입하여 다른 포털 사이트와의 경쟁에서 앞서가고 있는데 이 사이트에서는 다양한 컨텐츠와 게임을 비롯한 엔터테인먼트 서비스를 제공하고 있다 그림 3-9 .

네이버는 자체 개발한 검색엔진을 통해 통합검색, 지식검색, 실시간 검색순위 서비스 등 다양한 검색 서비스를 제공해 왔다. 특히, 지식검색은 약 4000만 개 이상의 축적된 지식 DB를 기반으로 네티즌들의 경험과 지식을 바탕으로 한 양질의 검색결과를 제공하고 있으며 도서 본문 검색이 가능한 책 서비스를 통해 국내 최대 수준인 1500만 페이지 분량의 고급 컨텐츠를 제공하고 있다. 또한 네이버는 90여 개 매체에서 제공되는 종합 뉴스 검색 서비스, 지식 쇼핑, 블로그 및 카페 서비스, 엔터테인먼트 서비스 등 다양한 서비스

그림 3-9 네이버 메인 화면

를 제공하고 있다. 이 외에도 상품 검색에서 가격비교 · 구매까지 한 번에 할 수 있는 지식쇼핑, 증권 · 부동산 · 재테크 관련 통합정보를 제공하는 금융서비스, 국내 최초로 선보인 데스크탑 검색 서비스 등 다양하고 혁신적인 포털 서비스를 제공함으로써 국내 최고의 포털로 성장했다. 특히 지식iN 검색 서비스는 네이버를 포털 사이트 1위의 위치까지 끌어올릴 수 있도록 한 원동력이다. 그림 3-10 은 지식iN 검색 서비스의 예를 보여준다.

그림 3-10 지식iN 검색 서비스

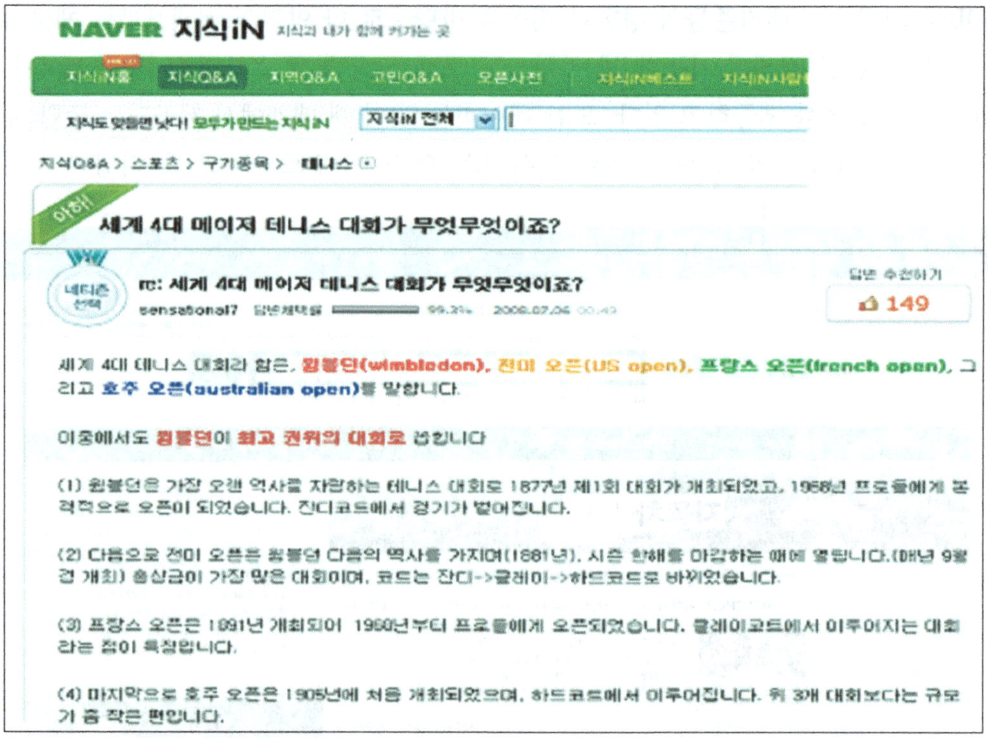

제3절 모바일 상거래

오늘날 휴대전화를 이용하여 제품이나 전화벨 소리와 같은 서비스를 구매하는 것이 일상화되고 있다. 모바일 상거래는 유선을 이용하는 전자상거래의 연장선상에서 행해지는 상거래로서 휴대전화나 PDA(Personal Digital Assistants)와 같은 이동통신 단말기와 무선인터넷을 이용하는 노트북 등의 무선단말기를 이용하여 수행하는 상거래를 지칭한다. 모바일 상거래를 통한 거래의 예로는 제품 주문, 자금 이체, 주식 거래 등을 들 수 있는데 일반적으로 그 응용 범위는 개인 간 거래, 기업 간 거래 및 기업들의 공급사슬 통합에 이르기까지 광범위하다. 이러한 모바일 상거래의 힘은 장소나 시간에 상관없이 연결 가능한 무선장비의 발달에 기인한다.

모바일 상거래는 무선 인터넷을 이용하기 때문에 유선 인터넷을 이용하는 전자상거래 환경과는 다른 특성을 가지고 있다. 유선 인터넷은 컴퓨터가 있는 곳에서만 사용이 가능하나 무선 인터넷은 언제 어디서나 이동 중에도 사용이 가능한 편리함이 있기 때문에 무선 인터넷에 기본을 둔 모바일 상거래 시장의 성장가능성은 매우 높은 것으로 보고 있다.

1. 모바일 상거래의 성장배경

모바일 상거래가 오늘날과 같이 급속히 성장하게 된 배경으로는 다음과 같은 세 가지 요인을 들 수 있다.

- 이동통신 서비스 사업자들의 수익모델 창조 노력
- 모바일 상거래에 대한 고객수요 증가
- 이동통신 네트워크 기술과 무선 단말기 기술의 발달

이들 요인들에 대해서 구체적으로 예를 들어 살펴보기로 하자.

최근까지 이동통신 가입자뿐만 아니라 무선 데이터 서비스 가입자도 급속히 증가하는 등 이동통신 시장은 상당히 괄목할 만한 신장을 보여 왔다. 그러나 이동통신사들의 경쟁적 고객 유치 단계가 절정에 이르면서 새로운 가입자가 이전처럼 가파르게 늘어나지도 않을 뿐만 아니라 새로운 가입자들도 대부분 부가가치가 높지 않은 고객들이라는 사실은 이동통신 서비스 사업자에게 심각한 문제를 부여하고 있다. 이와 같은 상황에 대처하기 위하여 이동통신 서비스 사업자들은 양적 측면에서 새로운 시장 확대 방법을 모색하는 한편 기존의 서비스 내용을 변화시킴으로써 새로운 수익 모델을 발굴하고자 노력을 기울이게 되었다. 이에 따라 이동통신 사업자들은 단순한 음성통화 서비스 이외에 새로운 부가가치를 창출할 수 있는 비즈니스 모델을 모색하면서부터 모바일 상거래 형태가 더욱 구체적인 모습으로 등장하였다.

모바일 상거래의 구성을 단순화시키면 그림 3-11 과 같다. 그림 3-11 에서 보듯이 이동통신사는 일반 휴대폰 사용 고객과 기업 고객에게 무선망을 이용할 수 있게 해 주고 이에 대한 대가로 일반 고객으로부터는 통화료를 기본으로 한 제반 서비스료를 징수하고 판매자인 기업 고객으로부터는 제품/서비스 판매에 따른 거래 수수료를 징수한다. 무선망을 이용하여 고객은 기업으로부터 제품이나 서비스를 구매하고 기업은 고객에게 제품이나 서비스에 대한 안내나 거래내역을 SMS(Short Message Service)를 사용하여 발송한다. 이러한 과정에서 이동통신사들은 기업으로부터 모바일 상거래로 인한 거래 수수료 외에 데이터 통화료에 따르는 수입도 얻고 있다.

그림 3-11 모바일 상거래 구조

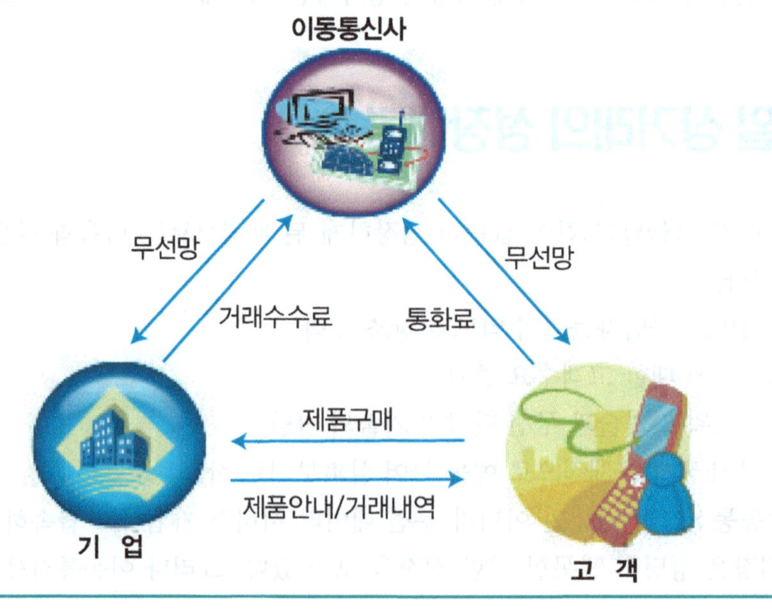

모바일 상거래의 특징 중 이동성과 즉시성은 유선 인터넷의 한계인 이동성 제한을 극복할 수 있게 해 주는 요인이다. 모바일 상거래에서는 고객의 위치에 상관없이 고객과의 접속이 쉽게 이루어지기 때문에 판매자들이 SMS를 이용하여 상품 및 이벤트에 관한 정보를 고객들에게 보내 주며 고객들을 유인하기가 비교적 용이하다. 또한 고객들도 언제 어디서나 이러한 판매자들과의 접속이 가능하기 때문에 제품이나 서비스 주문에 어려움을 느끼지 않게 된다. 이러한 손쉬운 접속 환경에 의한 고객수요의 증가는 모바일 상거래의 발전에 기여하고 있다.

한편, 이동통신 네트워크 기술의 발달과 더불어 휴대전화, PDA, HPC(Hand-held Personal Computer), 노트북 등 다양한 무선 단말기의 등장은 고객들로 하여금 손쉽게 모바일 상거래에 접근하게 할 뿐만 아니라 기업 입장에서도 이를 기반으로 업무의 효율화를 증대시킬 수 있게 해 준다. 기업의 업무 효율 증대에 관한 예로서 휴대전화를 활용한 물류운용시스템을 들 수 있다. 이 시스템을 이용하는 기업에서는 물류센터에서 화물운송 기사의 휴대전화를 이용하여 기사에게 화물운송에 관한 지시를 하고 휴대전화와 연결되도록 한 응용프로그램을 이용하여 출근 보고를 시작으로 납품이 끝나면 납품 보고를, 작업이 종료되면 종료 보고를 보낼 수 있도록 하여 적은 노력으로 확실한 데이터 처리를 완결시킬 수 있게 하였다.

2. 모바일 상거래를 위한 무선단말기의 특성

모바일 상거래는 무엇보다 이동성과 휴대성이라는 이동통신이 갖는 특성을 공통적으로 지니고 있다. 이에 따라 모바일 상거래는 시 · 공간의 제약에서 벗어나 유선 전자상거래보다 신속하고 편리하게 실시간으로 상거래를 수행할 수 있게 해 준다.

모바일 상거래를 성공적으로 이끌기 위해서는 모바일 상거래를 위해 사용되는 기본적 장비인 이동통신망과 무선단말기들의 특성들을 잘 이해할 수 있어야 한다. 이들 특성들은 편재성, 접근성, 편리성, 위치측정성, 즉각적 연결성 및 개인화인데 이들에 관한 내용은 다음과 같다.

◈ 편재성

언제 어디서나라는 의미를 지닌 편재성은 시간이나 장소에 관계없이 언제 어디서나 실시간으로 정보를 획득하고 거래가 가능하다는 특성을 의미한다. 이 특성을 갖추게 되면 스마트 폰이나 PDA 형태의 모바일 단말기를 이용하여 장소에 구애받지 않고 실시간으로 주식시장 정보를 획득하고 주식거래를 실시하는 등의 거래가 가능하다.

◈ 접근성

사람과 사람 간의 통신을 위해 중요한 기능이다. 이용자들끼리 시간이나 장소에 구애받지 않고 접속이 가능하도록 하는 특성이다. 그러나 이용자가 원할 경우에는 특정 인물이나 특정 시간대에만 접근이 가능하도록 제한할 수 있다.

◈ 편리성

무선단말기의 이동성과 정보나 사람에 대한 데이터를 저장하는 기능을 지닌 특성을 의미한다. 휴대전화를 비롯하여 오늘날 출시되는 무선단말기들은 이용자들의 거래에 관련된 많은 전화번호나 필요한 정보를 충분히 저장할 수 있는 용량이 큰 저장장치를 포함하고 있다.

◈ 위치측정성

특정 장소에 관련된 정보를 획득할 수 있는 특성이다. 이는 모바일 상거래가 전자상거래에 비해 더욱 개인화되고 차별적인 성격을 갖도록 하는 특성이기 때문에 이용자나 이동통신 사업자들은 이 서비스에 큰 관심을 가지고 있다. 예를 들어, 휴대폰이나 PDA 등의 모바일 기기 이용자는 모바일 상거래 사업자의 위치 정보서비스를 통하여 자신이 위치하고 있는 주변의 극장, 식당, 카페, 주유소 및 공공장소 등에 관한 지리적 정보를 쉽게 얻을 수 있으며, 여행을 할 경우에는 현재 위치에서 목적지까지의 최단 경로 탐색에 대한 정보까지 얻을 수 있다.

◈ 즉각적 연결성

이용자들이 시간에 민감한 즉각적인 정보를 개인의 요구에 맞게 전달받을 수 있는 특성을 의미한다. 이용자들은 무선인터넷 환경에서 이동 중에도 인터넷 접속을 통해 능동적인 정보접근이 가능해야 한다. 예를 들어 휴가를 즐기기 위한 여행을 떠날 경우 여행지에서의 일기예보를 즉각적으로 알기를 원한다면 이에 대한 정보에 신속히 접근할 수 있어야 한다.

◈ 개인화

이는 이동통신 사용자에 대한 개인화되고 차별화된 고객서비스를 의미한다. 위치측정성과 개인화의 복합적인 서비스는 고객들의 매력을 이끄는 새로운 사업 기회를 제공할 수 있다. 휴대용 기기의 특성상 사용자와의 긴밀성을 바탕으로 개인일정, 맞춤 뉴스, 일대일 마케팅 등 좀 더 개인화된 맞춤 서비스가 가능하다. 예를 들어 만약 고객이 여행을 좋아하는 것으로 확인되면 여행 관련 정보나 광고를 SMS를 이용하여 발송하는 등의 서비스를 제공할 수 있다.

3. 모바일 상거래 발전의 제한 요소

모바일 상거래의 발전은 모바일 상거래의 환경적 요인이 되는 무선 인터넷과 이를 이용하는 단말기들의 성능에 제한을 받는다. 이 제한점을 네트워크와 단말기의 측면에서 살펴보면 다음과 같다.

◈ 표준의 부재

유선 인터넷에 비해 통신망 의존도가 높은 무선 인터넷은 이동통신 사업자에 의해 주도되는 것도 문제지만 이와 더불어 표준의 부재가 문제가 된다. 어떤 시스템에 대한 표준이 있고 없고의 차이는 이 시스템에 대한 응용프로그램을 만드는 사업자에게는 커다란 문제가 된다. 왜냐하면 새로운 아이디어를 사업화시키기 위한 응용프로그램을 만들 때마다 이를 사용하는 업체에 따라 업체가 갖고 있는 서로 다른 기기나 장비에 맞추어 여러 가지 종류의 프로그램을 만들어야 하기 때문이다. 이러한 제약은 무선 인터넷에 관련된 응용프로그램을 만드는 일을 지연시키고 또한 작업량을 방대하게 늘려 주게 된다.

◈ 단말기의 제약

무선 인터넷을 이용하는 단말기의 성능을 보면 유선 인터넷을 이용하는 단말기에 비해 처리 속도도 느리고 메모리도 적기 때문에 업무 처리에 제한을 받는다. 또한 화면의 크기도 작고 선명도도 부족하여 데이터 입력에 있어서도 제약을 받는다. 이에 따라 유선 인터넷을 이용하는 경우와 비교하면 서비스 종류가 제한되고 또한 이를 사용하는 계층이나 용도에도 차이가 나타난다.

◈ 네트워크 제약

무선 인터넷은 유선 인터넷에 비하면 속도도 느리고, 대역 폭도 적고 접속의 안정성도 떨어진다. 이와 더불어 무선 인터넷은 이동통신 사업자에 의해 주도되기 때문에 사용 가격이 너무 비싸다.

4. 모바일 상거래 사례

모바일 상거래 유형을 이용자 관점에 따라 분류하면 그림 3-12 와 같이 커뮤니케이션, 정보, 거래, 그리고 엔터테인먼트로 분류할 수 있다.

커뮤니케이션은 기업과 고객 사이의 통신과 고객들 사이의 통신을 포함하여 단문메시지, 통합메시지, 전자우편, 채팅, 비디오 회의로 나눌 수 있으며, 정보는 고객들이 단말기를 통해 검색할 수 있는 뉴스, 도시안내, 디렉토리 서비스, 지도, 교통과 날씨, 기업정보, 시장정보 등을 포함한다. 거래는 무선 단말기를 이용하여 행하는 뱅킹, 중개, 쇼핑, 경매, 예매/예약 같은 거래와 무선지갑 기능을 의미하며 엔터테인먼트에는 무선단말기를 이용하여 즐길 수 있는 음악, 게임, 그래픽, 비디오 등을 의미한다. 이러한 상거래 유형들이 어떻게 진행되고 있는지 사례를 통해 살펴보기로 하자.

그림 3-12 모바일 상거래 유형

사례 1 메시지 서비스

SK텔레콤의 모바일 상거래의 대표 상품인 기프티콘은 네이트온, 버디버디 메신저와 유·무선인터넷을 이용하여 소액의 상품을 선물하거나 사 달라고 조를 수 있는 모바일 커머스형 메시지 서비스이다. 이는 모바일, 온라인, 오프라인이 결합된 대표적인 컨버전스 상품으로 평가된다.

그림 3-13은 기프티콘 서비스를 이용하여 선물을 보내고 이를 수령하는 과정을 보여준다. 선물상품에 대한 결제는 신용카드나 휴대폰 요금합산을 통해 가능하다. 결제를 마치면 선물 받을 사람의 휴대폰으로 선물에 관한 문자메시지가 전송된다. 선물을 받는 사람은 무선인터넷에 접속해 선물 받은 상품의 바코드 쿠폰을 다운받아 이를 가까운 제휴사 매장에서 인증을 받은 후에 실물상품으로 교환할 수 있다. 기프티콘 서비스를 통한 거래에는 스타벅스 커피, 베스킨라빈스 아이스크림, 미스터 피자, 버거킹 햄버거, 영화예매권 등 70개 이상의 제휴사 상품들이 포함되어 있다. 이 거래 형태는 새로운 시장 창출 및 유통비용 절감 효과가 높기 때문에 이 거래에 참여하는 제휴사들은 이를 통신사업자와 제조업자 및 유통사업자 간의 대표적인 윈-윈 모델로 평가하고 있다.

그림 3-13 SK 텔레콤의 기프티콘

사례 2 뱅킹

모바일 뱅킹은 기존 금융업무의 모바일화로서 어디에서든지 사용할 수 있는 무선의 특징과 언제든지 이용할 수 있는 온라인 서비스의 특징이 금융업무와 결합된 형태이다. 이는 인터넷 접속이 가능한 휴대폰을 이용해 언제 어디서나 은행의 잔액조회, 계좌이체, 예금조회, 환율조회, 자기앞수표 조회, 거래내역 조회, 신용카드 거래, 현금서비스 등 다양한 서비스를 받을 수 있는 금융거래 서비스를 말한다.

우리은행(www.wooribank.com)은 전용프로그램을 휴대폰으로 다운로드받아 모바일 뱅킹을 이용하는 VM(Virtual Machine) 서비스를 제공한다 그림 3-14 . 기존 모바일 뱅킹은 금융칩을 장착할 수 있는 전용 핸드폰에서만 가능했지만 VM 모바일 뱅킹은 전용폰이 아니라도 현재 국내에서 유통되는 모든 기종의 휴대폰으로 은행거래를 이용할 수 있다.

그림 3-14 모바일 뱅킹

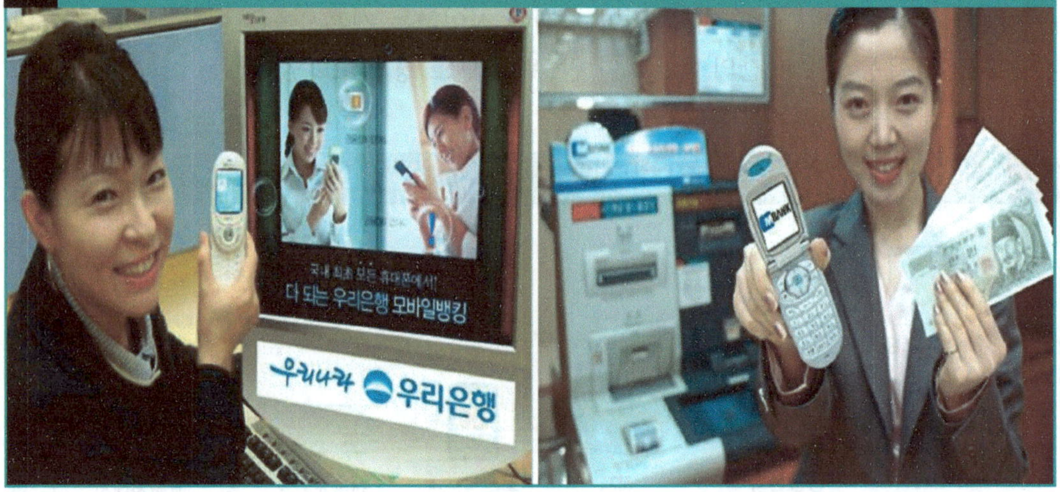

사례 3 쇼핑

그림 3-15 에서 보는 옥션모바일은 SK텔레콤의 무선 통신망인 네이트를 이용해 옥션 사이트에서와 마찬가지로 실시간 경매나 즉시구매 등으로 물품을 구매할 수 있게 한 서비스다. 옥션모바일은 모바일 통신의 특성을 살려, 경매 진행 상황을 실시간 문자서비스로 제공하여 실시간 경매 참여가 가능하게 해 준다. 옥션모바일에서는 등록 및 낙찰수수

료가 무료이기 때문에 저렴한 가격으로 물품을 구매할 수 있다. 또한 그림 3-16 과 같이 옥션에서 제공하는 쿠폰을 다운로드받아 오프라인 매장에서 각종 서비스를 할인된 가격에 이용할 수 있다.

그림 3-15 옥션모바일 거래 과정

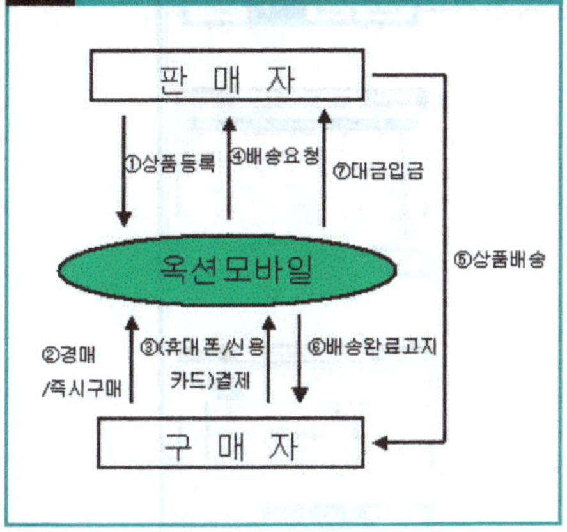

그림 3-16 옥션쿠폰북

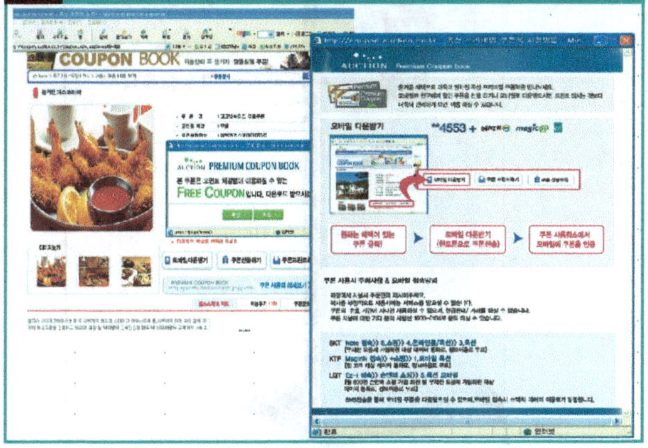

사례 4 티켓 예매

인터넷 티켓 예매는 영화관이나 각종 공연장과 상업관계를 갖고 실시하는 사업인데, 통신 사업자와 협약을 맺고서 서비스를 실시하고 또한 결제를 위하여 금융, 카드사와도 사업파트너 관계를 맺고 있다. 일반적인 공연 티켓 예매 외에도 KTX의 e-티켓 서비스처럼 철도, 항공권 등 다양한 분야로 티켓 예매가 확대되고 있다.

코레일에서 제공하는 e-티켓 서비스는 IC칩이 내장된 KTX 패밀리카드나 휴대폰을 이용해 집이나 사무실 또는 이동 중에 철도승차권을 예약, 예매, 발권할 수 있는 첨단기술이 동원된 서비스이다. 이 서비스를 이용하면 별도의 승차권 구입이나 확인 절차 없이 바로 열차에 승차할 수 있어 고객들의 편의를 도와준다. 그림 3-17 은 e-티켓 발매 후 영수증출력기에서 영수증을 출력하여 열차이용정보를 확인하는 과정을 보여준다.

그림 3-17 KTX 승차권 예매

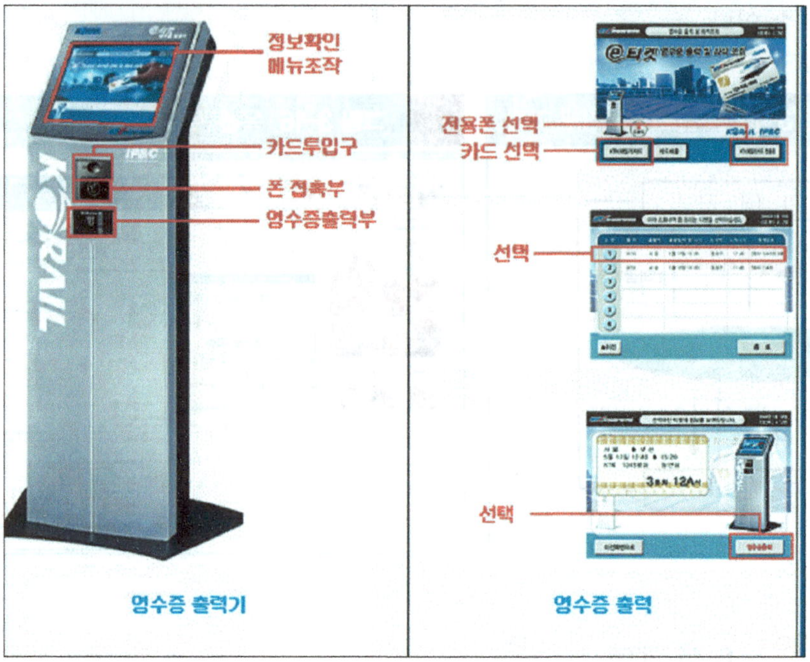

사례 5 컨텐츠 이용

SK텔레콤은 휴대전화를 통해 오프라인에서 발행되는 최신 잡지의 다양한 컨텐츠를 제공하는 모바일 매거진 서비스인 매거진 블로그 서비스를 제공하고 있다. 매거진 블로그 서비스는 다양한 화보와 트렌디한 기사로 구성된 인기 오프라인 잡지들을 휴대전화에 그대로 옮겨 놓았기 때문에 이 서비스를 이용하면 언제 어디서든 자신이 좋아하는 다양한 잡지를 휴대전화를 통해서 즐길 수 있다. 또한 기존 오프라인 매거진과 다른 '이런 기사 어때요?', '모바일 구독회원 클럽', '이슈 폴(Issue pole)' 등 모바일만의 기능이 추가되어 있어, 해당 잡지 독자들만의 커뮤니티가 형성되고 실제 잡지 제작 참여도 가능하다. 또한 관심 있는 기사만 구매하는 것도 가능하기 때문에 잡지 1권의 가격으로 여러 가지 다양한 잡지를 구매한 것과 같은 효과를 얻을 수 있어 오프라인 잡지 구매보다 경제적이다.

사례 6 정보 제공

그림 3-18 은 행정자치부가 SK 텔레콤과의 협력하에 제공하고 있는 M-정보화마을 모바일 서비스의 메인 화면이다. M-정보화마을 서비스는 행정자치부에서 조성하여 운영 중인 전국 정보화마을에 대한 정보와 각 마을에서 벌어지는 다양한 체험상품, 주말농장, 축제정보들을 사진과 함께 제공하는 서비스로 고객들은 휴대전화를 이용하여 각 지역의 지도와 함께 상세한 길안내까지 볼 수 있다 그림 3-19 . 특히 M-정보화마을 서비스를 접속하면 고객 주변에 위치한 정보화마을 및 각 체험상품, 축제정보를 바로 조회하여 찾아갈 수 있도록 되어 있는데 이는 단순한 정보 제공 차원에서 벗어나 고객의 위치에 따른 정보 제공이라는 점에서 그 가치가 높게 평가된다.

그림 3-18 정보화마을 메인 화면

그림 3-19 정보화마을 메인 화면 → 마을 소개 → 길안내

또 다른 정보 제공의 예로는 KTF의 '별별114'를 들 수 있다. KTF의 별별114 서비스에서는 유선전화의 114 서비스처럼 단순한 전화번호 안내뿐만 아니라 사용자 위치에 따른 다양한 주변 정보까지 제공해 준다. 이 서비스를 이용하면 고객의 현재 위치에서 가까운 곳의 음식점, 병원, 금융기관, 관공서, 백화점 등에 관한 모든 위치 검색이 가능하고 음식점의 메뉴나 주차장 유무 등과 같은 추가 정보도 검색할 수 있기 때문에 낯선 지역에서도 편하게 즐길 수 있다.

주요 용어

기업과 웹	전자상거래	인터넷 쇼핑몰
경매사이트	포털 사이트	모바일 상거래
기프티콘		

연습문제

01 웹을 이용한 사업의 장점들을 기술하라.

02 전통적인 상거래와 전자상거래 차이를 설명하라.

03 전자상거래 도입으로 인한 경영환경 변화를 설명하라.

04 전자상거래의 장점과 문제점을 설명하라.

05 경매사이트의 거래 방식에 대해 설명하라.

06 모바일 상거래 과정을 설명하라.

07 모바일 상거래의 특징을 설명하라.

08 모바일 상거래를 위한 무선단말기의 특성을 설명하라.

09 모바일 상거래 활성화 방안에 대해 토의하라.

10 기업에서 활용할 수 있는 모바일 상거래에 대한 예를 찾아 이에 대한 발표를 하라.

쉬어가기

지갑아, 카드야 그동안 수고 많았어 휴대전화가 말했다
버스 탈 때, 밥 먹고서, 쇼핑 뒤에 … 갖다 대면 결제 끝, 편리해진 모바일 카드

국내에서 휴대전화 속에 신용카드가 들어간 '모바일 카드' 사용이 점차 늘고 있다.

◆ 간편해진 '모바일 결제' : 기존에 휴대전화로 신용카드 결제 서비스를 이용하려면 휴대전화를 열고 메뉴를 눌러 선택해야 하는 등 번거로웠다. 하지만 이젠 이 같은 불편함이 사라졌다. 휴대전화에 은행 · 신용카드회사 등에서 발급한 집적회로(IC)칩을 장착하면 결제 단말기에 휴대전화를 갖다 대기만 해도 결제 처리된다. 이 서비스를 이용하려면 은행이나 신용카드회사에 결제 서비스를 신청해 IC칩을 받아 모바일 카드 결제 서비스가 가능한 휴대전화에 장착하면 된다. 백화점이나 매장 등에서 물건을 산 뒤 휴대전화를 결제 단말기에 대고 신용카드 비밀번호만 입력하면 거래할 수 있다. 지갑을 두고 나와도 모바일 카드 결제 기능을 갖춘 휴대전화만 있으면 걱정할 필요가 없어진 것이다.

◆어디서 쓸 수 있나 : 모바일 카드 결제는 결제 정보를 읽을 수 있는 단말기가 깔려 있는 전국 7만여 가맹점에서 이용할 수 있다. 대표적 가맹점은 신세계백화점과 이마트, 킴스클럽 등 대형마트, 삼성디지털프라자, 교보문고, 코엑스몰 등이다. 또 패밀리레스토랑 TGIF와 제과점 크라운베이커리 등에서도 모바일 카드를 쓸 수 있다.

이동통신 3사는 홈에버, 미니스톱, 금강제화, 프랜차이즈 식당 등을 포함하여 가맹점을 15만개로 늘릴 예정이다.

이동통신사들은 새로운 서비스 발굴에도 적극 나서고 있다. LG텔레콤은 교보문고와 손잡고 모바일을 통한 도서 구매 서비스를 개발 중이다. 언제 어디서나 원하는 도서 내용을 조회, 검색하고 온라인 구매 수준의 싼 가격으로 책을 살 수 있도록 할 방침이다.

모바일 카드 결제 서비스에 앞서 이동통신 3사는 금융 결제와 교통카드 결제 서비스를 도입했다. 2003년 국민은행과 함께 모바일 뱅킹서비스 'BankON(뱅크온)'을 시작한 LG텔레콤은 은행과 제휴해 뱅킹서비스를 제공하고 있다. KTF도 국민은행 등 17개 은행과 제휴해 'K-bank' 서비스를 하고 있다. 이들 서비스는 전용단말기로 쉽고 빠르게 예금 조회 · 이체 등의 금융거래를 할 수 있다. 자동화기기에서 현금카드 없이 휴대전화로 입 · 출금할 수도 있다.

(중앙일보, 하현옥)

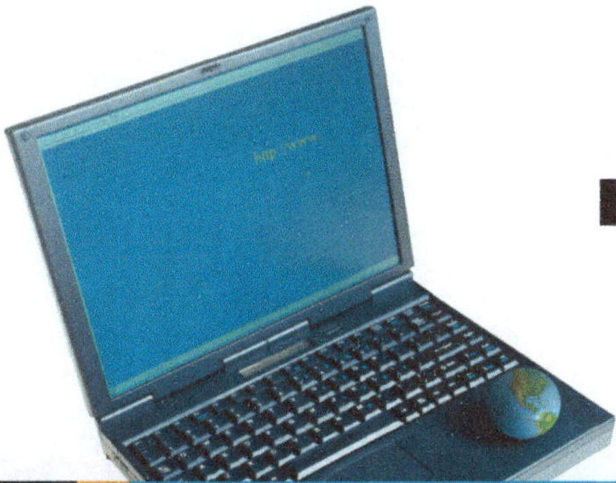

CHAPTER 4

전자상거래 비즈니스 모델과 전략

학습목표

이 장에서는 다음과 같은 내용을 학습한다.

- 비즈니스 모델의 개념
- 전자상거래 비즈니스 모델의 분류
- 전자상거래 전략 요인

기업을 성공적으로 이끌기 위해서는 각 기업마다의 사업 방법을 설립하여 이에 따른 전략을 세워야 한다. 기업의 사업 방법을 나타낸 것을 비즈니스 모델이라 하는데, 이 비즈니스 모델들의 양상도 전자상거래가 도입되면서 달라지고 있다. 본 장에서는 비즈니스 모델의 특성에 대해서 알아보고 전자상거래가 도입되면서 등장하는 비즈니스 모델의 분류에 대해서 알아보기로 한다. 이와 더불어 비즈니스 모델의 특성과 전자상거래 전략 요인의 역할을 살펴보고 전자상거래 기업에서 이 전략 요인들을 어떻게 기업 운영에 이용하는가를 사례를 통해 알아보기로 한다.

제1절 비즈니스 모델

새로운 사업 구상과 새로운 사업 개념이 하루가 다르게 등장하고 있는 현실에서 변화하는 사업 환경에 즉각적으로 적응하고 지속적인 변화를 관리하기 위한 능력은 오늘날 기업들이 번성하고 살아남기 위해서는 절대적으로 필요한 요인이다. 즉, 기업들은 심화되는 경쟁 체제에서 살아남기 위한 그들만의 사업방식으로서의 비즈니스 모델을 필요로 하게 되었다. 비즈니스 모델에 대한 정의는 기업, 고객 및 협력업체에 대한 전반적인 관계를 포함할 경우에 보는 관점에 따라 여러 가지로 표현될 수 있다. 비즈니스 모델은 기본적으로 "기업을 유지하고 이윤을 산출하기 위한 사업방식" 또는 "부서, 직원 및 업무를 비롯한 기업의 구성요소들의 집합과 이들 사이의 관계를 포함하고 사업에 대한 방법과 이념인 사업논리를 표현하는 개념적인 도구"로 정의된다. 이를 좀 더 쉽게 풀어서 설명하면 비즈니스 모델이란 어떤 제품이나 서비스를 어떠한 마케팅 방법을 이용해서 소비자에게 판매하여 수익을 올릴 것인가 하는 일련의 계획 또는 사업 아이디어를 말한다.

기존의 제조 및 유통분야에서는 사업방식이 정형화되어 있기 때문에 별도의 비즈니스 모델의 필요성이나 중요성이 크게 인식되지 못했다. 그러나 인터넷의 사용이 일반화되면서 전자상거래와 같은 새로운 사업방식이 등장함에 따라 사업에 대한 기존의 개념들이 흔들리게 되었다. 인터 시대라 불리는 오늘날의 사업 환경에서는 기업의 형태가 다양해지고 기업의 영업방식이 빠른 속도로 바뀌고 있으며 사업의 유형도 다양화되고 있기 때문에 시장을 선점할 수 있는 차별화된 새로운 비즈니스 모델을 찾지 못하면 사업 추진 및 수익 창출에 큰 어려움을 겪을 수밖에 없게 되었다.

1. 비즈니스 모델의 역할

사업을 수행하는 데 있어서 비즈니스 모델의 역할은 다음과 같이 볼 수 있다.

① 사업목표의 명확한 설정

비즈니스 모델의 도입에 따라 기업은 사업 목표를 명확하게 설정할 수 있다. 기업은 비즈니스 모델을 통해 구체적으로 설정된 사업 방식에 따라 목표시장과 목표고객에 대한 설정과 공략을 통해 기업이 얻고자 하는 목적을 달성할 수 있다. 특히 오늘날과 같은 인터넷 시대에서는 어떤 고객에게 어떤 상품을 판매할 것인가에 대한 사전 계획이 명확하게 규정되어 있어야만 인터넷의 장점을 충분히 살릴 수 있다.

② 경영의사결정 방향 설정

어떠한 비즈니스 모델을 사용하는가에 따라 사업 전략이나 마케팅 전략과 같은 기업의 중요한 경영의사결정에 대한 방향이 달라질 수 있다. 이는 비즈니스 모델에 따른 기업의 목표에 따라 기업의 전략이 결정되어야 하기 때문이다. 또한 이러한 전략을 실행시키기 위해서는 이에 맞는 시스템이 설계되어야 하는데 이에 대한 문제도 비즈니스 모델이 명확하게 결정되어 있다면 많은 시간과 노력을 절약하여 해결할 수 있다.

2. 비즈니스 모델의 특성

현재 인터넷 비즈니스는 기본적인 판매 형태인 인터넷 쇼핑몰을 비롯하여 경매, 금융 및 유통분야에 이르기까지 확산되고 있다. 이에 따라 다양한 비즈니스 모델이 등장하고 있다. 인터넷의 유행 초기에 야후는 웹에서 사람들이 필요로 하는 정보를 검색할 수 있도록 하여 웹 검색의 선두 주자로 이름을 날릴 수 있었다. 델컴퓨터는 웹을 이용하여 고객의 주문을 받아 고객 취향에 맞는 컴퓨터를 제작 · 판매하여 사업을 성공적으로 이끌 수 있었다. 세계적 기업인 월마트는 독자적인 비즈니스 모델을 통해 제품의 가격을 감소시킴으로써 업계를 리드할 수 있었다. 이와 더불어 다음은 웹에 수많은 카페를 유치하여 많은 이용자를 모아 수익을 올릴 수 있었으며, 네이버는 지식검색이라는 독특한 시스템을 도입하여 이용자들의 사랑을 받고 있다. 또한 아마존은 최초의 인터넷 서점으로서 서적 판매의 새로운 지평을 열어 주었다. 이와 같이 독창적이고 새로운 비즈니스 모델들이 많이 등장하고 있으나, 아마존에서 보듯이 기업이 비즈니스 모델을 가지고 있다고 해서 모두 성공적으로 수익을 창출할 수 있는 것은 아니다.

기업이 성공적으로 수익을 창출할 수 있는 비즈니스 모델은 다음과 같은 특징을 가지고 있어야 한다.

첫째, 기회를 선점할 수 있는 독특한 모델이어야 한다.

디지털 경제에서는 수확체증의 법칙[1)]과 네트워크 효과[2)] 등의 작용으로 델컴퓨터의 모델과 같이 기존의 컴퓨터 판매 방식을 뛰어넘는 독특한 발상을 가지고 기회를 선점할 경우 고객 수의 폭발적 증가가 가능하다.

둘째, 차별화된 컨텐츠를 제공하여야 한다.

비즈니스 모델에서 제품이나 서비스의 제공에 대한 차별화는 전통적인 비즈니스에서 제품의 차별화가 갖는 중요성만큼이나 신중하게 고려되어야 한다. 네이버의 경우 기존의 검색 시스템에 더하여 이용자들의 관점에서 지식검색이라는 범주를 도입하여 다른 사이트와의 차별화를 시도한 결과 많은 이용자의 뇌리에 지식검색 하면 네이버를 떠올리게 만들어 놓았다. 이와 더불어 멀티미디어가 가능한 동영상 사이트와 같이 창의적인 아이디어가 반영된 컨텐츠를 제공할 필요가 있다.

셋째, 고객 관점에서 출발해야 한다.

인터넷 기업의 경쟁은 유사 제품이 아닌 유사 고객 간의 경쟁 성격이 강하다. 따라서 고객이 찾아오고 만족하는 사이트를 구축하고, 고객들이 원하는 핵심 가치를 제공할 수 있는 모델이 되어야 한다. 이를 위해서는 거래 방식을 다양화시키고 제품이나 서비스의 다양화는 물론 제품과 서비스에 대한 정보의 폭을 넓힐 수 있어야 한다. 아마존이 기존의 거대 상권을 지닌 서적 판매상과 경쟁할 수 있었던 요인은 저렴한 서적 판매 가격 외에도 고객에 대한 개인화된 서비스를 들 수 있다. 아마존에서는 기존 고객에 대한 구매 후 서비스로서 고객의 취향에 맞는 서적에 대한 안내를 지속적으로 해 주고 있다.

넷째, 지속적인 수익 창출력이 있어야 한다.

비즈니스 모델을 도입하는 근본적인 이유는 수익 창출에 있다. 비즈니스 모델의 도입 초기에 수익을 창출하였다고 해도 빠르게 변화하는 기업환경으로 지속적인 수익 창출이 어려울 수도 있다. 따라서 비즈니스 모델은 기업환경의 변화에 맞추어 지속적으로 수익을 창출할 수 있도록 수정되어야 한다. 많은 기업 사이트들이 고객을 유치하기 위하여 안간힘을 쓰고 있는 것이 사실이다. 다음 커뮤니케이션의 경우 카페를 활성화시켜 다른 사이트에 비해 많은 고객을 유치할 수 있었다. 그러나 이것이 지속적인 수익을 보장하지 않기 때문에 사이트에 게임, 동영상 및 블로그에 관한 공간을 유치시키며 사이트의 다양성을 추구하여 수익 창출과 연관되도록 노력하고 있다. 한편 아마존의 경우에는 세계적으

1) 투입된 생산요소가 늘어나면 늘어날수록 산출량이 기하급수적으로 증가하는 현상.

2) 특정 상품에 대한 어떤 사람의 수요가 다른 사람들의 수요에 의해 영향을 받는 효과.

로 알려진 인터넷 서점임에도 불구하고 오랜 기간 동안 적자를 면하지 못해 오다 이를 해결하기 위한 방안으로 서적 외에 전자제품, 신발 등 일반 쇼핑몰에서 취급하는 모든 동류의 상품 판매를 시도하고 있다.

제2절 전자상거래 비즈니스 모델의 유형

인터넷상에서 다양하게 나타나기도 하고 사라지기도 하는 비즈니스 모델의 유형을 명확히 구분하는 것은 사실상 어려운 일일 것이다. 하지만 많은 연구자들이 인터넷 사업의 본질을 연구하기 위해 다양한 온라인 비즈니스 모델의 유형화를 시도하고 있다. 1998년 티머스(Timmers)는 인터넷 환경에서의 비즈니스 모델들을 혁신의 정도와 기능의 통합정

그림 4-1 티머스의 인터넷 비즈니스 모델 분류

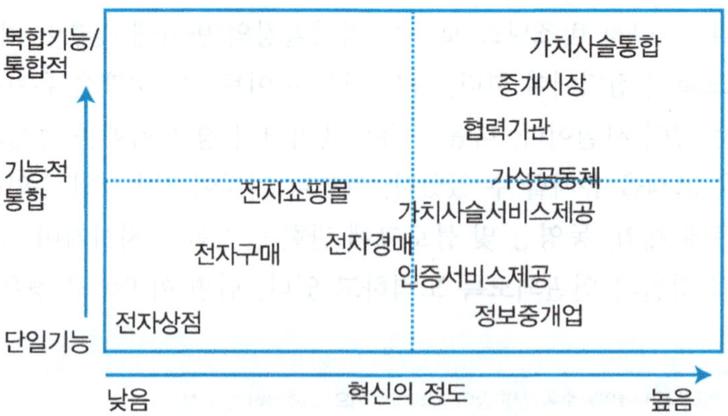

도에 따라 그림 4-1 과 같이 분류하였다. 이 모델들은 혁신의 정도가 낮고 단순한 기능을 지닌 전자상점형 모델에서 혁신의 정도가 높고 여러 기능이 통합된 가치사슬 통합모델에 이르기까지 11개로 분류되었다. 이 모델들의 특징은 표 4-1 과 같다. 티머스 이후 비즈니스 모델에 대한 많은 연구가 진행되어 학자들에 따라 다양한 형태의 비즈니스 모델에 관한 분류가 제안되었는데, 여기서는 이 모든 것을 다룰 수 없기 때문에 참여 주체와 수익원천에 따른 비즈니스 모델 분류에 관하여만 살펴보기로 한다.

표 4-1 티머스의 인터넷 비즈니스 모델 특성

분류	특성
전자상점	기업이나 가게의 웹 마케팅이나 홍보를 나타내며 점차 주문과 지불 관계를 포함
전자구매	제품이나 서비스의 전자적 입찰이나 구매를 표현
전자경매	전통적 경매 방식을 전자적 경매 방식으로 구현
전자쇼핑몰	전자상점의 집합으로 이루어짐
가상공동체	가상공동체에 참여하는 회원들의 회비와 광고 수입에 의존, 고객충성도를 높이기 위한 마케팅 방편
협력기반	기업 간의 협력을 위한 도구나 정보환경 제공 공동설계나 공동 프로젝트 설계 등이 포함됨
중개시장(제3장터)	공급자 제품 카탈로그를 위한 사용자 인터페이스 제공
가치사슬서비스제공	전자지불이나 물류와 같이 가치사슬 내의 특정 기능을 특화시키는 기업을 포함
가치사슬통합	가치사슬상의 여러 단계들 사이의 정보 흐름을 이용하여 이 단계들을 묶어서 통합된 서비스 제공
정보중개	네트워크상에서 정보를 수집, 가공하여 고객에게 제공
인증서비스	네트워크상에서 공증서비스나 인증서비스 제공

1. 참여주체에 따른 비즈니스 모델 분류

전자상거래에 참여하는 핵심 경제주체를 중심으로 이들 사이의 거래 관계에 따른 비즈니스 모델 유형은 기업 간 전자상거래(Business to Business : B2B), 기업과 소비자 간 전자상거래(Business to Consumer : B2C), 기업과 정부 간 전자상거래(Business to Government : B2G) 정부와 소비자 간 전자상거래(Government to Consumer : G2C) 등으로 나누어 볼 수 있다. 그림 4-2 는 전자상거래 참여주체에 따른 관계를 나타낸 것이다. 특히 기업과 소비자 간에 발생하는 전자상거래는 거래활동의 방향에 따라 다시 기업과 소비자 간 전자상거래(B2C), 소비자와 기업 간 전자상거래(C2B)로 나눌 수 있다.

그림 4-2 참여주체별 전자상거래 모델

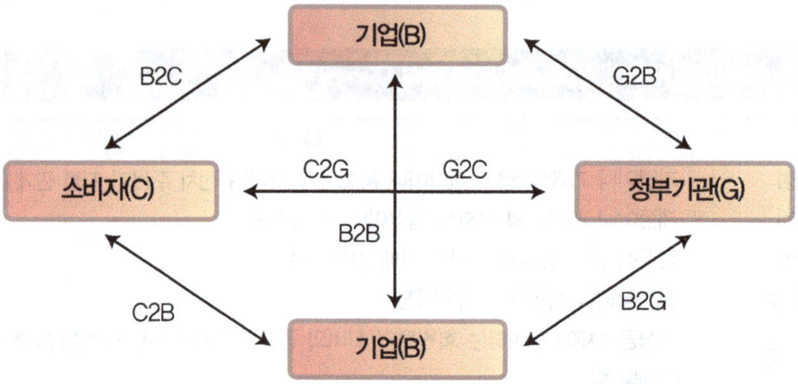

1) 기업 간 전자상거래(B2B)

기업 간 전자상거래는 기업과 기업 간의 거래 업무를 온라인으로 수행하는 것을 말한다. 예를 들자면, 재화나 용역 생산 시 원자재 조달과 제품 개발, 금융업무, 제품 운송 등과 관련된 기업 간의 업무처리를 인터넷을 이용하여 디지털 매체로 수행하는 것을 들 수 있다. 이에 수반된 업무로는 전자문서교환, 전자자금이체, 공동구매, 개발 및 생산, 기술정보교환 등을 들 수 있다.

기업 간 전자상거래를 통해 이루어지는 거래로 인해 기업은 구매처리 기간의 단축은 물론 원재료 및 서비스 구매비용의 감소, 거래비용의 절감, 물류비용의 감소 등의 효과를 볼 수 있다. 이는 결과적으로 기업의 생산성을 제고시키고 생산 비용을 하락시켜 이윤을 증가시키게 된다. 국내의 대표적인 기업 간 전자상거래 사이트로는 삼성에서 삼성계열사들이 필요한 물품을 구매하기 위해 운영 중인 삼성전자 B2B 사이트(www.samsungb2b.co.kr)를 들 수 있다.

그림 4-3 은 삼성전자 B2B 사이트를 나타내는데 그림을 살펴보면 일반 소비자들을

대상으로 하는 사이버쇼핑몰과 별 차이가 없어 보인다. 그러나 그림 4-4 의 제품설명 화면에서 '구매상담신청'을 선택하면 기업이 필요로 하는 제품이나 원자재에 대한 견적 의뢰나 구매 관련 정보를 얻을 수 있다.

그림 4-3 삼성전자 B2B 사이트

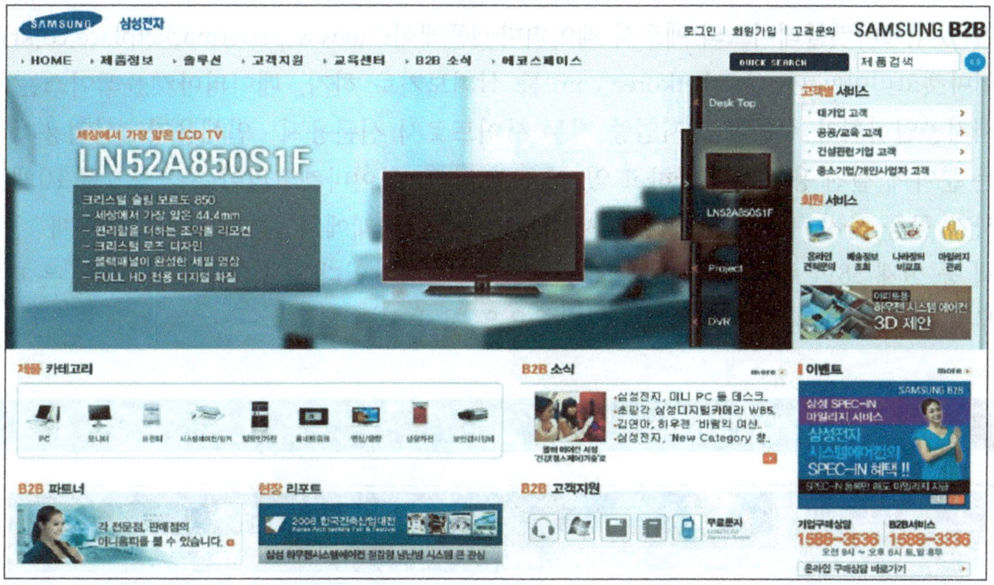

그림 4-4 제품설명 화면

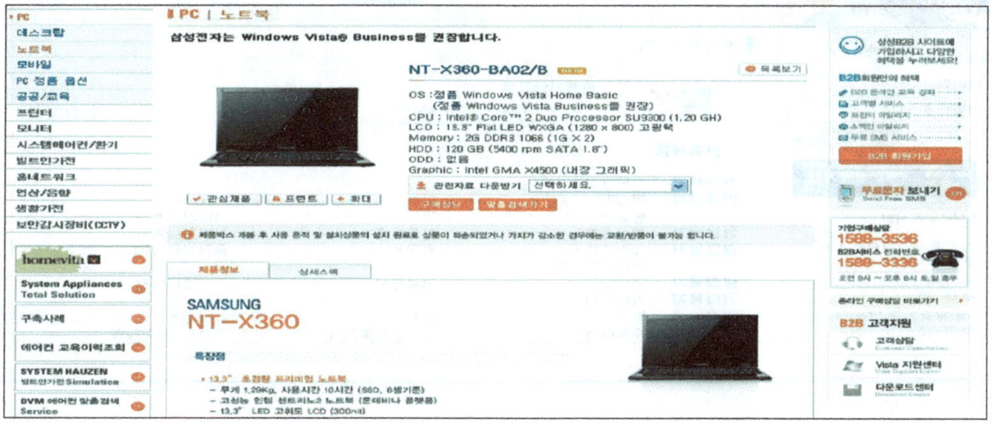

한편, B2B 전자상거래의 주요 흐름 중의 하나로 e마켓플레이스가 거론되고 있다. e마켓플레이스는 인터넷상에서 불특정 다수의 공급자와 수요자가 모여 정보교환을 위한 커뮤니티를 형성하며 거래를 하는 가상의 시장이다. e마켓플레이스는 상징적인 개념에 머물렀던 기업 간 전자상거래를 구체화시켰다는 점에서 중요시되고 있다. 즉, 온라인에서 기업간 실질적인 거래가 이루어진다. 예를 들어 건축자재를 취급하는 e마켓플레이스에 건축자재에 관련된 구매주문을 내면 이것을 본 건축자재업체들이 입찰을 통해 이에 응하도록 되어 있다. e마켓플레이스의 예로서 페이퍼마켓플레이스(www.papermarketplace.co.kr)와 아이마켓코리아(www.imarketkorea.com)를 살펴보기로 하자. 페이퍼마켓플레이스는 한국제지공업협회가 설립한 제지업종 전문 사이트로서 신문용지 · 인쇄용지 · 산업용지 등 모든 분야에 걸친 용지를 취급하고 있다 그림 4-5 . 아이마켓코리아는 삼성그룹 10개 관계사가 공동 출자, 설립한 사이트로서 단순 소모성 자재에서 나아가 건설 건자재, 철강자재 등 현재 38만 종의 품목에 대한 구매 대행을 하고 있다 그림 4-6 . 이와 같은 대행업무를 통해 기업은 구매 관련 직 · 간접비용을 절감할 수 있다.

그림 4-5 페이퍼마켓플레이스

그림 4-6 아이마켓코리아

2) 기업과 소비자 간 전자상거래(B2C)

기업과 소비자 간 전자상거래는 기업과 소비자 간에 온라인으로 제품 또는 서비스를 거래하는 것이다. 기업과 소비자 간 전자상거래의 가장 대표적인 예로는 인터넷 쇼핑몰을 꼽을 수 있다. 인터넷 쇼핑몰은 상품의 생산자 혹은 판매자들이 인터넷 사이트에 상점을 개설하고 소비자들을 대상으로 상품을 판매하는 형태이다. 오늘날 일반인들이 인터넷을 이용하여 물건을 산다고 하면 그 거래의 대부분은 B2C 거래를 위해 만들어진 쇼핑몰 사이트에서의 거래를 말한다. B2C를 통해 거래되는 제품들은 책, 음반, 의류, 화장품, 가구 등을 포함하여 우리 생활의 모든 부문에 걸쳐 이용되는 것들이다. 또한 제품 외에 홈뱅킹, 온라인 광고, 정보, 교육, 게임 등과 같이 일상생활 속에서 필요한 업무나 서비스 종류들도 B2C 범주에 포함된다. B2C 형태의 쇼핑몰을 운영하는 기업이 성공하기 위해서는 대상 소비자를 정확하게 규명하고, 소비자에게 다양한 상품과 상품에 대한 풍부한 정보를 제공해야 한다. 이러한 과정을 통해 기업은 소비자와의 친밀한 관계를 지속시켜 나감으로써 기업 이미지 및 매출 향상을 기대할 수 있다.

그림 4-7 은 B2C 쇼핑몰의 예로서 CJ mall(www.cjmall.com)의 메인 화면을 보여준다. CJ mall은 20~30대 남녀를 주요 고객으로 설정하고 TV홈쇼핑으로 판매하는 제품들을 인터넷으로 판매하는 사이트이다. 이 사이트에서는 의류, 화장품, 가구, 컴퓨터 등의 유형의 제품에서부터 보험, 여행 등과 같은 무형의 제품까지 다양하게 거래되고 있다.

그림 4-7 B2C 예 : CJ mall

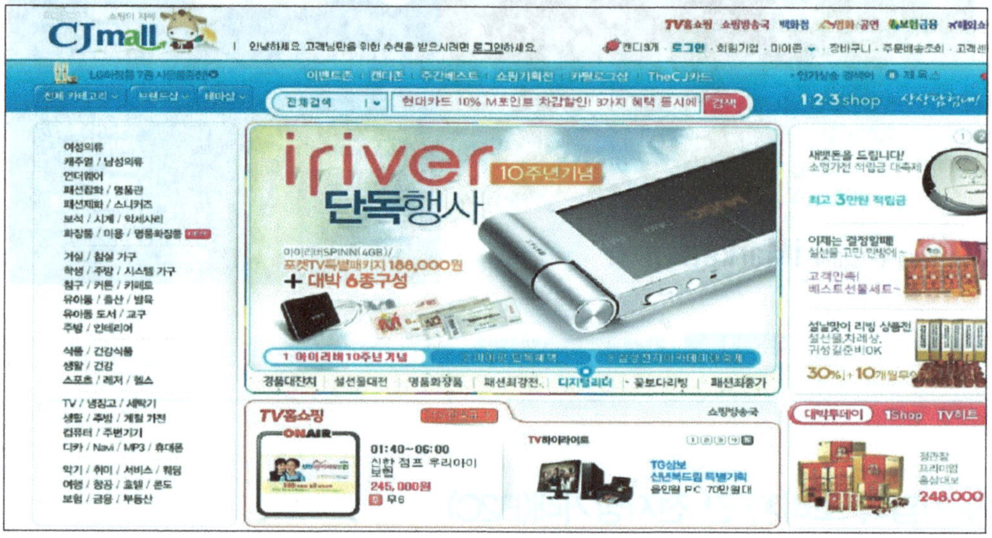

3) 소비자와 기업 간 전자상거래(C2B)

소비자와 기업 간 전자상거래는 인터넷의 등장으로 새롭게 만들어진 거래관계라고 할 수 있다. 이 거래 형태는 인터넷의 활용으로 소비자들의 정보획득이 용이해져 소비자들이 상품에 대한 정보를 생산자나 공급자 못지않게 갖게 됨으로써 소비자가 상품의 공급자나 상품의 생산자에 대해서 거래의 주도권을 행사할 수 있게 됨으로써 가능하게 된 거래 형태로서, 소비자들이 단합하여 행하는 공동구매나 역경매를 예로 들 수 있다. 공동구매는 아파트 단지의 부녀회와 같이 소비자들이 단체를 구성하여 상품의 공급자나 상품의 생산자에게 가격이나 수량 혹은 부대 서비스 등에 관한 조건을 제시하여 소비자의 주도하에 거래를 하는 것을 의미한다. 우리들이 잘 알고 있는 경매 시스템에서는 판매자가 제시한 상품에 대해 이를 사고자 하는 소비자들의 가격 경쟁에 의해 판매 가격이 결정되지만 역경매에서는 판매 가격이 판매자들의 가격 경쟁에 의해서 결정된다. 즉, 다수의 판매자들이 경쟁을 해서 가격을 내리면 최저가격을 제시한 판매자의 상품을 구매자가 구매하는 방식이다. 역경매 사이트의 예로 이사업체 선정을 도와주는 제트이사(www.z24.co.kr)와 비행기표 예약을 도와주는 프라이스라인(www.priceline.com)을 살펴보기로 하자. 포장이사 역경매 사이트인 제트이사에서는 가정이사, 사무실이사 등 각종 이사와 관련해 소비자가 견적을 신청하면 이사업체들이 견적서를 제출한다 그림 4-8. 그러면 소비자가 가격을 비교한 후 이사업체를 선정해서 이사계약을 체결하도록 하는 역할을 하고 있다.

그림 4-8 포장이사 역경매 사이트 : 제트이사(z24)

비행기표를 포함한 호텔예약에 대한 역경매 사이트인 프라이스라인에서는 소비자가 여행하고자 하는 일자와 목적지를 입력하게 되면 여러 항공사의 비행기표를 검색하여 일

정에 맞는 비행기표 중 가격이 싼 비행기표들을 제시하여 소비자가 이 중에서 선택을 하여 표를 구입하도록 하고 있다 그림 4-9 .

그림 4-9 프라이스라인

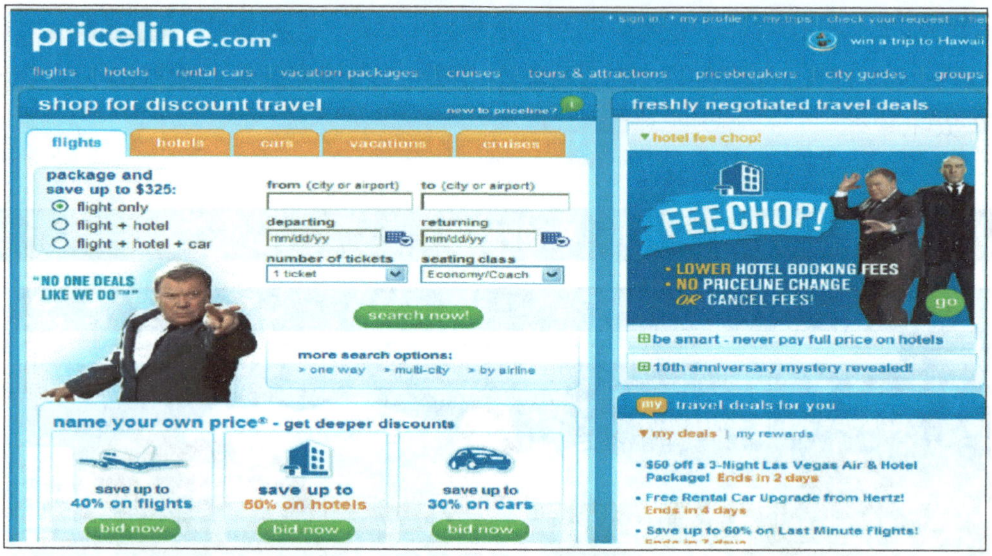

4) 소비자와 소비자 간 전자상거래(C2C)

소비자와 소비자 간 전자상거래는 인터넷을 통해서 개인과 개인 간의 거래가 이루어지는 것이다. 이는 인터넷이 소비자들을 직접 연결시켜 주는 역할을 함으로써 가능해진 거래 유형이다. 제품을 판매하고자 하는 소비자가 자신의 제품을 일정한 매매사이트에 등록하면 그 사이트에서 제품에 대해 관심이 있는 소비자가 제품을 구매하는 방식이다. 이러한 거래를 위해서는 사이트 운영자가 거래에 참여하는 소비자들이 사전 준비 없이도 거래에 쉽게 참여할 수 있도록 시스템을 구축해야 한다. 한때 소리바다 사이트에서 이 역할을 맡아 개인과 개인 사이의 음반 교환을 가능하게 하다가 저작권 문제에 휘말리면서 어려움을 겪기도 하였다. 인터넷 시대에 저작권 보호는 심각하게 고려되고 존중되어져야 하나 오랜 기간 동안 인터넷을 통하여 정보, 음악, 영화 등을 무료로 다운받아 온 습관이 너무 깊게 배어 있는 일부 네티즌 사이에서는 아직도 개인 블로그 등을 이용하여 불법적인 유통이 이루어지고 있어서 이에 대한 윤리적 각성이 요구된다. 현재 국내에서 순수한 C2C 사이트를 찾기는 어렵다. 개인과 개인 사이의 직거래는 상당한 매력이 있는 거래지만 대금 지급 후 제품의 인도가 제대로 안 되는 등 사기성 거래에 의한 거래의 불안정성 때문에 그 인기가 시들해졌기 때문이다. C2C 거래의 양상은 국내의 경매 사이트인 옥션(www.auction.co.kr)에서 일부 볼 수 있는 정도이다.

5) 기업과 정부 간 전자상거래(B2G)

기업과 정부간 전자상거래는 기업과 정부 간에 인터넷을 통해 물건을 사고팔거나 정보를 주고받는 거래를 말한다. 예를 들면 정부가 조달예정 상품을 인터넷에 공시하면 기업들이 웹사이트를 통하여 공급할 상품을 확인한 후 이에 대한 입찰을 시행하고 정부에서 입찰기업 중 최저가격에 상품을 공급하고자 하는 기업을 선택하여 거래를 마무리한다. B2G 거래를 위해 조달청[3] 에서는 국가종합전자조달시스템 '나라장터(www.g2b.go.kr)'를 운영하고 있다 그림 4-10 .

그림 4-10 나라장터

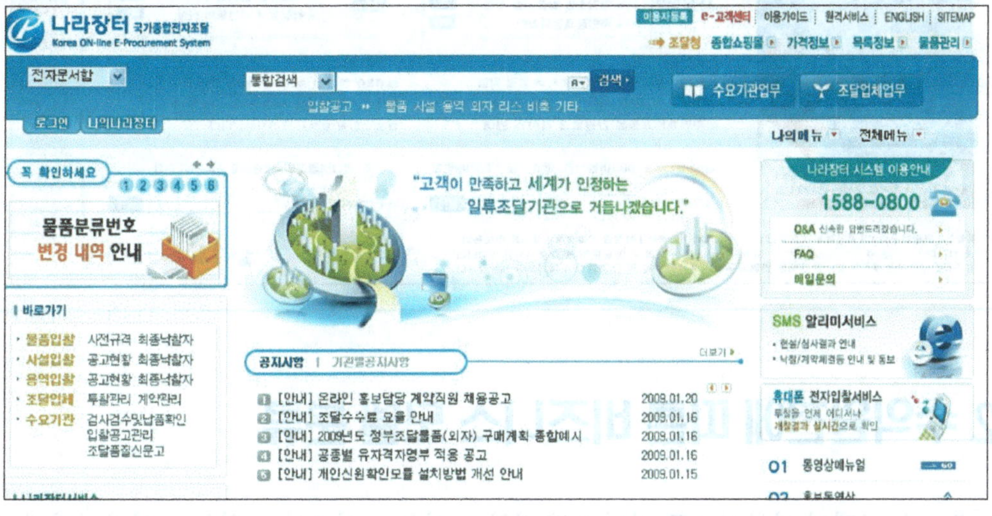

3) 공공기관에서 필요로 하는 물자구매 및 시설공사 계약을 관련업체와 연결해 줌으로써 공공기관의 사업수행을 지원하는 중앙행정기관, 각종 물품의 구매공급 및 공사계약을 집행.

6) 정부와 소비자 간 전자상거래(G2C)

정부와 소비자 간 전자상거래는 정부와 소비자 간에 형성되는 거래관계이다. 정부와 소비자 간 전자상거래의 대상이 되는 부문은 정보제공, 세금징수, 면허교부, 규제관리, 보조금 혜택의 제공, 통계자료, 물품과 서비스의 조달 등 각종 행정 정보 서비스 분야이다. 그림 4-11 과 같이 정부가 운영하는 전자정부 민원창구(www.egov.go.kr) 사이트를 이용하면 주민등록 등·초본이나 지방세 납부증명서 심지어는 성적증명서나 휴학증명서를 어디서나 온라인으로 발급받을 수 있다.

그림 4-11 전자정부 민원창구

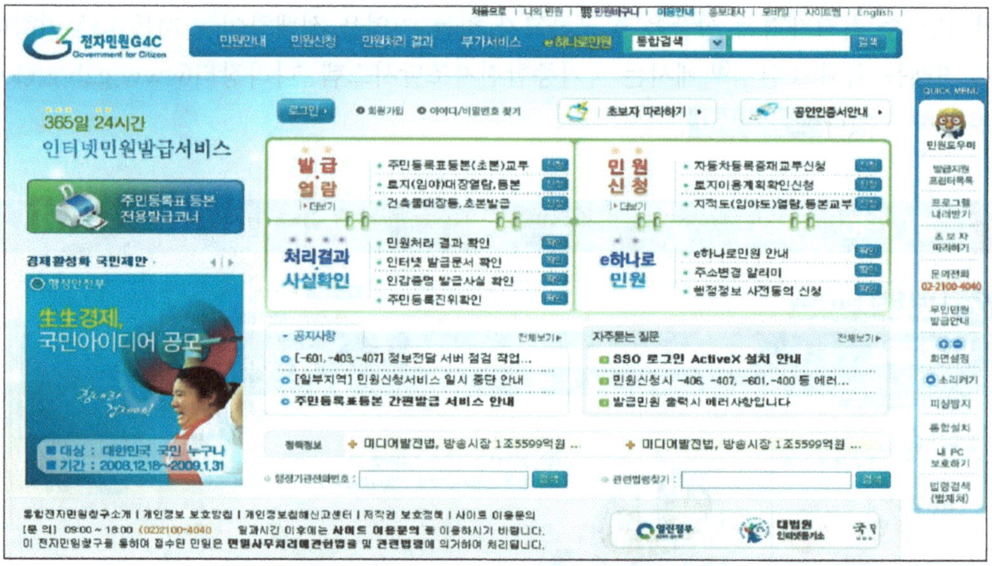

2. 수익원천에 따른 비즈니스 모델 분류

비즈니스 모델이 기본적으로 기업을 유지하고 이윤을 산출하기 위한 사업방식인데, 무엇으로 수익을 창출할 것인가, 즉 수익 원천에 따라 비즈니스 모델을 분류하면 크게 보아 광고형, 판매형, 중개형, 회비형 등이있다.

1) 광고형 모델

광고형 모델은 웹사이트를 통하여 다양한 컨텐츠를 제공하고 e-mail이나 채팅 등 여러 가지 서비스를 제공하여 사이트 이용자를 모으고 사이트 이용자의 증가에 따라 관심 있는 광고주를 모집하여 배너광고나 팝업 광고와 같은 여러 가지 형태의 광고를 게시하여 얻는 수입을 주 수입원으로 하는 모델을 말한다. 이 모델의 대표적인 예로 포털 사이트를 들 수 있다. 포털 사이트는 인터넷 이용자에게 정보검색, 다양한 컨텐츠, 무료 e-mail, 홈페이지/블로그 공간 제공 등을 통하여 많은 이용자들을 모으고 있다. 국내 대표적인 포털사이트인 다음 커뮤니케이션은 이용자들에게 카페 공간을 제공하여 방문자들의 수를 늘리고 네이버는 지식검색이라는 컨텐츠를 이용하여 방문자 수를 늘리고 있다. 이 모델에서는 방문자의 수에 따라 광고수입의 증감이 영향을 받기 때문에 많은 방문자를 확보할 수 있는 능력이 기업의 성패를 좌우한다.

2) 판매형 모델

판매형 모델은 말 그대로 인터넷을 통해 상품이나 서비스를 판매하는 유형으로 인터넷 쇼핑몰과 같은 전자상거래 업체가 대표적이다. 판매형은 웹사이트를 통해 고객들에게 기업 홍보와 제품 선전뿐 아니라 다양하고 저렴한 제품에 대한 정보 제공, 고객의 주문처리, 대금결제 등과 같은 편리함을 제공해 줄 수 있어야 한다.

3) 중개형 모델

중개형 모델은 판매자와 구매자를 중개하고 수수료를 받는 형태의 모델이다. 이 모델은 기업과 기업 간, 기업과 소비자 간, 또는 소비자 간의 중개업무를 모두 포함할 수 있다. 중개형 모델의 예로는 판매자와 소비자들끼리 거래를 형성하도록 장을 열어 주고 거래 수수료를 취하는 옥션(www.auction.co.kr)을 비롯하여 고객들의 주식 거래를 중개하며 거래수수료를 취하는 키움닷컴(www.kiwoom.com)과 이트레이드(www.etrade.co.kr)와 같은 사이버 증권회사들을 들 수 있다. 그림 4-12 는 사이버 증권회사인 이트레이드를 보여준다.

그림 4-12 이트레이드 증권

4) 회비형 모델

회비형 모델은 우리가 오프라인에서 신문이나 잡지를 보기 위해 구독료를 지불하는 것과 똑같이 웹사이트를 이용하는 이용자들이 가입비를 지불하고 그 대신 고품질의 컨텐츠를 제공받도록 한 모델이다. 인터넷을 통해 컨텐츠를 제공하는 전문학회나 전문잡지의 운영모델이 이 범주에 속한다. 또 다른 예로는 문서서식을 제공하는 비즈폼(www.bizforms.co.kr)을 들 수 있다. 비즈폼에서는 회비의 차이에 의해 무료회원, 정회원, 프리미엄회원, 기업회원 등으로 분류하여 제공받을 수 있는 컨텐츠 간에 차이를 두고 있다 그림 4-13. 회비형 모델의 성공은 가치 있는 컨텐츠의 확보에 달려 있다.

그림 4-13 비즈폼

제 3 절 전자상거래 전략

1. 비즈니스 모델과 전자상거래 전략 요인

앞에서 이미 학습한 바와 같이 비즈니스 모델은 기회의 선점, 차별화된 컨텐츠, 고객 관점에서의 출발 및 지속적인 수익 창출과 같은 특성을 지니고 있어야 한다. 이와 같은 비즈니스 모델의 특성과 관련하여 오스터왈더(Osterwalder)[4)]는 비즈니스 모델에서 필요한 세부적인 기본 내용을 다음과 같이 요약하고 있다.

- 시장에 제공하는 가격 제안
- 가격 제안에 따른 목표 고객 구분
- 고객과 접촉하고 가격 제안을 할 수 있는 대화 통로
- 고객과 설정된 관계
- 비즈니스 모델을 만드는 데 필요한 핵심 역량
- 비즈니스 모델을 구현하기 위한 요소의 배치
- 비즈니스 모델이 작동될 수 있도록 만들 파트너들과 그들의 참가 동기
- 수익모델로 이루어진 비즈니스 모델에 의한 수익원 창출
- 비즈니스 모델의 결과인 가격구조

위와 같은 비즈니스 모델의 기본 내용을 포함한 전자상거래 성공전략을 세우기 위해서는 전자상거래 참여기업과 고객과의 관계를 연결해 주는 다음과 같은 6C, 즉 컨텐츠(Contents), 커뮤니티(Community), 커머스(Commerce), 커뮤니케이션(Communication),

그림 4-14 전자상거래 전략 요인 6C

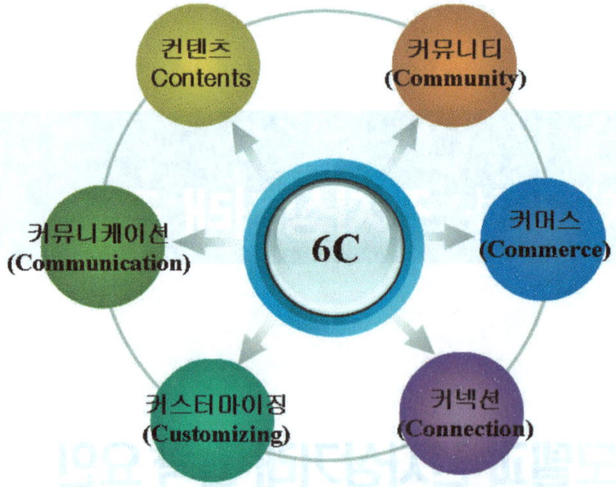

4) Osterwalder, Alex(2005), *Business Model Design and Innovation*

커스터마이징(Customizing), 커넥션(Connection) 등을 고려해야 한다. 이 6C는 전자상거래 비즈니스 모델의 기본 특성 요인으로서 이들의 적절한 조합은 고객과의 관계 개선 및 수익창출에 직접적인 영향을 미치게 된다. 즉, 전자상거래를 수행하는 기업들의 중심에는 이러한 6C가 놓여 있다고 볼 수 있다 그림 4-14.

1) 컨텐츠(Contents)

컨텐츠는 우리가 웹사이트를 방문했을 때 인터넷을 통해 전달되는 뉴스, 기업 · 제품 정보, 지식정보, 게임, 음악 등을 포함하는 전자상거래의 가장 기본적인 요인이다.

기업은 자사의 웹사이트를 방문하는 고객에게 가치 있고 정확한 컨텐츠를 제공하고자 한다. 이는 고객이 찾는 내용에 대해 신뢰할 수 있고 충실한 내용을 제공할 때 기업에 대한 긍정적인 인식을 확고히 심어 줄 수 있기 때문이다. 그러나 좋은 컨텐츠를 제공하는 것은 결코 쉬운 일은 아니다. 관련분야의 전문적인 노하우를 가지고 있어야 하고, 이를 명쾌하고 알기 쉽게 전달할 수 있는 사이트를 구축할 때만 가능하다. 이 같은 능력은 단순히 컨텐츠의 문제만이 아니라 사이트 운영능력과도 직결되는 것이다. 즉, 우리가 좋은 컨텐츠라고 하는 것은 좋은 정보의 내용과 잘 구성된 웹사이트 디자인, 그리고 상호작용을 지원해 줄 수 있는 기술들이 결합되어 만들어진다고 볼 수 있다. 기업은 고객 개개인과 상호작용을 할 수 있도록 잘 설계된 컨텐츠를 제공하여야만 고객과의 관계를 창출하고 유지할 수 있게 되는 것이다. 전자상거래 업체뿐만 아니라 웹사이트를 지니고 있는 모든 기업들은 모두 자사의 웹사이트에 컨텐츠를 지니고 있다고 볼 수 있다. 그러나 각 기업의 컨텐츠는 기업의 거래 형태와 사업 목적에 따라 달리 나타난다. 전자제품 회사는 제품의 성능과 관련된 컨텐츠에 초점을 맞출 것이고 광고주의 유치에 따라 수입이 달라질 수 있는 포털사이트의 경우에는 대중의 기호에 널리 적합한 컨텐츠 유치에 힘쓸 것이기 때문이다. 일반적인 기업 웹사이트와 달리 컨텐츠 그 자체에 의한 사업을 추구하고 있는 업체들도 있는데 그 예로 고도원(www.godowon.com) 사이트를 보기로 하자. 이 사이트에서는 '고도원의 아침편지' 라는 제목으로 사이트의 회원 중 메일을 신청한 사람들에게 매일 아침 메일을 통해 메시지를 전달한다. '고도원의 아침편지' 가 네티즌으로부터 좋은 반응을 얻는 이유는 삶의 지혜와 잔잔한 감동을 담은 좋은 글을 발췌해서 매일 아침 메일을 통해서 회원들에게 보내 주기 때문이다. 메일을 받는 사람들은 일상생활의 경험을 통해 공감하는 글들을 읽고 즐거움을 느낀다. 이 사이트에서의 회원 수 증식은 메일을 받는 회원들의 추천에 의한 증가 방식을 취하고 있다.

2) 커뮤니티(Community)

커뮤니티는 제품과 연관된 지식 또는 취미활동과 관련된 내용이나 전문지식 교환 등에 관해 관심사가 같은 사람들로 구성된 온라인 그룹을 지칭하는 것으로 전자상거래의 파생적인 요인이다. 커뮤니티에 참여하는 사람들은 지리적 한계를 벗어나 공통의 주제를 가지고 의견을 공유하거나 공동체의 일원으로 참여함으로써 인터넷의 이점을 상당히 잘 이용하고 있다. 전자상거래에서 기업들은 지속적인 방문자를 유치하기 위해 기업의 제품 위주로 컨텐츠를 제공하고 제품과 관련된 다양한 커뮤니티를 구성하여 고객들 스스로 커뮤니티에 참여할 수 있도록 하고 있다. 즉, 전자상거래에서 커뮤니티는 자사의 제품에 대한 홍보나 아이디어 획득을 위하여 활용되기도 하는데 기업은 이를 이용하여 기존 고객들과의 지속적인 관계를 형성하고자 한다. 이러한 커뮤니티 이용은 충성심 높은 고객의 확보뿐 아니라 이를 통한 구전효과도 얻을 수 있어 기업에게 수익을 가져다주는 성공의 기반이 된다고 볼 수 있다.

그림 4-15 체리야 - 지식美인

화장품 판매 사이트로 출발한 체리야(www.cherrya.com)는 '지식美인' 이라는 게시판을 통해 사이트를 이용하는 고객들이 서로 화장품과 그 사용에 대한 의견 교환을 하며 피부미용에 관한 지식을 넓히도록 하고 있다 그림 4-15 . 또한 경매사이트인 옥션(www.auction.co.kr)의 커뮤니티는 판매자별로 게시판을 개설해 운영할 수 있도록 하여 판매자들이 판매하고 있는 제품에 대한 주문현황, 사용 후기, 배송조회 등과 같은 내용들에 관해 구매자들과 의견교환이 가능하도록 해 준다. 이와 더불어 회원들끼리 정보를 주고받는 커뮤니티를 형성해 토론하고 싶거나 알고 싶은 주제에 대해 서로 의견을 교환할 수 있도록 하고 있다.

고객들 입장에서 커뮤니티는 특정한 주제나 제품에 대한 광범위한 여론을 형성시킬 수 있는 공간으로서 이를 이용한 기업이나 제품에 대한 사회의 감시자 역할은 고객에 대한 서비스 증대에 지대한 영향을 미친다고 볼 수 있다. 기업의 입장에서 커뮤니티는 제품 홍보, 신제품에 대한 아이디어 획득 등의 효과를 얻을 수 있으며 기업이나 제품에 대한 건전한 비평을 알 수 있는 기회를 제공해 준다. 결국 커뮤니티의 활성화는 고객이나 기업 모두에게 도움이 된다고 하겠다.

3) 커머스(Commerce)

커머스는 인터넷을 통해 물리적 상품 · 디지털 상품 · 서비스 등을 사고파는 전자상거래를 지칭하는 요인이다. 기업은 인터넷을 수익창출의 수단으로 활용하기를 기대하며 이러한 노력들에 점차 가속도를 붙이고 있다. 인터넷을 이용하여 기업의 홍보에 힘쓰던 인터넷 초기와는 달리 기업이나 웹사이트를 이용하여 쇼핑몰을 개설한 업체에서는 물리적 상품 · 디지털 상품 · 서비스 등의 판매를 위해 힘쓰고 있다. 이러한 상거래에서 요구되는 일차적인 조건은 거래의 안전과 고객 정보보호 문제로서 이에 대한 신뢰할 수 있는 조치가 취해져야만 상거래의 활성화를 꾀할 수 있다. 이와 더불어 효과적인 지불시스템과 배송시스템의 확립이 이루어져야 고객의 외면을 받지 않게 된다. 수많은 웹사이트가 커머스에 이용되고 있다. 예를 들자면 의류, 컴퓨터, 가구 등 물리적인 상품을 판매하는 사이트로는 GSeshop(www.gseshop.co.kr)과 같은 사이트가 있고 그림 4-16 , 서비스업을 다루는 사이트로는 디지털사진 인화와 앨범을 제작해 주는 Photoi(www.photoi.com)와 같은 사이트가 있다 그림 4-17 .

그림 4-16 GSeshop

그림 4-17 Photoi

4) 커스터마이징(Customizing)

고객화로 번역되는 커스터마이징은 웹사이트를 방문하는 방문객을 고객으로 만들거나 또는 기존 고객을 고정 고객으로 만들기 위해 기업이 고객들에게 제공하는 모든 서비스를 포함하는 요인이다.

기업은 고객들의 성향이 다양해지고 개성화되어 감에 따라 고객 개개인의 요구사항에 적합한 제품, 서비스, 아이디어를 차별적으로 제공하여 고객과의 긴밀한 관계를 창출하고 유지·관리하기 위한 새로운 방법을 찾고자 노력하고 있다. 이를 위해서는 고객들의 취향이나 기호 및 습관에 대한 정보가 필요하기 때문에 기업은 고객들에 대한 데이터베이스를 만들고, 이를 통한 고객 분류와 분석을 통하여 고객 개개인의 특성을 파악하고 각 개인에게 특화된 상품 및 서비스의 정보를 제공하고자 한다.

예를 들면 인터넷서점에서 책을 검색하다 보면 구매하려던 책이 품절로 표시된 경우가 종종 있다. 이런 경우 책을 필요로 하는 고객 입장에서는 책이 다시 인쇄될 때까지 막연히 기다리거나 출판사에 직접 전화로 문의하는 수밖에 없는 것이 일반적인 실정이었으나 이러한 문제를 해결해 주는 서비스를 제공하는 인터넷서점도 등장했다. 인터넷서점 알라딘(www.aladdin.co.kr)은 자체 사이트에서 품절된 도서에 대해 그 책을 판매 중인 다른 서점을 알려주는 '품절 도우미' 서비스를 제공하고 있다 그림 4-18 . 이 서비스는 국내 상위 인터넷 서점인 예스24, 교보문고, 인터파크를 대상 서점으로 하여 각 서점의 판매 여부를 알려준다. 알라딘에서는 이 같은 정보를 고객에게 제공하기 위해 자체 사이트에서의 품절 표시와 함께 다른 사이트에서의 품절 여부까지 함께 표시해 주고 있다. 또한 모든 품절 도서마다 책 표지 아래에 판매 중인 다른 서점 바로가기 버튼을 두어 고객으로 하여금 타 인터넷서점으로 바로 이동할 수 있게끔 했다. 우리 매장에는 없지만, 옆 매장서는 팔고 있으니 그곳에 가 보라고 고객을 옆 매장까지 직접 데려다주는 셈이다. 다른 서점에서도 모두 품절일 경우에는 '재출간 알림 서비스'를 신청해 둘 수 있다. 이 경우 해당 도서가 출판사에서 재출간되는 즉시 고객에게 안내 메일과 휴대폰 문자메시지를 발송해서 바로 구매할 수 있도록 도와준다. 이 외에도 인터넷서점에서는 고객의 과거 구매기록을 바탕으로 고객이 구입한 서적과 관련된 유사 주제의 출간에 대해서 고객에게 알려주는 개인화된 서비스도 제공하고 있다.

그림 4-18 알라딘의 품절도우미

5) 커뮤니케이션(Communication)

인터넷은 신문이나 잡지, TV 등과 같은 기존의 매체가 단방향 정보를 전달하는 것과 달리 쌍방향으로 정보를 주고받을 수 있게 해 준다. 따라서 기업은 인터넷을 이용하여 고객과 개별적인 커뮤니케이션이 가능하다. 인터넷을 활용한 커뮤니케이션 도구의 예로는 무료 이메일 계정, 채팅방, 인스턴트 메시징 서비스(IMS), 검색엔진, 이동통신과의 연동 등을 들 수 있다.

기업에서는 커뮤니케이션 도구를 활용하여 고객 개인별 상담과 질문에 대한 응답, 이메일을 통한 답변 등 고객 한 사람 한 사람과 커뮤니케이션을 하거나 고객이 직접 사이트에 참여할 수 있는 기회를 제공하기도 한다. 네이트 닷컴(www.nate.com)에서는 이용자들에게 무료 이메일 계정을 제공하고, 이용자가 네이트온 메신저를 다운로드받아 회원들 간의 채팅이 가능하도록 하고, 미니홈페이지 기능을 제공해 사용자 간의 커뮤니케이션을 도움으로써 회원의 수를 증가시키는 데 성공하였다 그림 4-19.

커뮤니케이션은 전자상거래 기업에서 고객과의 지속적인 상호작용을 통하여 고객들의 요구사항을 알아내어 고객을 위한 다양한 서비스를 제공해 줌으로써 관계를 강화시키는 기능을 갖고 있다. 이러한 커뮤니케이션 기능은 컨텐츠, 커뮤니티, 커스터마이징, 커머스 등 다른 전략요인들을 보조하는 역할을 한다.

그림 4-19 네이트 닷컴

6) 커넥션(Connection)

커넥션은 전자상거래를 행하는 기업들 간의 역량강화를 통해 시장을 확대시키거나 쌍방의 공동이익을 추구하는 것과 관련된 요인이다. 즉, 기업 간의 커넥션을 통해 자사의 부족한 역량을 강화하고 서로의 강점이 되는 역량을 제공함으로써 노력 및 비용 절감을 꾀하여 쌍방의 공동이익을 추구하고자 하는 것이다.

인터넷사업 분야에서 이러한 커넥션 요인은 다양한 서비스나 컨텐츠를 고객에게 제공하기 위해서 동종 혹은 이종 간의 적극적인 공동마케팅 전략에 이용되고 있다. 예를 들면 경매사이트인 옥션은 공동구매 사이트 및 일반경매 사이트와 제휴를 맺어 제휴사이트에 있는 '공동구매'를 클릭하면 옥션으로 이동하여 구매가 가능하도록 하고 있다. 고객이 옥션에서 제품을 구매할 경우 발생한 이윤은 옥션과 해당사이트가 나누고, 제휴사이트는 옥션으로부터 마케팅 활동의 기초가 되는 고객 데이터베이스를 제공받는다.

또 다른 예로는 인터넷 서점인 아마존(www.amazon.com)의 제휴 프로그램을 들 수 있는데, 그 과정은 다음과 같다. 우선 특정 웹사이트 운영자가 아마존의 제휴 프로그램에 가입한 다음 웹사이트에 아마존으로 연결되는 링크나 배너를 올린다. 이 웹사이트의 링크나 배너를 통해 아마존 홈페이지를 방문하거나, 아마존의 책이나 상품을 구매할 경우 웹사이트 운영자는 판매수익의 일정 부분에 대해 아마존으로부터 수수료를 받기로 되어 있다.

이러한 과정은 결국 기업 간 혹은 기업-소비자-기업 간의 상호 이익을 취할 수 있게 함으로써 모두에게 이익이 공유될 수 있도록 해 준다.

지금까지 살펴본 6C는 기업 운영에 있어서 서로 별개의 요인들이 아니라 상호 유기적인 관계를 지닌 요인들이다. 예를 들자면, 컨텐츠와 커뮤니케이션은 커뮤니티 형성에 기초가 되고 이는 다시 커머스가 생성되도록 하거나 또는 커머스가 발달함에 따라 컨텐츠와 커뮤니티가 강화되고 다시 컨텐츠가 직접 커머스로 이어지기도 한다. 따라서 이러한 6C의 상호 영향 관계를 잘 파악하여 전략적으로 잘 이용하고 조정하면 전자상거래 기업의 성공에 많은 도움이 될 것이다.

2. 전자상거래 전략 요인을 통한 기업 운영 사례

기업들은 경쟁우위를 획득하고 유지하기 위한 경쟁전략으로서 포터가 제안했던 원가우위전략, 차별화전략 및 집중화전략 등을 사용하거나 이를 기업 입장에 맞추어 변형한 전략을 사용해 왔다. 그러나 인터넷의 도입 이후에는 다른 경쟁 기업들이 시장에 진입할 수 없도록 진입장벽을 높이는 장벽 전략이나 고객의 요구에 부응하는 차별화된 제품 · 서비스를 고객에게 제공하고자 노력하는 혁신 전략을 채택하고 있다. 오프라인에 기반을 두고 운영하는 기업이 아닌 인터넷을 기반으로 전자상거래에 참여하고 있는 기업들의 지속적인 수익 창출과 경쟁우위를 유지하기 위한 노력 속에는 6C가 차지하는 비중이 높게 나타난다. 이 기업들이 전략적으로 도입하고 있는 6C의 형태와 도입 과정은 업종에 따라 차이가 있는데 이에 대한 몇 가지 사례를 살펴보기로 하자.

1) 다음

국내 최초로 이용자들에게 무료 웹메일 서비스를 제공한 것으로 알려진 다음은 1999년에 온라인 커뮤니티인 '다음카페'를 오픈하였다. 이 카페는 오늘날 다음 포털의 대표적인 특성으로 알려지고 있다. 2000년에는 무료 웹메일 서비스와 다음카페 운영으로 증가한 고객을 기반으로 상품 판매를 하는 디앤샵 운영을 시작하였다. 이후 다음은 온라인 자동차보험 시장 진출을 위한 다음다이렉트라인을 설립하여 사용자 가치 증대를 위한 또 하나의 전략으로서 사업을 펼치고 있다.

그리고 2003년 문을 연 '미디어다음'은 네티즌의 뉴스에 대한 높은 수요를 반영, 풍부한 정보를 빠르고 보기 쉽게 제공하는 데에 중점을 두었다. 미디어다음은 네티즌들이 익숙하게 정보를 찾아낼 수 있도록 화면을 구성했고, 미디어다음만의 독자적 컨텐츠를 대폭 강화, 차별화했다. 또한 언론 제휴사를 확대함으로써 뉴스 콘텐츠를 강화하였다.

2006년에는 교보문고와 제휴를 체결하고, 교보문고가 보유한 디지털 컨텐츠의 온라인 사용권 및 약 315만 종의 도서관련 DB의 사용권을 확보하여 도서본문 검색 및 미리보기 서비스가 가능한 '도서본문 검색서비스'를 본격화하였다.

다음의 6C를 이용한 사업 전략은 커뮤니케이션과 커뮤니티를 기반으로 커머스와 컨텐츠 특성을 성장시키고 이를 보완하기 위한 커넥션 특성을 위한 투자가 이루어진 것으로 요약할 수 있다 그림 4-20.

그림 4-20 다음의 전자상거래 전략

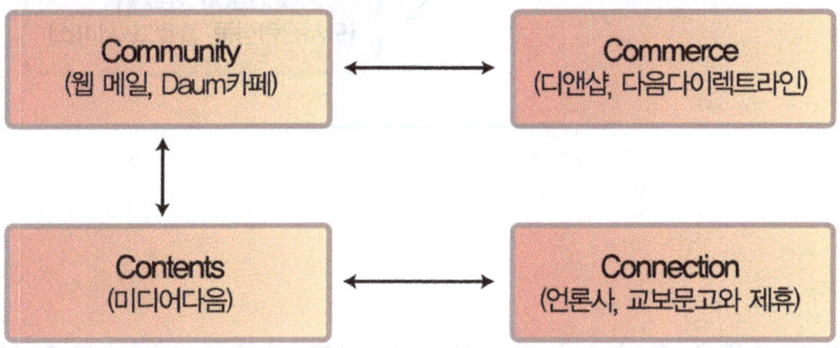

2) YES24

국내 최대 인터넷 서점인 YES24(www.yes24.com)는 1998년 6월 인터넷서점 웹폭스(WebFox)로 서비스를 시작한 뒤, 1999년 법인명을 YES24(주)로 바꾸었다. 2000년부터 음반 · 영화 · 게임 등 멀티미디어 서비스를 시작하였다.

YES24의 사업 분야는 국내 및 외국 도서 판매, DVD 판매와 같은 멀티미디어 상품 판매, 전자책과 주문형 출판 서비스 및 인터넷방송 서비스이다. YES24에서는 국내외 50만 종의 도서와 15만 건 이상의 독자서평과 같은 콘텐츠를 보유하고 있다. 또한 이 기업에서는 고객이 직접 도서 및 상품에 대한 리뷰와 글쓰기를 할 수 있는 블로그 서비스, 정보 교류와 이벤트 참여가 가능한 클럽으로 구성된 커뮤니티 서비스를 제공하여 고객 로열티를 강화하고 양질의 컨텐츠를 만들어가고 있다. YES24의 사업전략은 상품 판매가 목적인 커머스에서 시작하여 이를 보완하기 위한 컨텐츠와 커스터마이징 부문을 확대해 나가고 있다 그림 4-21.

그림 4-21 YES24의 전자상거래 전략

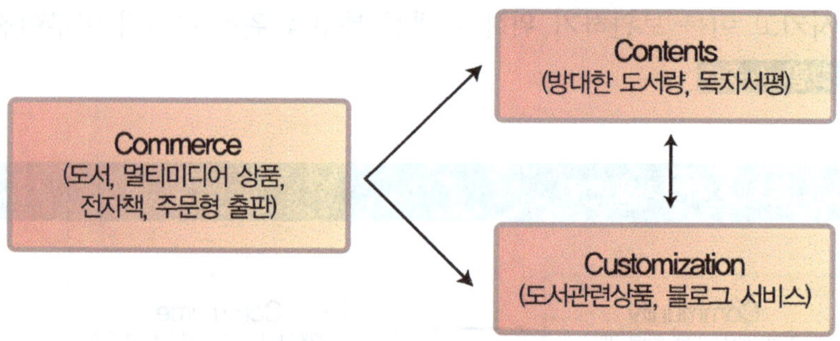

3) 비즈폼

2000년 10월 비즈폼은 우리나라 최초의 서식 전문 포털사이트로 문을 열었다. 비즈폼은 회사원, 구직자, 학생, 개인사업자, 중소기업을 대상으로 회사서식, 세무회계, 이력서, 자기소개서, 법률양식, 학교, 생활 서식 등 각종 비즈니스 서식과 실용문서, 기업표준양식 등을 실시간으로 제공하고 있다. 이와 더불어 전략적이며 수준 높은 사업계획서, 계약서, 보고서, 자기소개서 샘플과 예문을 제공하고 있어 사용자들의 이용도를 높여 왔다.

특히, 2005년부터 비즈폼은 사용자들이 몇 번의 마우스 클릭으로 복잡한 문서를 작성할 수 있는 원클릭 문서 작성 서비스를 개발해 사업계획서, 제안서, 회사소개서 및 기획서 등을 자동으로 작성해 주는 비즈플랜과 엑셀 자동 계산에서 문서관리까지 자동으로 작성해 주는 엑셀자동화를 비롯하여, 언제 어디서나 문서를 작성, 보관, 전송할 수 있는 자동작성 서비스를 선보여 사용자들의 높은 호응과 관심을 받았다.

그리고 비즈폼은 비즈니스 전문 사이트들과의 전략적 제휴를 통해서 증명서 발급, 도서요약서비스, 법률상담 등을 제공해 비즈폼 사용자가 비즈폼에서 업무와 관련된 제반업무를 처리할 수 있게 하였다. 뿐만 아니라 네이버, 마이크로소프트, 파란닷컴, 해피캠퍼스, 전자신문, 이지데이, 한겨레 등 약 45개 사이트를 통해서도 서식 컨텐츠를 서비스하고 있다. 비즈폼의 사업전략에 관계된 6C는 컨텐츠를 시작으로 이를 상업화시킨 커머스와 다른 기업과의 제휴를 통한 커넥션을 들 수 있다 그림 4-22.

그림 4-22 비즈폼의 전자상거래 전략

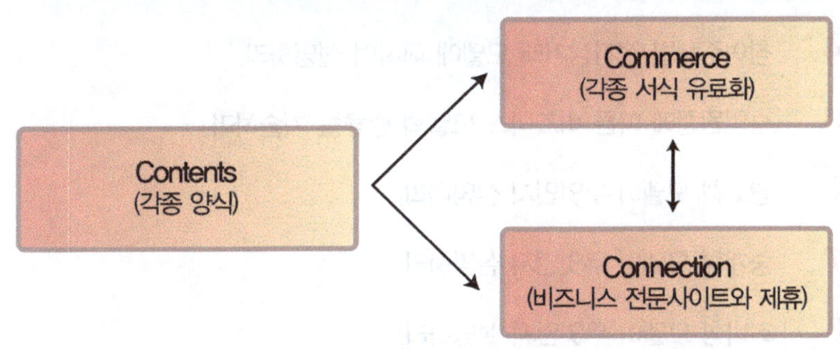

주요 용어

비즈니스 모델 | 티머스의 모델 | B2B
B2C | C2C | B2G
광고형 모델 | 중개형 모델 | 판매형 모델
회비형 모델 | 컨텐츠 | 커뮤니티
커스터마이징 | 커머스 | 커뮤니케이션
커넥션

연습문제

01 비즈니스 모델의 필요성에 대해 설명하라.

02 비즈니스 모델의 역할이 무엇인지 설명하라.

03 비즈니스 모델의 특성에 대해 설명하라.

04 참여주체별 전자상거래 모델에 대하여 설명하라.

05 수익원천에 따른 비즈니스 모델의 종류를 기술하라.

06 광고형 모델이 무엇인지 설명하라.

07 중개형 모델이 무엇인지 설명하라.

08 회비형 모델이 무엇인지 설명하라.

09 6C에 속한 요인들이 무엇인지 나열하고 각 요인들에 대해 설명하라.

10 웹사이트를 2개 이상 선정하여 6C를 중심으로 비교 · 분석하라.

쉬어가기

[Weekly Biz] "사장님들, 요즘 같은 불황기엔 '알리바바' <세계최대 기업간 전자상거래 사이트> 주문을"

전 세계 기업들이 가장 애용하는 인터넷 사이트는 무엇일까? 미국의 인터넷 조사기관 알렉사(Alexa)는 중국의 알리바바닷컴(Alibaba.com · 이하 알리바바)을 꼽았다. 240개국, 3250만 개의 회사가 이용하는 세계 최대의 기업 간 전자상거래(B2B) 사이트이다. G마켓이나 옥션 같은 일반 인터넷 쇼핑몰에 익숙한 소비자들에겐 잘 알려지지 않은 이름이지만, 전 세계 기업들이 축구공이나 볼펜, 복사지 등 공산품은 물론이고 밤, 호두, 땅콩 같은 농산물까지 이곳을 통해 거래한다.

이 사이트를 통해 연간 수억 건의 수출입 상담이 이뤄지고 있다. 알리바바가 직접 물건을 사고 파는 것이 아니라 온라인 장터만 제공하고 누구든지 들어와서 물건을 사고 팔게 돼 있다. 단, 판매자는 유료 회원(연간 589달러)으로 등록해야 한다. 380만 개의 온라인 점포가 개설돼 있다. 소비자 대상의 일반 인터넷 쇼핑몰은 글로벌화하기가 쉽지 않다. 일반 인터넷 쇼핑몰에서는 책 한 권, 또는 옷 한 벌처럼 소량 거래가 발생한다. 따라서 배달 비용이나 시간 문제 때문에 해외 사이트를 이용하는 것은 아무래도 불편하다. 이 때문에 한국의 G마켓이나 미국 이베이 같은 인터넷 쇼핑몰은 자국 내에서 이뤄지는 거래가 대부분이고, 국제적인 교역이 차지하는 규모는 극히 일부분이다. 하지만 B2B 사이트는 다르다. 기업 간 거래여서 한 품목당 수천 개, 또는 수만 개의 대규모 거래가 이뤄지므로 소량을 배달하는 것보다 물류비를 훨씬 줄일 수 있다. 또 B2B로 거래되는 품목은 어느 정도 규격화가 돼 있어 온라인 카탈로그만 제대로 보면 해외에서 물건을 구매하더라도 큰 문제가 없다. 더구나 중국은 '세계의 공장' 아닌가? 중국 기업이 만든 제품에 대한 주문이 많을 수밖에 없다. 이런 이점을 업고 전 세계 기업의 인터넷 장터로 부상한 회사가 바로 알리바바다. 1999년 중국 항저우(杭州)에서 설립된 이 회사는 매출의 70%가 국제 거래에서 발생한다. 중국 국내 매출은 30% 정도에 불과하다. 최근 방한한 데이비드 웨이(중국명 衛哲 · 38) 알리바바닷컴 사장은 Weekly BIZ와의 인터뷰에서 "글로벌화가 필수적인 인터넷 분야가 바로 기업 간에 대량으로 물건을 사고 파는 B2B마켓"이라고 강조했다.

(조선일보, 김희섭)

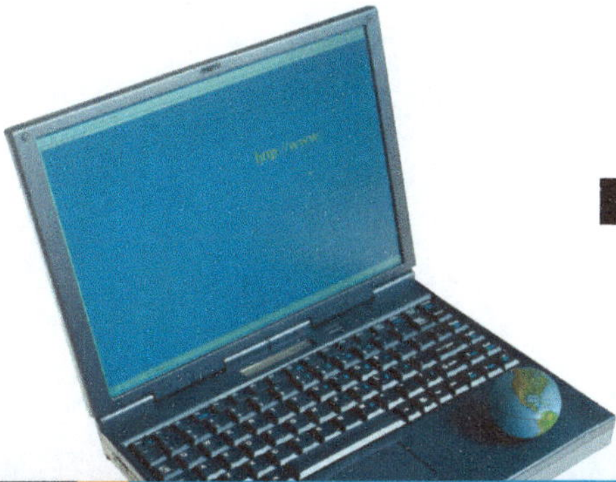

CHAPTER 5

인터넷 마케팅

제1절 인터넷 마케팅 개요

제2절 인터넷 마케팅 전략

제3절 인터넷 마케팅 기법

학습목표

이 장에서는 다음과 같은 내용을 학습한다.

- 인터넷 마케팅 환경의 변화
- 제품기반 인터넷 마케팅 전략
- 고객기반 인터넷 마케팅 전략
- 인터넷 마케팅 기법

사람들은 수많은 인터넷의 웹사이트를 돌아다니면서 정보를 검색하기도 하고, 쇼핑을 하기도 하고, 친구들을 만나기도 한다. 이제는 우리의 생활의 일부가 되어 버린 웹은 기업에게도 기업홍보, 제품판매, 사후서비스, 새로운 시장 개척 등 다양한 변화를 가져왔다. 특히, 기업은 인터넷의 특징인 상호 작용성을 마케팅 분야에 활용하여 더 많은 사람들에게 기업과 제품을 알리려고 노력한 결과 인터넷을 통한 다양한 새로운 마케팅 방법을 낳게 되었다.

본 장에서는 인터넷의 등장에 의한 마케팅 환경의 변화를 살펴보고 인터넷 마케팅의 장점과 다양한 인터넷 마케팅 전략에 대해 알아본다. 또한, 인터넷 마케팅에는 어떤 기법들이 적용되는지 알아본다.

제1절 인터넷 마케팅 개요

1. 인터넷 마케팅과 마케팅 환경의 변화

마케팅은 생산자가 상품 또는 서비스를 소비자에게 유통시키는 데 관련된 모든 체계적인 가치 창출활동을 말한다. 1990년대 중반 이후 인터넷의 활용이 사회 전반에 거쳐 급속히 증대되고 일반화되자 기업에서는 TV, 신문, 잡지에 이어 인터넷을 새로운 광고 미디어로 활용하게 되었고 인터넷을 이용하여 새로운 비즈니스 모델을 도입하여 사업 확장을 시도하게 되었다. 이러한 인터넷 비즈니스 규모의 확대는 기업의 인터넷 비즈니스 수행을 위한 마케팅 활동에도 변화를 주고 있다. 기업들은 기업의 홍보를 위한 웹사이트의 구축 및 제작 등에 비용을 투입할 뿐만 아니라 실질적인 온라인 마케팅 프로모션 활동에도 예산을 투입하는 비율을 점차 증대시키고 있다. 이는 기업이 빠르게 변화하는 디지털 경영환경에서 마케팅 활동에 대한 인식전환과 능동적 시장창조 능력을 길러야만 처절한 경쟁 환경에서 생존할 수 있음을 인식하고 있기 때문이다.

디지털 경영환경에서 태동된 인터넷 마케팅은 인터넷을 활용하여 제품이나 서비스를 소비자에게 판매하기 위하여 고객과의 관계를 구축하고 유지하고자 하는 활동으로 정의된다. 오늘날 인터넷은 기업에게 마케팅의 새로운 환경이자 마케팅 활동을 수행하는 데 유용한 수단이 되고 있다. 특히 쌍방향 통신 기능을 기반으로 멀티미디어 기술을 도입한 인터넷 광고의 도입은 소비자와 기업 간의 관계에도 상당한 변화를 초래하고 있기 때문에 기업들도 기존의 전통적 마케팅 기법만을 고집할 수 없게 되었다. 즉, 인터넷을 기본으로 하는 가상사회에서 전개되는 인터넷 마케팅에서는 기존의 전통적 마케팅 방식과 구별되는 전략을 사용해야 한다. 왜냐하면 인터넷을 이용하는 전자상거래의 출현으로 이의 영향을 받는 시장의 형태가 변화하고, 기업에 대한 소비자의 대응 형태가 변화하고 또한 상품 및 유통방식이 변화함에 따라 마케팅 방식에 변화가 요구되기 때문이다.

인터넷 시대의 마케팅 전략을 올바로 수행하기 위하여 알아야 할 환경변화를 시장, 소비자, 상품 및 유통에 걸쳐서 살펴보기로 하자.

1) 시장 환경의 변화

인터넷의 출현은 기업이 대중매체를 이용하여 일방적으로 소비자에게 정보를 전달하던 단방향 통신방식을 벗어나 기업과 소비자 간의 상호작용을 가능하게 하는 쌍방향 대화를 가능하게 해 주고 있다. 이와 같은 상호작용을 바탕으로 인터넷을 이용한 전자상거래가 출현하게 되고 이에 따른 사업 방식에도 변화를 요구하고 있다. 전통적인 상거래 시장에서는 소비자가 상품에 대한 가격, 품질, 서비스 등에 관한 정보를 제한적으로 얻을 수 있었던 반면 전자상거래 시장에서는 시간적 · 공간적 한계를 극복하여 상품에 대한 다양한 정보를 인터넷을 통하여 손쉽게 획득할 수 있게 되었다. 일례로, 가격비교 사이트를 활용하면 소비자들은 몇 번의 클릭만으로도 구매하고자 하는 상품에 대한 가격 비교 정보를 손쉽게 얻을 수 있다. 더욱이 기업은 소비자의 요구가 있을 경우에는 이에 응해 정보를 공개하여야만 되게 되었다.

이러한 시장 환경의 변화는 기업에게 마케팅 패러다임을 근본적으로 전환할 필요를 느끼게 하였다. 기존의 상거래 시장에서 기업은 소비자에게 어떠한 정보를 제공하고, 제공된 정보에 의해 소비자가 어떠한 구매행동을 할 것인지 하는 관점에서 마케팅을 수행해 왔다. 그러나 전자상거래 시장에서 기업은 소비자가 어떠한 정보를 입수하고 있으며 입수한 정보를 이용하여 어떠한 구매계획을 세울 것인지를 고려하여 마케팅 전략을 수립해야만 하게 되었다. 즉, 기업은 소비자들이 매우 싼 비용으로 다수의 기업과 대화할 수 있고 시장의 정보, 특히 경쟁제품의 가격과 정보, 판매되는 실제가격 및 최저가격의 정보까지도 자유롭게 입수할 수 있음을 전제로 하여 마케팅 전략을 수립하여야 한다는 것이다.

2) 소비자의 변화

과거의 소비자는 단순히 기업에서 정보를 제공받고 구매 의사결정을 수행하던 수동적 소비자에 지나지 않았다. 그러나 이제 소비자들은 스스로 웹사이트를 돌아다니면서 필요한 정보를 수집하고 기업과 의사소통하기를 원하며 소비자들끼리 커뮤니티를 형성해 자신들의 의견을 기업에 반영시키고자 하는 적극적인 소비자로 변화하고 있다. 이러한 변화는 기업으로부터 일방적으로 소비자에게 정보가 전달되는 형태를 벗어나 기업과 소비자가 모두 정보 제공자로 참여하여 상호 이익을 도모하게끔 만들고 있다.

따라서 성공적인 인터넷 마케팅을 위해서 기업은 고객 욕구를 파악하고 만족시키려는 노력을 해야 할 뿐만 아니라 상호작용이라는 인터넷의 고유한 특성을 살려 소비자들을 상품개발의 프로세스에 참가시키고 그들의 의견을 적극적으로 수용하여 이를 마케팅 활동의 기초로 삼아야 한다.

3) 상품의 변화

시장과 소비자가 진화해 감에 따라 상품의 진화도 가속되고 있다. 전자상거래 시장에서는 검색 서비스나 전문가와 다수의 소비자에 의한 비교정보에 의해 상품의 가격, 기능, 성능, 서비스 내용 및 부가가치에 대한 정보가 순식간에 시장에 퍼지기 때문에 상품의 가격뿐만 아니라 품질이 동질화되어 가는 경향이 생긴다. 더욱이 전자상거래 시장에서는 기업과 소비자 간의 쌍방향성 교류에 의해 상품을 사용한 소비자의 의견을 실시간으로 집약할 수 있으므로 기업이 이러한 상품 비교정보에 민감해지지 않을 수 없다.

이 결과 상품은 시장에서 그 기능, 성능, 서비스 내용, 부가가치에 대해 서로 상호 학습하기 시작하고 급속하게 동질화되어 간다. 따라서 기업이 상품의 차별화를 시도할 수 있는 영역이 급속히 협소해져 가기 때문에 상품의 주변 가치를 포함하는 광의의 상품을 개발하고 거기에 맞는 마케팅 활동이 요구된다.

4) 유통의 변화

전자상거래가 활성화됨에 따라 제조업자와 소비자를 중개하던 기존의 도매상이나 소매상과 같은 중간상의 기능은 축소되고 있으나 이와는 달리 인터넷 쇼핑몰과 같은 새로운 중간상이 출현하고 있으며 정보중개라는 새로운 비즈니스 영역이 확대되고 있는 것은 새로운 유통질서의 도래를 보여준다. 소비자는 인터넷을 이용하여 직접 제조업자에게 상품을 주문하거나 쇼핑몰을 통해 상품을 구입할 수 있기 때문에 유통단계의 축소로 인한 이익을 얻을 수 있다. 즉, 소비자는 중간상이 생략된 만큼 싸고 빠르게 물건을 손에 넣을 수 있다는 것이다. 인터넷을 통한 주문 과정에서 소비자에 관한 정보나 요구 사항들이 직접 제조업자에게 입력되므로 이것을 기초로 제조업자는 개선된 상품이나 새로운 상품의 생산을 자극받게 된다.

2. 인터넷 마케팅의 장점

전통적인 마케팅에서 활용되는 신문, 잡지, TV, 라디오 등이 가지고 있는 가장 큰 단점인 단방향 전달의 한계를 뛰어넘는 인터넷 마케팅은 쌍방향 통신 매체인 인터넷을 활용함으로써 이제까지의 마케팅 활동과는 다른 양상을 보여주고 있다. 인터넷 마케팅은 기존의 마케팅 방법과 비교하여 다음과 같은 장점들을 가지고 있다.

1) 시 · 공간을 초월한 마케팅 환경 제공

하루 24시간 365일 네트워크를 통해 전 세계 시장의 고객을 대상으로 마케팅 활동을 전개할 수 있기 때문에 인터넷 마케팅은 시간과 공간을 초월한 마케팅 활동이라고 볼 수 있다. 더욱이 시간이나 공간에 따르는 추가 유지비용이 거의 요구되지 않는다는 점에서 획기적인 마케팅 활동이라고 할 수 있다. 시간적 · 공간적으로 제한이 없는 인터넷상에서 행하는 광고는 일반적으로 기업들이 대중매체를 이용하여 광고를 시행할 때 부딪히는 시간과 공간적인 제약을 해소해 준다는 점에서 차별적인 장점을 지닌다. 다만, 전 세계 시장의 고객을 대상으로 마케팅 활동을 전개하기 위해서는 웹사이트의 내용을 한글뿐만이 아니라 적어도 영어를 병용해 표현해야 한다는 것을 염두에 두어야 한다.

2) 동등한 마케팅 기회 제공

인터넷은 기업의 크기에 관계없이 누구나 가상공간 안에 상점을 마련하고 마케팅 활동을 전개할 수 있다는 점에서 매우 매력적인 마케팅 수단이다. 인터넷에 접속할 수 있는 컴퓨터와 팔릴 수 있는 제품이나 아이디어만 가지고 있다면 누구에게나 열려 있고 동등한 기회를 제공하는 것이 인터넷 마케팅이다. 기업이 고객에게 제공하고자 하는 모든 정보를 웹페이지를 통해서 고객들에게 직접 전달하고 홍보할 경우에 기업의 크기나 규모면에서 차별을 받지 않고 동등한 효과를 기대할 수 있다.

3) 많은 양의 정보 제공 가능

점점 치열해지는 마케팅 환경에서 기업이 제품을 고객에게 알리기 위한 통로는 한정되어 있으며, 한 번에 전달할 수 있는 정보의 양도 매우 적은 것이 현실이다. 그러나 기업이 인터넷을 활용할 경우에는 고객에게 제공하고자 하는 모든 정보를 제공할 수 있으며 특히 능동적인 고객일 경우에는 인터넷을 이용한 정보탐색으로 원하는 정보를 충분히 습득할 수 있게 되었다.

4) 비용 절감

기업은 정보를 제공하는 데 드는 비용을 과거에 비해 상당히 절감할 수 있다. 과거에는 제품정보를 인쇄하고 발송하던 것을 인터넷상에 제공함으로써 인쇄나 발송에 따르는 비용이 절감되고, 계속해서 발생되는 수정사항도 즉시 고쳐서 제시할 수 있기 때문에 이에 따르는 관리비용도 적어지게 되었다. 또한 일반적인 사항에 대한 고객의 전화 문의에 대해 일일이 답변하는 대신에 FAQ 난을 설치하여 해결함으로써 전화 답변에 따르는 인력이나 시간 낭비를 줄일 수 있게 되었다.

5) 고객의 특성에 따른 개별적 마케팅 가능

기존의 TV광고와는 달리 인터넷에서 행해지는 광고는 인터넷에 접속한 고객들이 기업의 광고에 흥미를 가지고 접속할 경우에만 고객에게 노출이 가능하다. 즉, 소비자가 광고에 노출되는 것을 원치 않는다면 광고의 일부분만을 보고 지나칠 수도 있고, 계속적으로 정보를 탐색한다면 상당한 시간 동안 광고에 노출될 수도 있는 것이다. 그러므로 인터넷 마케팅의 효과를 높이기 위해서는 고객의 특성을 제대로 파악하여 고객이 원하는 정보를 사용하기 가장 편리한 형태로 가공하여 제공해야 한다. 즉, 고객들이 흥미를 가지고 정보를 계속 열람할 수 있도록 마케팅 정보를 구성해야 한다는 것이다. 더욱이 인터넷을 이용하여 영업을 하는 기업들은 예전보다 고객들에 대한 정보를 손쉽게 획득할 수 있는 바탕이 마련되었기 때문에 이를 잘 이용하면 고객 개개인의 특성에 적합한 마케팅 전략을 개발하여 서비스를 제공할 수 있다.

6) 신속하고 간단해진 시장 조사

인터넷 마케팅 환경에서는 마케팅 조사기법에서도 큰 차이를 갖는다. 과거에는 영업사원을 이용하여 많은 비용과 시간을 투입한 후에야 고객들의 취향이나 제품에 대한 반응

등에 관한 자료를 얻을 수 있었으나, 인터넷 마케팅 환경에서는 전자우편을 활용하거나 웹사이트를 이용하여 손쉽게 기업이 원하는 자료를 수집할 수 있게 되었다. 또한 이 모든 자료들이 자동으로 전산 입력되기 때문에 기업은 별도의 자료 분류 작업 없이 신속하게 조사 결과를 도출할 수 있으므로 고객의 즉각적인 반응을 분석할 수 있다. 이러한 조사는 지속적이고 주기적으로 시행할 수 있으므로 시계열 데이터를 수집하여 기업에 대한 고객의 장기적 경향을 살펴볼 수도 있다.

제2절 인터넷 마케팅 전략

전자상거래가 도입되면서 진행된 인터넷 비즈니스 규모의 확대는 자연히 기업의 인터넷 비즈니스 수행을 위한 마케팅 활동의 확대를 수반하고 있다. 기업은 디지털 환경에서의 마케팅 활동에 대한 인식전환과 능동적 시장창조 능력을 길러야만 변화하는 시대에서 생존할 수 있게 되었다. 기업들은 전자상거래의 기초가 되는 기업의 웹사이트 구축과 제작 등에 대한 예산 투입을 시작으로 실질적인 온라인 마케팅 촉진 활동에 대한 예산 투입 비율을 점차 증대시키고 있다.

기존에 기업들이 마케팅 전략을 위해 사용해 온 요인들은 기본적으로 마케팅 믹스라 불리는 4p, 즉 제품(product), 가격(price), 촉진(promotion) 및 장소(place) 또는 유통을 말한다. 제품은 기업이 판매하는 물리적 상품이나 서비스를 말하고 가격은 고객이 제품에 대해 지불하는 금액을 말한다. 촉진은 광고나 홍보를 포함하여 제품에 관한 내용을 전달하는 모든 수단을 의미한다. 마지막으로 장소는 분배에 관련된 것으로 여러 장소에 제품이 놓여질 수 있도록 하는 것이다.

인터넷의 등장 이후 마케팅 전략을 위한 요인에는 기존의 마케팅 믹스인 4p에 더하여 통신(communication)이 포함되었다. 통신 기능을 유발시키는 인터넷은 원하는 시간에 원하는 내용을 원하는 고객에게 제공하거나 고객들의 요구사항이나 불평 등을 실시간으로 접할 수 있는 등 예전에는 마케팅 담당자가 상상하지도 못했던 고객과의 교류나 고객 서비스를 가능하게 해 주고 있다. 인터넷이 등장하기 전에는 기업이 브랜드 이름을 만들고, 가격전략을 세우고, 제품에 대한 촉진을 하고, 분배나 배송에 대한 정리를 하는 데만 여러 해를 사용하였다. 이와 같이 인내를 요하는 과정은 수많은 시행착오를 요구하였다. 예를 들자면 제품개발자는 제품 특성에 대한 고객의 반응을 제 때 알 수 없기 때문에 고객의 흥미를 만족시키기 위해서는 여러 번에 걸쳐 제품을 새로 설계하고 새로운 기능을 추가하여야 하였다. 그러나 기업이 웹사이트를 사용하면서 고객들과 직접적이고 효과적으로 통신할 수 있게 됨에 따라 고객의 반응을 빨리 알고 대처할 수 있을 뿐만 아니라 고객을 제품의 설계에 끌어들이는 효과까지도 얻을 수 있게 되었다. 이러한 고객 참여 효과로 기업은 촉진을 위하여 필요한 노력조차 많이 줄일 수 있게 되었다. 이러한 기업환경 변화에 따라 기업에서는 마케팅 전략을 세우는 데 있어서 제품 기반의 마케팅을 펼칠 것인지 고객 기반의 마케팅을 펼쳐야 할지에 대한 고민을 하게 되었다.

1. 제품기반 마케팅 전략

기업의 경영자는 기업을 생각할 때 그 기업이 판매하는 제품을 최우선적으로 생각하곤 한다. 이러한 생각은 기업을 하는 사람으로서는 상당히 일리가 있다고 여겨진다. 왜냐하면 기업에서는 그 기업의 제품이나 서비스를 설계하고 생산하는 데 많은 시간과 노력을 기울이기 때문이다. 만일 기업 경영자에게 당신이 하는 사업이 무엇이냐고 묻는다면 필히 그는 공정과정이나 설계과정을 포함하여 제품에 대한 특성이나 명단을 제시할 것이다. 이와 같은 사상에 근거하여 마케팅 전략을 실현하는 것을 제품기반 마케팅 전략이라고 한다.

인터넷 시대에서의 제품기반 마케팅 전략에 대해서 살펴보기로 하자. 전통적 상거래에서와는 달리 전자상거래에서 제품은 그 특성에 따라 물리적 제품과 디지털 제품으로 구분된다. 물리적 제품은 컴퓨터, 장난감, 의류, CD 및 책 등 직접 만져 볼 수 있는 제품을 의미하고 디지털 제품은 영화, 게임, 음악파일 및 ebook과 같이 디지털 형태로 생산되어 네트워크를 통해서 내용을 접하고 유통 및 소비되는 제품을 말한다. 인터넷상에서 기업이 소비자에게 제공하는 제품은 기존의 오프라인 제품의 개념에서 벗어나 상품적 요소와 정보적 요소 그리고 서비스 요소를 포함하고 있어야 한다. 이러한 제품의 특수성은 기업에서 펼치는 제품전략 자체에 변화를 요구한다. 즉, 다양한 고객의 욕구를 충족시키고 고객의 흥미를 유발시키기 위해서는 기업이 판매하고자 하는 제품을 다양화시키고 차별화시킬 수 있어야 한다. 또한, 웹사이트의 기능도 고객이 제품을 구매하는 과정에서 제품에 관한 정보를 습득하고 이해할 수 있도록 개발하여야 한다.

인터넷 환경하에서 제품기반 마케팅전략을 수행하기 위한 요인으로는 풍부한 제품 정보 제공, 가상체험 제공, 브랜드 인지제고 및 제품 가격의 다양화 등으로 나누어질 수 있다.

1) 풍부한 제품 정보제공

인터넷을 통한 구매 활동에서는 실제로 물건을 확인하고 구매할 수 없다. 따라서 직접 제품을 사서 써 본 구매자들의 구매 후 평가와 같은 정보들이 유용한 길잡이가 되어 왔다. 그러나 이러한 정보들은 평가자에 따라 반응이 다르고 왜곡될 수 있기 때문에 제품에 대한 고객의 신뢰를 확보하는 데는 많은 문제를 포함하고 있다. 따라서 웹사이트를 통한 제품에 대한 정확하고 풍부한 정보제공은 제품의 가치를 증대시키고 고객을 끌어들이는 역할을 한다. 즉, 고객에게 제품 기능이나 성능 자료를 포함한 상세한 제품 명세를 제공함으로써 고객의 구매를 유도할 수 있는 것이다.

2) 가상체험 제공

온라인으로 제품을 구매할 때 사람들은 제품을 직접 만져 보고 사용해 보고 살 수가 없기 때문에 제품 구매 결정을 많이 망설이게 된다. 예를 들면 의복을 살 경우에 웹사이트에 진열된 옷을 입었을 때 과연 어떤 모습일까 또는 TV와 같은 전자 제품을 살 때 과연 실제 작동을 시키면 어떻게 나올까와 같이 웹사이트에서 해결할 수 없는 문제로 인해 구매를 망설이다가 결국에는 구매를 취소하는 경우도 있다. 기업에서는 이러한 이유로 망설이는 고객들을 잡기 위한 해결책으로 웹상에서도 고객이 충분히 실제 제품을 보는 것과 같은 느낌을 갖고 경험할 수 있게 하기 위하여 대형 웹사이트 내 미니사이트로 불리는 '마이크로 사이트' 를 적극 활용하고 있다. 마이크로 사이트의 가장 큰 장점은 제품의 모든 것을 알려준다는 점이다. LG전자(www.lge.com)의 경우 타임머신 TV가 실제 사용 사례를 동영상으로 보여줘 직접 시현해 보는 효과를 얻을 수 있도록 하고 있다. 르노삼성자동차(www.renaultsamsungm.com)도 새로운 모델의 차가 출시될 때마다 그림 5-1 과 같이 자동차의 성능을 입체적으로 보여주는 마이크로사이트를 동시에 선보이고 있다.

그림 5-1 르노삼성 마이크로사이트

3) 브랜드 인지제고

인터넷을 통해 제품을 구매하는 경우 고객이 제품을 선택하는 가장 간단하면서도 강력한 기준 중의 하나가 브랜드이다. 브랜드는 고객들에게 제품의 품질에 대한 신뢰감을 심어 주고 특정 상품에 대한 이미지를 쉽게 떠오르게 돕는 역할을 하기도 한다. 브랜드에 대한 기억은 고객이 자사의 쇼핑몰 사이트로의 방문을 유도할 뿐만 아니라 쇼핑을 할 때 제품 성능에 대한 불안감을 제거해 준다. 브랜드가 주는 신뢰는 제품에 대한 구매를 확대시킬 수 있으며 장기적으로는 수익구조를 개선할 수 있는 밑바탕이 된다. 이러한 의미에서 브랜드 인지를 제고시키는 것은 제품 판매에 상당한 기여를 함을 알 수 있다.

4) 제품 가격의 다양화

전자상거래 시대에 제품 가격에 대한 변화를 주기는 쉽지 않은 일이다. 고객들은 인터넷을 이용하여 구매하고자 하는 제품에 대한 정보를 쉽게 검색할 수 있기 때문에 제품에 대한 대략적인 가격을 쉽게 접할 수 있다. 특히 다나와 같은 가격비교 사이트의 존재는 고객들의 가격비교를 더욱 쉽게 해 주기 때문에 제품 가격에 대한 쇼핑몰 간의 차이를 줄여 주게 됨에 따라 인터넷을 통해 판매되는 같은 제품에 대해서는 거의 동일한 가격을 갖는 일물일가현상을 발생시키고 있다.

그러나 쇼핑을 할 때 모든 사람이 같은 노력을 들이지 않기 때문에 쇼핑몰 간에 다른 가격을 제시하더라도 거래가 성립되는 것이 사실이다. 또한 인터넷 이용 고객들의 구매 이력이나 구매패턴 등을 파악할 수 있으면 이를 이용하여 고객들을 세분화하여 차별화된 가격을 책정할 수 있다. 예를 들면 쿠폰 발행이나 멤버쉽 요금제, 유통 채널별 가격 차별화, 번들링 등의 기술적인 방법들을 사용할 수 있다는 것이다.

G마켓(www.gmarket.co.kr)의 경우에는 단골고객에게 할인 쿠폰을 발행하여 제품을 구매할 때 좀 더 낮은 가격으로 구매할 수 있도록 혜택을 주고 있고, 매달 인원을 한정하여 회원권을 구매한 회원에 한해 제로마진클럽을 운영해 제품을 아주 저렴하게 구입할 수 있도록 하고 있다 그림 5-2 .

그림 5-2 G마켓

그림 5-3 하프클럽

하프클럽(www.halfclub.com)의 경우는 20대 여성들이 선호하는 유명 캐주얼 의류에서 정장 등 다양한 의류 상품과 패션 잡화 상품을 판매하고 있는데, 모든 제품들은 유명 브랜드 의류의 이월상품으로 정상가의 절반 가격에 판매하고 있다 그림 5-3 .

디지털제품의 경우는 가격을 다양화할 수 있는데, 예를 들면 데이터의 용량에 따라 가격을 다르게 할 수 있고, 상품이 디지털 이미지인 경우 해상도를 각각 다르게 해서 판매하는 방법도 있다. 또한 일반적인 수준의 정보는 무료로 제공하고, 보다 많은 정보를 원하는 사람에게는 요금을 부과하는 방법을 사용할 수 있다.

이 외에도 프로그램의 처리 속도를 다르게 하거나 사용시간 제한, 데이터 용량 제한 등을 통하여 상품을 다양화시키고 가격을 달리 책정할 수 있다.

2. 고객기반 마케팅 전략

인터넷을 이용하는 전자상거래에서 웹은 기업과 고객 사이에 매우 복잡한 통신 상황을 생성시킨다. 웹을 통한 기업과 고객 사이의 통신 구조는 기존의 TV, 신문 또는 잡지를 이용한 일방적 통신구조에 비해 훨씬 복잡할 수 있다. 왜냐하면 고객들은 웹사이트를 통해서 단순히 제품만을 구매하는 것이 아니라 원하는 정보를 찾고 기업이 제공하는 다양한 서비스를 체험하고자 하기 때문이다. 만일 고객이 자신이 구매하기로 결정한 제품을 구매하기 위하여 특정 웹사이트를 방문할 경우에는 제품의 특성을 기반으로 한 제품기반 마케팅 전략이 유용할 수 있으나 고객이 특별한 서비스나 필요를 위해 웹사이트를 방문할 경우에는 웹사이트의 형태나 제공하는 서비스에 따라 고객의 반응이 달라질 수 있다. 따라서 기업들이 웹을 통해 사업을 수행하고자 한다면 고객들의 다양한 요구사항을 신축성 있게 받아들일 수 있도록 웹사이트를 만들어야 한다. 즉, 단순히 제품에 관한 내용이나 회사에 관한 정보를 제공하는 대신에 고객들의 다양한 형태의 특정 요구사항을 충족시켜 줄 수 있는 그런 웹사이트를 구축하여야 한다는 것이다. 고객기반 마케팅 전략은 다양한 고객의 요구에 맞추어 고객의 만족도를 극대화시키는 전략이다.

고객기반 마케팅 전략을 수행하기 위한 방법은 다음과 같은 것들이 있다.

1) 개인화된 서비스 제공

개인화된 서비스 제공은 기업의 웹사이트를 방문한 고객을 개인별로 관리함으로써 개인의 특성에 맞는 정보나 서비스를 제공하는 것이다. 기업은 회원등록을 통한 회원관리, e메일 사용권 제공, 홈페이지에 개인 공간 제공 등 다양한 방법을 사용하여 고객에 대한 서비스를 높이도록 노력하고 있다. 이러한 노력은 기업 사이트 방문률을 높이고 기업에 대한 충성도를 높이는 결과를 가져온다.

아마존을 비롯한 인터넷 서점에서는 기존 고객들의 구매 성향을 파악하여 고객의 취향에 맞는 책이 새로 출간되었을 경우에 이를 e메일을 통해서 안내해 주는 서비스를 하고 있다. 야후코리아의 경우에는 그림 5-4 와 같이 My Yahoo 코너를 통해 회원가입 후 웹페이지를 자신의 관심 분야만을 모아 구성할 수 있도록 하는 개인화된 서비스를 제공한다. 메뉴판 닷컴(www.menupan.com)은 그림 5-5 와 같이 My Menupan이라는 웹페이지에 회원가입을 통해 받은 정보를 바탕으로 회원 각각의 취향과 특성에 맞춘 컨텐

그림 5-4 야후코리아

그림 5-5 메뉴판 닷컴

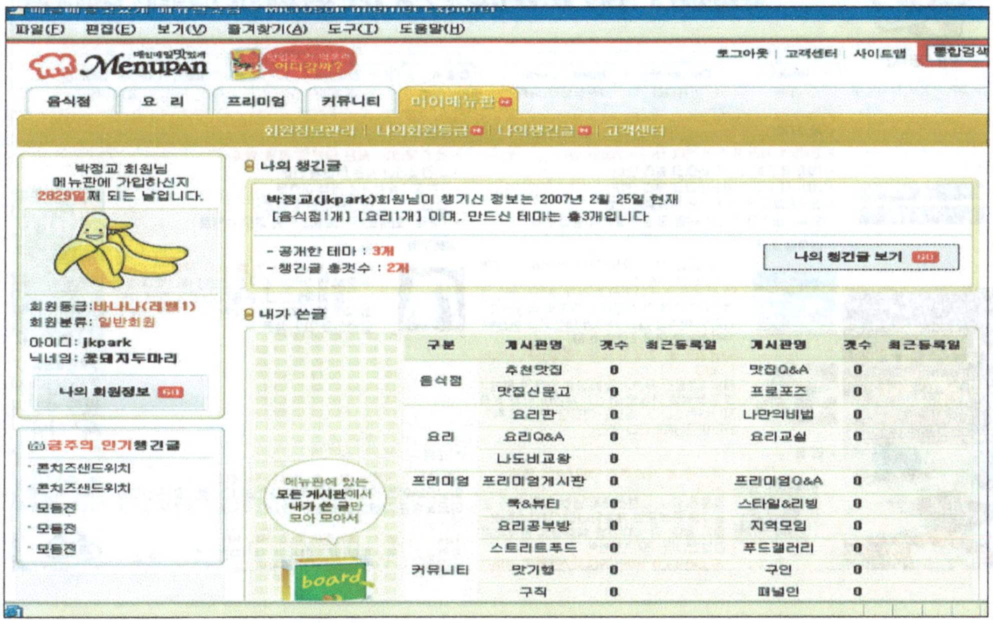

츠를 구성해 준다. 즉, 사용자의 성별, 연령 및 기타 특정 정보를 기준으로 분석 자료를 마련한 후 음식점이나 요리 등 개인별 취향과 특성에 맞는 정보를 제공한다.

2) 적극적인 커뮤니티 활용

인터넷 쇼핑몰 업체들은 지속적인 방문자를 유치하기 위해서 제품에 관한 정보를 포함하는 컨텐츠를 제공할 뿐만 아니라 제품과 연관된 다양한 커뮤니티들을 구성하여 고객들 스스로 커뮤니티를 방문하면서 쇼핑몰을 방문하도록 만들기에 노력하고 있다. 커뮤니티에 소속된 구성원들은 해당 웹사이트에 대한 충성도가 매우 높아서 핵심 고객이 될 가능성이 크기 때문이다.

기업에서 커뮤니티를 육성시키고 운영하는 목적은 커뮤니티를 통해 상품이나 기업 정책을 홍보하거나 가격결정 및 쇼핑몰 개선에 고객의 의견을 반영시켜 효율적인 쇼핑몰 운영 및 전체적인 비즈니스 전략을 실현하기 위한 것이다. 관련 분야의 커뮤니티 사이트에 홍보하는 것은 관심있는 고객 집단을 대상으로 분명한 타켓을 정한 홍보이므로 매우

그림 5-6 와일드바이크

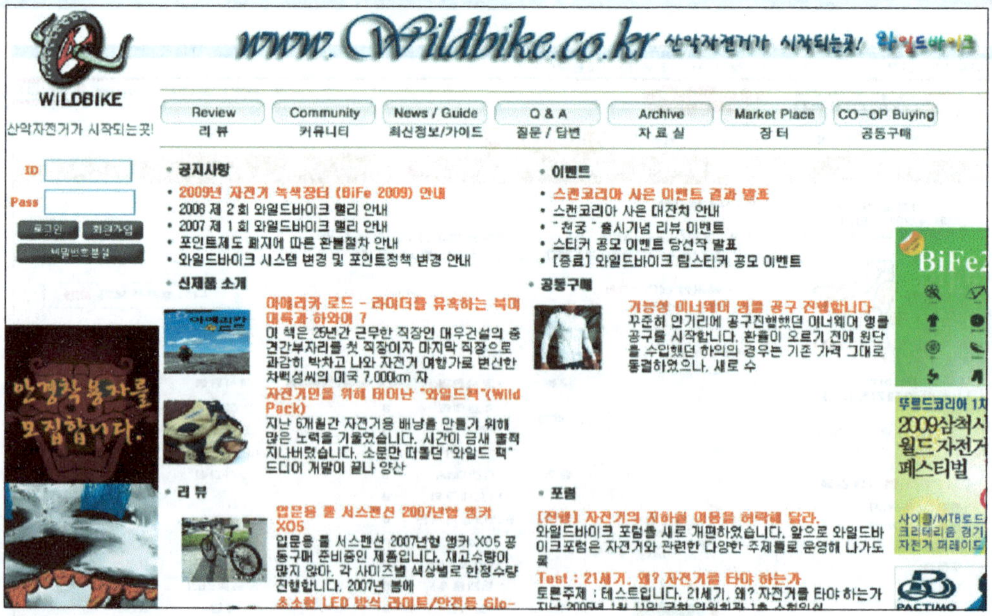

효과가 크다. 산악자전거 마니아들이 즐겨 찾는 비영리 커뮤니티 사이트인 와일드바이크(www.wildbike.co.kr) 사이트의 예를 들어 보면 그림 5-6 에서 보듯이 이 사이트 방문자들은 이 사이트를 지원하는 업체의 배너를 통하여 해당 업체의 사이트로 이동할 수 있기 때문에 커뮤니티를 통한 홍보를 하거나 협찬을 하는 방식이 매우 효과적이다.

제3절 인터넷 마케팅 기법

전통적인 마케팅에서는 연예인이나 유명인들을 모델로 하여 TV, 신문, 잡지 등의 대중매체를 통하여 불특정 다수의 고객들을 대상으로 홍보를 하거나 영업 사원들을 전면에 내세운 대 고객 홍보를 하는 마케팅 기법이 일반적으로 사용되어 왔다. 그러나 인터넷이 우리의 생활 속으로 파고 들어온 이후 기업 경영의 디지털화에 따라 마케팅 환경도 획기적으로 변화하였으며 이에 따라 새로운 마케팅 기법들이 도입되고 있는데 이를 소개하면 다음과 같다.

1. 검색엔진 마케팅

마케팅 담당자의 가장 큰 고민 중 하나는 자신의 고객들을 찾아내는 것인데 고객들을 찾아나서는 대신에 고객들이 기업을 찾아오게 하는 방법이 있다면 더 이상 바랄 수 없이 좋을 것으로 여겨진다. 이러한 문제의 해결은 인터넷이 일상적으로 사용되면서 등장한 검색엔진의 사용으로 가능하게 되었다. 이러한 마케팅 방법을 검색엔진 마케팅이라 부른다. 검색엔진 마케팅은 검색 사용자의 검색 요청에 대해 검색엔진의 검색 결과를 보여주는 화면 첫 페이지에 기업의 노출을 증대시켜 웹사이트를 홍보하는 인터넷 마케팅이다.

이 방법을 사용하기 위해서는 첫째, 기업의 웹사이트 주소가 일반에 널리 알려지고 사용되는 검색엔진들의 웹페이지 데이터베이스에 등록되어 있어야 한다. 둘째, 고객들의 검색 요청에 대한 결과가 나오는 화면 첫 페이지에 노출이 되기 위한 최적화 작업을 하여야 한다. 검색엔진 최적화 작업이란 이들이 사용하는 모든 검색어를 파악하고, 고객이 이들 검색어를 사용하여 정보를 검색하는 경우 그 검색 결과의 첫 화면에 해당 기업의 웹사이트 또는 웹 문서가 우선적으로 노출되도록 상위등록을 하는 일련의 작업이다. 경쟁이 심한 키워드를 사용할 경우에 검색 결과의 첫 화면에 나올 수 있는 상위등록은 현실적으로 매우 어려운 것이 사실이다. 이 경우에는 상위등록의 확률이 높은 다른 키워드의 공략을 고려하는 것이 좋다. 왜냐하면 고객이 사업자의 서비스와 관련된 정보를 검색하기 위해서 사용하는 검색어는 한두 가지에 그치지 않기 때문이다. 예를 들어 "커피와 차"를 판매하는 기업인 경우에 커피가 가장 검색 순위가 높은 키워드라서 이 기업의 상위등록이 어려우면 차선책으로 커피 대신에 차를 키워드로 내세워서 상위등록을 시도할 수 있다.

2. 이메일 마케팅

이메일 마케팅은 대표적인 인터넷 마케팅 기법 중 하나이다. 이는 기존 마케팅에 비해 보다 저렴한 비용으로 마케팅을 전개할 수 있으며 고객들로부터 신속하고도 높은 응답률을 얻어 내어 고객들과의 커뮤니케이션을 극대화할 수 있는 마케팅 방법이다. 이메일은 자신만의 메일함을 통한 개인화된 매체로서 보편적으로 개인과 그룹 간의 강력한 의사교환수단으로 활용되고 있으며 데이터베이스와의 연동을 통한 정확한 목표마케팅을 가능하게 해 준다.

이메일 마케팅을 실시할 때는 마케팅의 목적이 신규 고객 확보인지, 구매 창출인지, 기존 고객 서비스인지 명확히 정의해야 한다. 이렇게 마케팅 목적이 명확히 정립되어야만 이메일에 실어 보내는 광고 메시지를 포함한 내용을 목적에 맞게 목표를 설정하고 목표 수준을 설정할 수 있기 때문이다.

이메일 마케팅 기법을 사용하는 기업 수가 늘어남에 따라서 고객들이 원하지 않는 스팸메일로 인해 기업 홍보를 위한 이메일에 대해 고객들의 거부 반응이 점차 늘어남에 따라 이메일 마케팅의 효과도 반감하고 있다. 따라서 이메일 마케팅을 효과적으로 실현하기 위해서는 목표 고객의 사전 허락을 받고 고객이 원하는 정보를 포함한 메일에 관련 광고를 끼워 보내는 전략을 사용하는 것이 바람직하다. 이러한 경우에 고객들은 정보에 대한 만족과 함께 광고 노출에 대해서도 긍정적인 반응을 보이기 때문이다. 한편, 기업이 이메일 마케팅 방법을 사용하는 데 있어서 적은 수의 담당 직원만으로 수많은 고객을 담당하기가 어려울 수도 있다. 이러한 경우에는 이메일 관련 업무만을 주로 하는 업체에 외주를 주는 전략도 고려할 필요가 있다.

3. 제휴 마케팅

제휴 마케팅은 세계 최대의 인터넷 서점인 아마존이 1996년도에 처음으로 시도한 마케팅 기법이다. 제휴 마케팅은 제휴 웹사이트를 운영하는 기업(제휴기업)의 노력에 의해 실제로 제품을 판매하고자 하는 기업의 웹사이트에 새로운 방문자를 유도하거나, 회원가입을 시키거나 또는 제품에 대한 매출을 발생시키면, 제휴기업은 제품 판매 기업으로부터 소정의 수수료를 받는 식의 마케팅 기법을 말한다.

이 마케팅 기법에 관련된 두 기업, 즉 제휴기업(A기업)과 제품 판매 기업(B기업) 사이의 관계를 다시 설명하자면 다음과 같다. A기업의 웹사이트에 B기업의 웹사이트에 등록된 제품에 관한 설명이나 사용 후기 등과 같은 정보를 링크로 연결해 놓고 이 링크를 따라 B기업의 웹사이트로 방문자들이 이동할 경우에 A기업은 B기업으로부터 링크를 따라 이동한 모든 방문자들에 대한 수수료를 받는다.

제휴는 재고를 다루는 비용이나 제품에 대한 광고나 홍보를 위한 비용을 줄여 준다. 실제로 제휴는 자금에 대한 위험이 전혀 없다. 아마존은 10만 개 이상의 제휴 사이트를 갖고 있는데 이들 제휴사이트들은 책하고는 무관한 취미, 음악, 미술 등과 같이 각기 다른 분야에 관련된 사이트들이다. 이 사이트들에서는 각 사이트의 방문자들의 관심에 맞는 주제에 관련된 책들에 대한 링크들을 포함하고 있다. 제휴기업에 대한 수수료 지급 기준은 여러 가지가 있다. 예를 들자면 단순히 링크를 클릭한 경우, 판매자 사이트의 회원에 가입한 경우, 제품을 구입한 경우 등을 들 수 있는데, 아마존의 경우에는 제휴 프로그램을 통해 방문한 사용자가 실제로 제품을 구입한 경우에만 제휴 업체에게 수수료를 지급하고 있다.

4. 바이러스 마케팅

바이러스 마케팅은 기존의 광고 수법과는 다르게 기업이 직접 홍보를 하지 않고 인터넷에서 쉽게 접할 수 있는 웹 에니메이션이나 이메일을 통해 네티즌들이 자발적으로 기업이나 기업의 제품을 홍보하도록 하는 마케팅 기법으로서 컴퓨터 바이러스처럼 사용자 그룹에 쉽게 확산된다고 해서 이런 이름이 붙여진 것이다.

이 마케팅 방법은 기업이 항간에 유행되는 유행어나 풍조 등을 도입하여 웹 애니메이션을 네티즌들의 입맛에 맞는 엽기적인 내용이나 재미있고 신선한 내용으로 제작한 후 인터넷 사이트에 무료로 게재하여 그 내용 사이에 기업의 이름이나 제품을 슬쩍 끼워 넣어 소비자들이 제품 광고라는 인식을 할 수 없는 방식으로 간접광고를 하는 방법이다. 재미있는 에니메이션은 네티즌들 사이에 자발적으로 이메일을 통해 다른 네티즌에게 전달되고 이 과정에서 네티즌 사이에 화제가 됨으로써 자연적으로 마케팅 효과가 나타나게 된다.

인터넷은 본질적으로 소비자들 간 통신에 전적으로 의존하는 바이러스 마케팅에 최적의 환경을 제공해 주고 있다. 인터넷을 이용한 통신은 그 어떤 매체를 이용한 통신보다 빠르게 전달되고 또한 편하고 널리 전달한다는 장점이 있다. 더욱이 여러 포탈 사이트들이나 기업 포탈 사이트들에 형성된 커뮤니티의 활성화로 인해 구전 효과가 극대화되어 가고 있기 때문에 이 마케팅 효과는 점차 확대되어 가고 있는 실정이다.

바이러스 마케팅 효과가 뜻하지 않게 일어난다고 생각하고 있지만 기업이 목표 고객의 분석을 통한 바이러스를 유발할 번식조건을 만들고 바이러스 침투를 활성화할 수 있는 채널들의 적절한 마케팅 전술을 진행하지 않으면 목적한 효과를 거둘 수 없다. 바이러스 마케팅을 성공적으로 이끌기 위해서는 첫째, 바이러스 마케팅 전개하기 위한 목표 고객의 설정과 내용 구성 및 전략이 중요하다. 목표 고객에 대한 분석은 바이러스 요소를 생성하기 위한 통신 요소를 구성하고 고객들에게 바이러스를 빠르게 전달할 수 있도록 번식조건을 생성하기 위한 분석이다. 내용 구성은 대상 고객에 따라 합당한 내용을 선택하여야 한다. 예를 들자면 '우유송'과 같이 우유 소비를 위한 아동을 대상으로 한 내용이 있는가 하면 '졸라맨'과 같은 엽기 에니메이션을 이용한 대중용 내용이 있다. 둘째, 지속적인 기업의 브랜드 충성도를 통한 고객 관계관리가 중요하다. 단순히 일회성 마케팅 캠페인이 아닌 소비자의 지속적인 참여를 이끌어 내는 캠페인만이 소비자들의 기억 속에 보다 더 오래남고 고객의 충성도를 이끌어 낼 수 있기 때문이다.

주요 용어

인터넷 마케팅	4P	물리적 제품
가상체험	디지털 제품	검색엔진 마케팅
개인화	퍼미션 마케팅	이메일 마케팅
바이러스 마케팅	제휴 마케팅	

연습문제

01 개인화가 기업성과에 미친 영향을 알아보자.

02 온라인 환경에서 적용할 수 있는 제품전략에 대해 알아보자.

03 온라인 환경의 마케팅 활동에서 제약이 되는 점들을 제거할 수 있는 방법에는 무엇이 있는지 알아보자.

04 검색엔진 마케팅을 이용하여 성공한 기업 사례를 찾아보자.

05 제휴 마케팅을 이용하여 성공한 기업 사례를 찾아보자.

06 인터넷 마케팅과 전통적 마케팅의 차이점을 비교해 보자.

07 대한항공의 인터넷 마케팅 전략을 찾아보자.

08 왜 여행상품이나 항공티켓이 온라인상에서 판매가 보다 잘 이루어지는지 사례를 찾아 이유를 알아보자.

09 특정 제품이나 서비스는 오프라인보다 온라인상에서 거래가 보다 왕성하게 이루어지고 있다. 어떤 종류의 제품이 인터넷상에서 잘 팔린다고 생각하는지 그 이유와 함께 알아보자.

쉬어가기

바이러스 마케팅이 뜬다
홈피 방문자가 다른 사람 이메일 추천케 해
캠페인 · 판촉메시지 연쇄적으로 전파시켜

'바이러스 마케팅(Viral Marketing)'은 바이러스처럼 어떤 기업이나 회사 제품을 소비자의 힘을 빌려 전하는 것이다. 예컨대 인터넷 사이트 방문객이 다른 사람의 이메일 주소를 추천해 메시지를 전달하는 게 대표적인 방식이다. 거의 비용이 들지 않는다는 장점 때문에 줄곧 관심을 받아 왔다.

바이러스 마케팅이 순전히 입소문에만 의존하는 한계 때문에 초반에 사라져 버릴 위험을 기존 매스미디어의 물량 공세로 줄일 수 있다는 것이다.

바이러스 마케팅에서는 이미 감염된 (메시지를 지닌) 한 사람이 새로운 감염자를 만들어 낼 기대값을 '복제 비율(reproduction rate · R)'이라고 한다. 복제 비율이 평균적으로 1 이상이면 감염된 한 명이 한 사람 이상에게 그의 메시지를 전달하는 것을 의미한다. 이렇게 되면 메시지 전달은 지수함수적으로 증가하게 된다. 반면 R이 1보다 작은 메시지는 재빨리 사라지므로 일반적으로 실패로 간주된다. 이것이 바로 순수한 바이러스성 마케팅이 갖는 약점이다.

많은 기관은 비영리 미디어아트 업체에 있는 마이클 프루민이 친구들에게 대량으로 메시지를 전달하기 위해 개발한 포워드트랙(ForwardTrack)이라는 소프트웨어를 활용해 대량 캠페인을 실시해 왔다.

어떤 캠페인도 R이 지속적으로 1이 넘어가는 정점에 이르지는 못했지만 처음 시작이 워낙 거대했으므로 추가로 얻는 홍보효과도 꽤 컸다. 2004년 총기 규제를 위해 시작된 톰의 청원(Tom s Petition)과 같은 캠페인은 0.58의 재확산율을 기록해 처음 시작된 2만 2582명의 2배를 넘는 성과를 거뒀다.

P&G는 중성세제의 효율적인 대체재인 타이드콜드워터의 판촉을 위해 포워드트랙의 도움을 받았다. 재확산율은 0.041에 불과했으나 처음 시작된 사람이 90만 명이나 됐으며 추가로 4만 명에게 메시지를 전달할 수 있었다.

미국 유선방송 옥시젠네트워크는 허리케인 카트리나(Katrina)가 미국을 강타했을 때 1달러에서 2만 5000달러까지 기부하도록 캠페인을 실시해 0.769라는 최고의 재확산율을 기록했다.

바이러스 마케팅은 적은 비용으로 상당한 광고 효과를 낼 수 있는 장점이 있다. 특히 평범한 사람들의 힘을 이용하므로 개인에 대한 특별한 분석 또는 예측 없이도 이용 가능하다.

(매일경제, 2007.10.08)

CHAPTER 6

인터넷과 고객관계 관리

제1절 고객관계 관리

제2절 전자적 고객관계 관리

학습목표

이 장에서는 다음과 같은 내용을 학습한다.

- 고객관계 관리
- 전자적 고객관계 관리

제품과 서비스 판매를 위한 기업들의 경쟁이 점차 치열해지는 가운데 기업들은 고객들의 기업에 대한 기여도를 인정하고 고객들에 대한 서비스 강화를 통해 고객들의 충성도를 높이기 위한 노력을 하게 되었다. 이러한 노력은 기업이 전사적으로 고객에 대응하는 고객관계 관리로 나타나게 되었다.

본 장에서는 고객관계 관리의 도입 배경과 정의 및 목적을 먼저 설명하고 고객관계 관리의 효과에 대해서 논하고자 한다. 또한 고객관리에 인터넷이 활용됨에 따라 도입된 전자적 고객관계 관리의 효과에 대해서도 논하고자 한다.

제1절 고객관계 관리

한때 전 국민의 사랑을 받던 '전원일기' 라는 드라마를 보면 마을 입구에 어느 농촌 마을에서나 볼 수 있는 동구 밖 구멍가게가 있다. 이 구멍가게를 운영하는 아주머니는 동네 모든 주민들의 사랑을 받으며 가게를 운영하고 있다. 이 아주머니는 마을의 경 · 조사를 모두 알고 있고 또한 마을 주민들이 일상생활에서 필요로 하는 모든 물품이나 그들의 구매 스타일을 모두 알고 있기 때문에 필요한 물품을 미리 구입해 놓고 판매하고 있다. 또한 주민들의 요구에 따라 필요한 물품을 수시로 주문하여 비치하고 있다. 이 아주머니의 가게 운영에는 고객카드나 회원카드도 필요로 하지 않으며 또한 최신 경영전략도 필요로 하지 않는다. 이 아주머니는 컴퓨터를 사용하지 않고 수첩 하나만을 사용하면서도 고객에 관한 정보와 고객이 필요로 하는 상품에 관한 정보를 잘 조화시켜 가게를 잘 운영하고 있다. 즉, 오늘날 기업에서 추구하고 있는 고객관계 관리를 잘하고 있는 것이다.

1. 고객관계 관리의 도입 배경

사람들 사이의 상거래가 있는 한 고객관계 관리는 필요하고 또한 존재한다. 판매자와 고객과의 지역적인 거리 차가 관계를 주도하던 상거래 시대의 고객과 상인의 관계를 살펴보면 다음과 같다. 고객들은 주거지와 가까운 재래시장에서 그들이 잘 아는 상인들이나 이전에 물건을 사 본 적이 있는 상인들에게서 물건을 구입하는 경향이 있으며, 이에 따라 상인들은 항상 자신들을 찾는 고객들이 무엇을 좋아하고 왜 좋아하는지 또는 어떤 것을 싫어하는지를 알기 때문에 고객들의 필요나 요구에 맞추어 상품을 구비할 수 있다. 이러한 과정 속에서 고객들에 대한 서비스가 좋아지고 새로운 상품들을 소개하게 되면서 고객과의 관계가 더욱 호전되고 소위 단골 고객들이 생겨나게 된다. 단골 고객들은 새로운 고객을 소개하는 밑바탕이 되면서 자신들이 거래하는 상인들과 그들의 상점들을 점차 고객들에게 알려지게 하는 밑거름이 된다. 그러나 도시화와 산업화가 진행되면서 중소기업과 대기업들이 생겨나고 사업 규모가 커지면서 이들 기업들과 고객들 사이의 직거래가 사실상 불가능하게 됨에 따라 기업들은 고객들이 원하는 물품, 고객들의 기호, 고객들의 습관과 같이 기업의 판매 경쟁에 필요한 고객에 대한 정보를 알기가 힘들어졌다. 이에 따라 기업들은 고객들이 무엇을 필요로 하는지 모르는 상황에서 어떤 방법으로 상품판매 경쟁을 진행해야 하는가 하는 문제에 부딪치게 되었다. 이 난관을 극복하고 시장의 지배력을 높이기 위한 방책으로 이들은 브랜드를 개발하고 대중을 상대로 하는 광고를 사용하기 시작하였다. 즉, 대량생산을 지향하던 시대에 기업들은 상품의 표준화를 꾀하고 국제적 브랜드를 만들고 이에 대한 대대적 광고를 통하여 시장 지배력을 높이기 위해 노력하였다. 그러나 많은 노력에도 불구하고 고객과의 직접적인 연관이 없이 고객의 반응에 대한 추정만을 갖고 임하다 보니 때로는 커다란 실책이 따르기도 하였고 이에 따라 막대한 비용 소모만을 하기도 하였다. 이와 더불어 인터넷을 사용하는 고객들이 시장에 대한 정보를 쉽게 습득할 수 있게 됨에 따라 한 기업에 대한 고객들의 충성도가 낮아지면서 고객들에게 강렬한 브랜드 이미지를 심기 위한 대중마케팅 기법은 어려움에 접하게 되었다. 기업은 수입의 원천인 고객 없이 운영될 수 없기 때문에 고객들과의 적절한 교류를 하지 않으며 사업을 수행한다는 것은 기업 운영에 큰 위협이 될 수 있다. 또한 기업이 고객들과 교류하는 방법에 따라 고객들의 충성도와 유지가 큰 영향을 받기 때문에 고객에 대한 서비스가 중요해진다. 이러한 문제들을 인식한 기업에서는 고객관계 관리의 개념을 기업 운영에 도입하게 되었다.

2. 고객관계 관리의 정의와 목적

고객관계 관리는 고객에 대한 정보를 활용하여 고객과의 강한 관계를 유지시키고 고객의 요구와 행위에 관한 학습을 통해 고객의 평생가치를 극대화시키고자 하는 경영 전략이다.

기업들 간의 고객 유치를 위한 치열한 경쟁 결과 특정 기업에 대한 고객들의 충성도는 점차 낮아지고 있고 또한 고객이 없는 기업 운영은 생각조차 할 수 없기 때문에 고객의 가치를 인정하고 고객과의 좋은 관계를 유지하는 것은 기업 성공의 핵심 요소로 떠오르고 있다.

고객관계 관리에는 여러 가지 기술적인 요인들이 있으나 고객관계 관리를 기본적으로 기술적인 면으로 생각하면 이는 잘못된 생각이다. 고객관계 관리를 생각하는 좀 더 좋은 방법은 고객들의 요구를 이해하고 이 요구를 어떻게 충족시키고 이를 위하여 기업의 개선점이 무엇인가를 찾는 전략적 방법으로 받아들이는 것이다. 이를 위해서는 고객과의 관계를 마케팅 부서의 일로만 여겨 왔던 기존의 개념을 뛰어넘어 전사적인 관점에서 접근하여야 한다. 전사적으로 고객관계 관리 전략을 구현함으로써 기업은 고객들과 연관된 판매, 마케팅, 서비스 분야와 관련된 업무처리 과정이나 기술적 해법 등을 개선할 수 있다. 고객관계 관리를 잘하기 위해서는 그림 6-1 과 같이 기업과 관련된 판매, 마케팅, 서비스 등 모든 업무의 중심에 고객을 위치시켜 기업을 고객 중심의 조직으로 탈바꿈시키고자 하는 노력이 필요하다.

그림 6-1 고객 중심의 조직

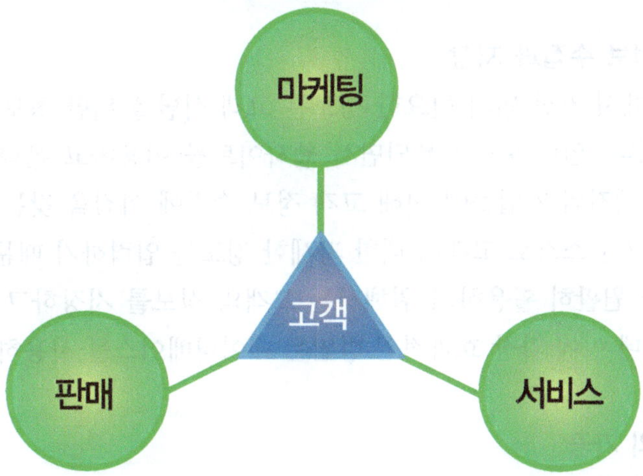

고객관계 관리 전략의 목적은 수많은 고객들의 정보를 바탕으로 세분화된 고객들에게 차별화된 서비스를 제공하여 고객의 이탈을 방지하고, 충성도 높은 고객의 유지 비율 향상시키며, 잠재 고객의 활성화를 통해 기업의 제품과 서비스를 좀 더 효과적으로 판매하기 위한 마케팅 비용을 감소시킴은 물론 궁극적으로는 장기적으로 기업의 수익성을 극대화시키는 데 있다.

3. 고객관계 관리 과정

효과적인 고객관계 관리는 다음과 같은 내용을 바탕으로 이루어질 수 있다.

- 고객들의 구매습관, 의견, 기호 확인
- 판매 효과와 증진을 위한 개인들이나 그룹에 대한 특성 발견
- 고객 서비스와 마케팅을 발전시키기 위한 방안의 변경

위와 같은 내용의 확인으로 시작되는 고객관계 관리 과정은 고객에 대한 정보의 수집으로 시작해서 이 정보를 이용하여 마케팅과 고객과의 관계 형성을 위한 처리과정을 포함한 네 단계를 거친다.

1단계 : 고객정보 수집과 저장

고객관계 관리에서 가장 먼저 필요한 정보는 고객 식별을 위한 정보와 이 고객들의 행위에 관한 정보이다. 인터넷이 사용되면서 웹사이트를 이용하고 온라인 고객 서비스를 다루는 기업들은 예전의 기업들에 비해 고객 정보 수집에 이점을 갖는다. 왜냐하면 고객이 구매를 할 때 그들 스스로 고객에 대한 자세한 정보를 입력하기 때문이다. 고객들로부터 수집한 정보를 원활히 활용하기 위해서는 고객의 정보를 저장하고 관리하기 위한 방안이 있어야 하는데 이에 가장 효과적인 방법은 데이터베이스를 사용하는 것이다.

2단계 : 정보의 가공

데이터베이스에 수집되고 저장된 정보는 모든 직원에게 유용하도록 가장 적절한 형태로 가공되어야 한다.

3단계 : 고객 행위 분석

고객들의 행동 패턴이나 활동 추이를 알아내야 이에 따른 판매 전략을 마련할 수 있는데 이를 위하여 사용되는 기법이 데이터마이닝[1] 기법이다. 데이터마이닝 기법을 사용하면 고객 데이터의 패턴이나 데이터들 사이의 관련성을 분석할 수 있다.

1) 데이터마이닝은 데이터를 분석하고 이를 이용하여 의사결정에 유용한 정보나 지식을 산출하는 과정.

4단계 : 효과적인 마케팅 방안 모색

많은 사업 분야에서 20/80 법칙이 작용되어 소규모 고객 집단이 높은 수익률을 만들고 있는 것으로 알려져 있다. 따라서 고객관계 관리 시스템을 사용하여 고객의 수요나 요구사항 등을 좀 더 잘 알아낸 후 가장 가치 있는 고객 군을 알아내고 이들을 유지할 수 있는 마케팅 방안을 마련해야 한다. 단, 소규모 고객 집단이 높은 수익률을 만들어 주는 것과 마찬가지로 소규모 불평 고객들을 이해시키기 위해서는 상당히 많은 시간을 직원들이 할애해야 한다는 것도 생각해야 한다. 따라서 이들의 불평사항을 빨리 알아내고 빨리 해결해 줄 수 있는 방안도 함께 고려해야지만 전반적으로 고객과의 원만한 관계를 유지하고 업무 효율성을 높일 수 있다.

4. 고객관계 관리 효과

고객관계 관리 시스템을 설치하고 운영하기 위해서는 상당한 시간과 비용이 요구된다. 그러나 이에 따르는 많은 잠재적 효과가 있다. 고객관계 관리에 의해 고객들과의 좀 더 나은 관계를 유지함으로써 얻을 수 있는 잠재적 이익으로는 고객유지와 판매 측면에서는

- 기존 고객 이탈 방지
- 우수 고객 유지와 잠재 고객 활성화를 통한 판매 증대
- 고객들의 구매 기록을 통한 수요 예측에 의한 판매 증가
- 고객들의 구매 기록을 통한 상품의 교차판매나 고가판매[2)]
- 특정 고객의 요구를 통한 효과적인 수요 발견을 들 수 있다.

한편, 제품이나 서비스의 마케팅 부문에 있어서는

- 고객 수요에 초점을 맞춘 효과적인 마케팅 통신
- 미래의 사업 경쟁을 위한 좀 더 새롭고 발전된 제품과 서비스의 개발을 가능하게 해준다.

---

2) 교차판매 : 제품이나 서비스의 추가적인 판매나 끼워서 파는 판매 방식.
고가판매 : 좀 더 값이 비싸거나 성능이 좋은 제품이나 서비스를 판매하고자 하는 판매 방식.

궁극적으로 고객관계 관리는

- 고객 만족과 유지를 증진시켜 주고, 시장에서 기업의 평판을 높여 주어 지속적인 성장을 보증해 주고
- 기존 고객이 느끼는 기업의 가치를 증가시켜 주고, 이들을 지원하고 서비스 하는 데 드는 비용을 줄여 주며 기업의 전반적인 효율성을 증가시켜 전체 판매비용을 감소시켜 준다.

제2절 전자적 고객관계 관리

고객관계 관리는 기업이 보유한 다양한 채널을 기반으로 고객과의 일대일 마케팅을 통하여 고객과 지속적으로 관계를 유지하는 것이다. 고객관계 관리에서 추구하는 고객과의 일대일 관계를 유지하고 실행하기 위해서는 실질적으로 막대한 비용과 인력이 요구되기 때문에 많은 어려움이 있었다. 그러나 인터넷이라는 새로운 고객 채널이 일반화되면서 저렴한 비용으로 일대일 마케팅이 가능하게 되었다. 즉, 인터넷의 전략적 활용으로 오프라인에서 수행하던 고객관계 관리를 보충할 뿐만 아니라 인터넷을 거래 채널로 하는 새로운 비즈니스도 수행하기에 이르렀다. 이처럼 전략적으로 인터넷 채널을 활용하여 행하는 고객관계 관리를 전자적 고객관계 관리라 한다.

1. 전통적 고객관계 관리와 전자적 고객관계 관리의 특성 차이

오프라인으로 행해지는 전통적 고객관계 관리(Customer Relationship

Management : CRM)와 인터넷 채널을 사용하는 전자적 고객관계 관리(Electronic Customer Relationship Management : e-CRM)의 특성 차이는 여러 가지 측면에서 비교될 수 있다. 가장 기본이 되는 것으로는 고객과의 접촉 방법에 인터넷의 이용 유무를 들 수 있고 시 · 공간적 범위를 나타내는 지역적 한계와 시간적 제한을 들 수 있다. 그러나 실질적인 고객관계 관리의 운영에 따르는 특성 차이는 다음과 같이 볼 수 있다.

첫째, CRM에서는 고객 정보 수집의 채널이 분산되어 있어 수집 및 유지가 어려운 반면 e-CRM에서는 웹을 이용하기 때문에 고객 정보 수집 및 유지가 용이하다.

둘째, CRM에서는 고객 행동 패턴을 추적하기가 어려우나 e-CRM에서는 고객의 행동 패턴, 즉 쇼핑 패턴이나 정보탐색 패턴을 알아내기가 비교적 쉽다.

셋째, e-CRM에서는 실시간 정보관리가 가능하기 때문에 고객 특성에 맞는 서비스 제공이 가능하다.

위와 같은 특성 차이를 반영해 볼 때 CRM과 e-CRM에 따르는 고객과의 반응성 차이는 다음과 같이 요약될 수 있다.

CRM에서는 고객행동이 발생하면 이를 바탕으로 고객성향 분석이 이루어지고 이 분석에 기초를 두어 마케팅 활동이 이루어진다. 이 마케팅 활동에 따라 고객의 반응이 달라지고 고객의 새로운 행동이 발생하는 사이클을 따르게 된다. 그러나 e-CRM에서는 고객에 대한 정보수집이 웹을 통하여 실시간으로 이루어지기 때문에 고객행동 발생과 동시에 고객성향 분석이 이루어지고 이 분석에 기초를 두어 마케팅 활동이 이루어짐과 동시에 고객 반응을 알 수 있기 때문에 고객과 좀 더 밀접한 관계를 이룰 수 있다.

2. e-CRM의 효과

CRM에 비한 e-CRM의 효과는 고객에 대한 서비스 질을 좀 더 빠르고 일관되게 유지하여 고객만족 수준을 얼마나 증가시킬 수 있는가 하는 점과 고객 관리에 대한 인건비를 포함한 운영비용의 절감에 따른 기업 수익의 증가로 알아볼 수 있다.

1) 고객 만족도 증가

고객 입장에서 볼 때 기업의 웹을 이용한 고객 서비스는 고객의 스케줄에 맞추어 시간과 공간의 제약이 없이 어느 때건 이용이 가능하다. 이에 따라 고객의 주문에 대한 처리 속도가 빨라지고 명확하고 단순한 주문절차로 인해 고객이 느끼는 편리성이 증가된다. 또한 인터넷을 매개로한 이메일, 음성서비스, 동영상 등의 새로운 고객 접촉수단은 기존의 인적접촉, 전화, 우편물 발송 등의 고객 접촉 수단에 비해 고객들과의 통신을 활성화시켜 준다. 따라서 고객의 불만이나 추가적인 서비스 요구 등이 즉각적으로 접수되고 신속히 처리될 수 있기 때문에 고객 만족도의 증가를 기대할 수 있다.

2) 기업 운영비용 감소

사람의 노동력을 필요로 하지 않는 자동화 시스템으로 거래 가능 시간은 하루 24시간으로 확대되더라도 이에 따른 운영비용은 오히려 감소하게 되고 자동화 판매 시스템으로 거래당 판매비용이 감소한다.

3) 고객관계 업무처리의 효율성

고객의 요구를 접수하고 처리하는 일련의 과정이 신속하고 정확히 수행될 수 있도록 기업 내의 여러 부서들이 통합된 고객정보를 공유함으로써 업무처리를 정확하게 할 수 있기 때문에 업무처리의 오류가 줄어들게 된다. 이와 더불어 고객에 대한 정보를 쉽게 체계화시킬 수 있기 때문에 고객을 상대로 하는 업무에 보다 효과적인 의사결정이 가능해진다.

4) 기업 수익 증가

e-CRM은 고객층의 정교한 세분화와 고객과의 1:1 관계 형성을 실현함으로써 고객만족 수준을 극대화시킴과 아울러 고객의 충성도를 증대시킴으로써 기업가치 제고를 도모할 수 있다. 이는 곧 고객 유지율의 증가를 가져와 고객이탈에 따른 손실을 막아 준다. 또한 인터넷을 이용한 거래는 기업 영업의 시간적, 공간적 제약을 극복함으로 인해 수익 창출의 폭을 넓혀 준다. 고객에 대한 정보는 즉각적인 분석이 가능해져 고객에게 좀 더 다양한 서비스를 제공할 수 있음은 물론 시장상황의 변화에 따른 대응을 효과적으로 함으로써 새로운 판매기회를 창출할 수 있다. 위의 내용을 간추려 요약하면 다음 그림 6-2와 같다.

그림 6-2 e-CRM 효과

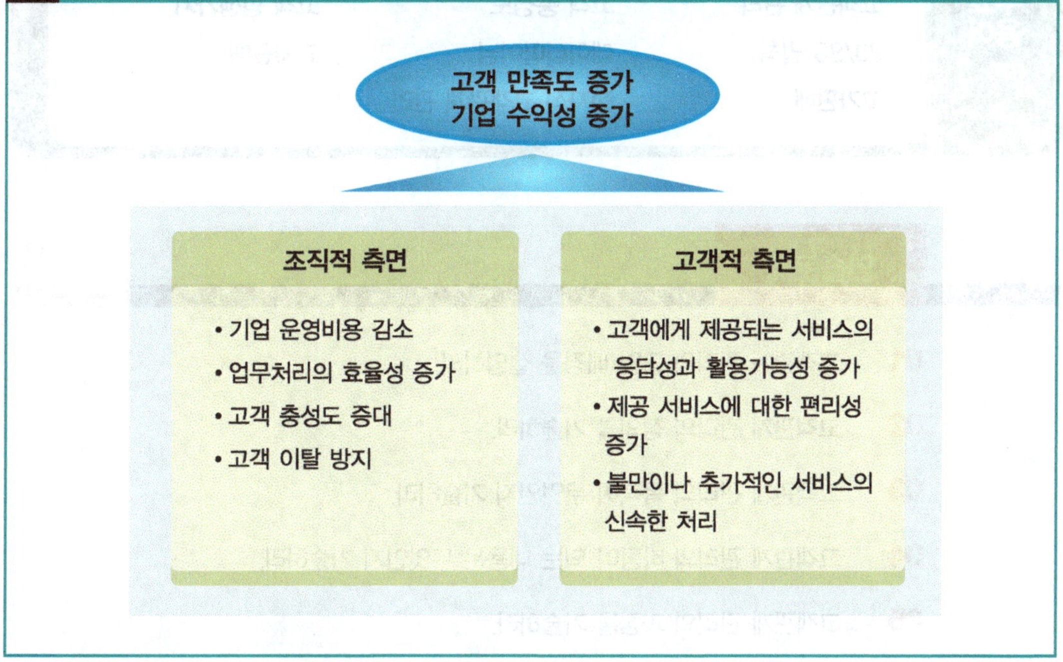

고객 만족도 증가
기업 수익성 증가
조직적 측면
• 기업 운영비용 감소
• 업무처리의 효율성 증가
• 고객 충성도 증대
• 고객 이탈 방지
고객적 측면
• 고객에게 제공되는 서비스의 응답성과 활용가능성 증가
• 제공 서비스에 대한 편리성 증가
• 불만이나 추가적인 서비스의 신속한 처리

주요 용어

고객관계 관리	고객 충성도	고객 평생가치
20/80 법칙	데이터마이닝	교차판매
고가판매	전자적 고객관계 관리	

연습문제

01 고객관계 관리의 도입 배경을 설명하라.

02 고객관계 관리의 정의를 기술하라.

03 고객관계 관리의 목적이 무엇인지 기술하라.

04 고객관계 관리의 바탕이 되는 내용은 무엇인지 기술하라.

05 고객관계 관리의 과정을 기술하라.

06 고객관계 관리의 효과를 세분하여 기술하라.

07 CRM과 e-CRM의 특성 차이를 기술하라.

08 e-CRM의 효과를 기술하라.

쉬어가기

고객 아이디어로 효율 높여… 상선은 화물 위치 정보 실시간 서비스

현대아산이 인터넷에 익숙한 젊은 관광객을 위해 금강산 관광 온라인 예약 시스템을 개설, 소비자 중심경영에 나서고 있다. 누구나 한 번쯤은 층층마다 멈춰서는 엘리베이터 때문에 짜증을 느꼈을 것이다. 특히 엘리베이터 문이 열릴 때 정작 타려는 사람은 없다는 걸 본 순간에는 짜증이 분노(?)로 바뀌기도 한다.

현대엘리베이터가 탑승객 무게에 비해 호출 개수가 현저히 많을 경우 모든 호출 버튼을 취소시킨 뒤 다시 호출 버튼을 누르도록 하는 시스템을 선보인 것은 이처럼 '아이들 장난 때문에 엘리베이터의 효율이 떨어진다'는 고객들의 목소리가 발단이 됐다. 또 여러 대의 엘리베이터가 있는 대형 빌딩에서 승객이 가고자 하는 층을 누르면 가장 빨리 승객에게 올 수 있는 엘리베이터를 미리 지정해 알려 주는 시스템을 개발한 것도 고객들이 쏟아 낸 불만과 개선 아이디어에서 비롯된 것이었다.

현대엘리베이터뿐이 아니다. 현대그룹의 다른 계열사들도 기업과 소비자가 쌍방향으로 소통하는 '웹 2.0 시대'를 맞아 '소비자 밀착 경영'을 한층 가속화하고 있다.

현대상선에 운송을 맡긴 화주들에게 보다 정확한 선박 스케줄 및 화물 위치 정보 등을 실시간으로 제공하기 위해서다.

실제 화주들은 현대상선 홈페이지에 있는 '커스터머 플러스' 서비스를 통해 현재 내 화물이 어디에 있는지 실시간으로 알아볼 수 있다. 현대상선은 또 홈페이지에 마련된 '고객 지원센터'를 통해 고객의 의견이나 요청이 들어오는 대로 전담 부서에서 실시간으로 해결하도록 하고 있다. 또 매년 홈페이지를 통해 고객 만족도 조사를 실시, 현대상선의 서비스에 대한 고객 의견을 듣고 있다. 고객 만족도가 낮은 부서에 대해선 개선 방안을 세워 서비스 질을 높이도록 독려하고 있다.

현대택배는 고객 서비스의 질을 높이기 위해 CRM(고객관계관리) 시스템을 구축, 고객별로 차별화된 서비스를 제공하고 있다. 또 직원들에게 서비스 마인드를 심어 주기 위해 전사적 고객 서비스 교육을 실시하고 있다.

현대증권은 상품 기획 단계부터 고객 선호를 파악해 이에 맞는 상품을 설계하고 있다. 현대증권의 테마펀드 시리즈는 이런 과정을 거쳐 탄생했다. 물론 높은 수익률로 고객들로부터 좋은 반응을 얻고 있다.

현대아산은 그동안 금강산 관광객 연령층이 중 · 장년층임을 감안해 대리점을 통한 영업에 주력해 왔다. 하지만 관광 연령층이 점차 낮아지고 있다는 점을 파악, 온라인예약 시스템을 구축했다. 이에 따라 관광객들은 원하는 날짜와 일정, 숙박 장소를 직접 선택할 수 있게 됐으며 온라인 결제도 가능하게 됐다.

고객 만족도가 높아진 건 불문가지다.

현대경제연구원과 현대유엔아이도 고객의 다양한 요구에 부합하고자 새로운 교육과정을 개발하고 시스템을 정비하는 등 '주는 서비스'에서 '주고 받는 서비스'로의 변화를 모색 중이다.

(한국경제, 오상헌)

쉬어가기

이동춘 아주택배 대표 "불량고객 찾기 逆 CRM 돌입"

이동춘 아주택배 대표는 최근 기자와 만나 "극심한 경쟁 탓에 '출혈 배송'까지 하는 상황에서 불량 고객이 끼치는 손실은 말할 수 없이 크다"며 "최근에 기존 CRM시스템을 개편한 역 CRM시스템 운영에 들어갔다"고 밝혔다.

그는 "우수 고객을 1만명 발굴하는 것보다 불량 고객 한명을 걸러내는 게 수익에 훨씬 도움이 된다"고 덧붙였다.

아주택배가 업계 최초로 '역(逆) CRM(고객관계관리) 시스템'을 개발, 불량 고객 관리에 나서기로 한 것이다. 이 시스템은 우수 고객을 발굴한 뒤 이들을 집중 관리하는 일반 CRM시스템과 달리 '불량 고객 솎아내기'에 초점을 맞춘 게 특징이다.

현재 아주택배가 파악한 불량 고객은 대략 5000명 수준. 이들은 많게는 건당 1억 원에 가까운 부당한 손실을 회사에 끼치고 있다는 것이 아주택배의 설명이다.

예를 들어 한 사과 재배 농민의 경우 우박으로 농사를 망쳐 정부보조금까지 받았으면서도 고객들에게 사과를 부친 뒤 "운송 과정에서 사과가 상했다"며 아주택배에 책임을 떠넘겼다고 한다.

이 대표는 이런 피해를 줄이기 위해 △비슷한 유형의 클레임을 두 번 이상 제기한 고객 △지나친 배상을 요구하는 고객 △고의적으로 사고를 낸 고객 등을 '블랙리스트'에 올린 뒤 상황에 따라 배송거절 조치 등을 내릴 방침이라고 설명했다.

(한국경제, 오상현)

CHAPTER 7

인터넷과 유통

제 1 절 공급사슬 관리 개요

제 2 절 인터넷 환경과 공급사슬 관리

제 3 절 공급사슬 관리 사례

학습목표

이 장에서는 다음과 같은 내용을 학습한다.

- 공급사슬 관리 개념 및 등장배경
- 공급사슬 관리 기능 및 특징
- 전자적 공급사슬 관리
- 공급사슬 관리 사례

오늘날 사회는 인터넷을 중심으로 한 디지털 정보기술이 주류라고 할 수 있다. 예전에 기차나 고속버스의 차표를 구하기 위해서 새벽부터 역이나 터미널의 예약창구를 기다리거나 책을 구입하기 위해서 먼 거리의 서점을 방문해야 하는 불편에서 벗어나, 인터넷으로 표를 예약하고 결제하며 휴대전화로도 서적을 구입할 수 있는 시대가 된 것이다.

이런 환경에서 고객들은 제품을 구매하는 데 있어 보다 큰 가치, 보다 빠른 주문이행, 그리고 보다 적극적인 서비스를 강조하고 있다. 보다 짧은 주기, 글로벌 아웃소싱, 그리고 보다 다양한 제품에 대한 요구는 공급사슬의 비용과 복잡성을 증대시켜 왔다. 너무 많은 기업들의 가치사슬들이 서로 연결되어 있기 때문에, 경쟁우위는 개별 기업보다는 공급사슬 전체를 기반으로 창출될 수 있다. 오늘날의 공급사슬 관리는 단지 주문처리 과정에만 한정되어 있지 않고, 신상품을 개발하거나 새로운 비즈니스 모델을 창조하고 실행하고자 하는 전략적 이슈들과도 긴밀히 연관되어 있다.

본 장에서는 공급사슬 관리의 전반적인 개념을 학습하고 기존의 공급사슬관리와 전자적 공급사슬 관리에 대하여 알아본다. 또한 공급사슬 관리에 대한 이해를 돕기 위한 공급사슬 관리의 사례를 살펴보도록 한다.

제 1 절 공급사슬 관리 개요

오늘날과 같이 다각화된 경쟁 사회에서 경쟁하기 위해서는 기업 경영에 좀 더 많은 변수들을 고려해야 한다. 기업의 부품을 납품하는 공급자에서 소비자에 이르기까지 공급과 수요에 따르는 예측이 상당히 중요하다. 수요 예측의 차이에 따른 경영의 문제점을 다음과 같은 예로 살펴보자. 오늘날 기상 정보는 기업 경영의 한 변수로 작용하고 관련 기업에서는 이에 대한 가치가 상당히 중요시되고 있다. 날씨에 따라 판매량이 크게 좌우되는 의류, 아이스크림, 에어컨 등을 판매하는 기업의 경우를 예를 들어 보자. 내년도 날씨가 매우 더울 것이라는 기상 예측 정보를 기업이 획득했다고 가정해 보자. 에어컨을 생산하는 기업에서는 이 기상 정보를 바탕으로 에어컨 부품 확보와 생산량 증대를 위한 계획을 세우고 생산 라인을 가동하기 시작하고 이에 따른 마케팅 활동을 미리 시작할 것이다. 그러나 최종 소비자와의 거래를 담당하고 있는 대리점에서 이러한 정보를 모르고 있을 경우에는 제대로 된 수요 예측을 못하고 수요 증가에 따른 준비를 제대로 하지 않은 상태로 예년 평균치 수요로 대처하게 된다. 이 경우에는 제조 기업이 아무리 노력을 하더라도 수요 공급이 원활하게 돌아가지 않기 때문에 이에 따른 판매 부진으로 노력한 만큼의 대가를 얻지 못하고 제조 기업은 손실을 보게 될 것이다. 이 예는 기업과 대리점 사이의 정보 교환 부족에서 생길 수 있는 상황을 단적으로 보여주는 것이다.

1. 공급사슬 관리의 개념

오늘날과 같이 경쟁이 치열한 경영환경하에서 제조 기업이 성공하기 위해서는 원료나 부품을 공급하는 공급자와 제품을 구매하여 이용하는 소비자에 대한 이해가 우선되어야 한다. 즉, 제조 기업이 제품을 만들어서 원하는 정도의 이윤을 얻고자 한다면 원자재의 공급처가 어디이며 이들 공급처와의 협조 관계는 원활하게 유지되고 있는지 또한 제품의 운송 및 보관 경로가 원활히 유지되고 소비자들이 구입한 제품에 대한 평가는 어떠한지 등을 면밀히 파악할 수 있어야 한다. 지금까지 많은 기업들은 프로세스 개선이나 품질 혁신 등 자신들의 내부적인 시스템 개선에 초점을 두고 기업 운영전략을 수행하였다. 그러나 기업 생산 부가가치의 60~70%가 제조 공정 밖의 가치사슬에서 결정되며 공급관리비용이 차지하는 비율이 10~14%인 상황에서 모든 것을 제조 기업 단독으로 해결하려는 방식으로는 경영의 한계를 느낄 수밖에 없다. 공급자, 물류업자, 소비자가 유연하게 연결되지 않는 기업 운영 방식으로는 급변하는 경영환경에 효율적으로 대처할 수 없다는 것이다. 이러한 문제를 해결하기 위하여 기업들은 각 기업의 핵심 역량에 힘을 집중시키고 각 분야에서 우위를 갖고 있는 원료나 부품 공급업자, 판매업자, 유통업자 및 고객과의 전략적 연합을 추구하고 있다. 이러한 전략적 연합으로 등장한 개념이 공급사슬 관리(Supply Chain Management : SCM)이다.

제품과 서비스를 생산하여 소비자에게 제공하는 데 관여된 모든 기업들을 공급사슬이라고 한다. 공급사슬 관리는 제품과 서비스가 생산되고 소비되기까지 자재, 정보 및 자금이 공급업체로부터 제조 기업, 도매상, 소매상, 소비자로 이동되는 흐름을 관리하는 것이다. 여기서 자재흐름은 제품이나 부품이 공급자에게서 소비자로 이동되는 것을 말하고, 정보흐름은 제품(또는 부품)이나 서비스 주문과 배송 상태에 관련된 정보가 관련 기업들 간에 전송되고 갱신되는 것을 말한다. 또한 자금흐름은 제품 판매와 유통에 관련된 자금의 이동에 따르는 관련 기업들의 신용상태, 지불 계획, 소유권 정리 등과 관련되어 있다.

그림 7-1 은 공급사슬 관리에서 관련 기업들과 자재흐름, 자금흐름 및 정보흐름 사이의 관계를 보여준다.

그림 7-1 공급사슬 관리

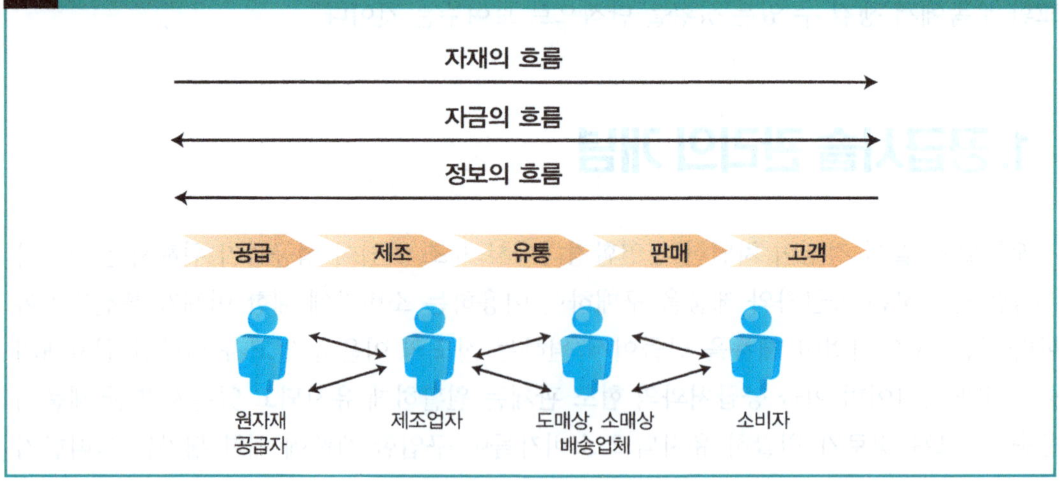

공급사슬 관리가 추구하는 바는 적합한 시간에, 적합한 가격으로, 적합한 제품을, 적합한 장소에 제공하고자 하는 것이다. 이러한 목적을 달성하기 위하여 공급사슬 관리는 기업 내부의 업무처리 시스템과 공급자, 유통업체 및 소비자 간에 이러한 흐름을 조절하고 통합하고자 하는 것이다.

공급사슬 관리에서는 위와 같은 정보, 자재, 자금에 관련된 업무의 흐름을 개별 기업의 문제가 아니라 공급사슬 내에서 함께 관리되어야 할 문제로 보고 공급사슬 전체의 관점에서 재검토하여 공급사슬 구성 요소 간에 이루어지는 전체 프로세스를 대상으로 전체의 최적화를 달성하고자 한다. 특히 공급사슬 관리는 높은 물류비 때문에 많은 어려움을 겪고 있는 우리나라 기업들의 물류활동과 전략 수립 등의 선진화와 경쟁력을 높이는데 크게 기여할 수 있으며 구매, 생산, 물류, 유통, 영업 등을 원활하게 연계시켜 불필요한 비용절감을 달성하고, 신속한 시장 대응능력 향상에 기여할 수 있는 경영전략이다. 이러한 공급사슬 관리가 성공하기 위해서는 사슬로 연결된 공급자 및 소비자 간의 사업 네트워크에 대해 이해해야 하고, 물자 및 정보의 흐름에 관한 계획을 효율적으로 세울 수 있어야 한다.

2. 공급사슬 관리 도입의 필요성

대량생산 시대에 기업들은 생산원가를 절감하고 생산성을 향상시키기 위한 방안을 마련하기에 주력하였다. 이 시기에는 기업의 내부자원과 기술력 및 생산능력 제고를 위한 설비투자에만 신경을 쓰고 제품 생산에 필요한 원료나 부품 공급자와의 협조나 제품 생산 후 제품 판매와 관련된 물류업자와의 관계는 소홀히 취급하였다. 그러나 제품이 생산된 이후 고객에 이르기까지의 유통 경로가 원활하게 운영되지 못하게 되고 중간 유통업자들이 부정확한 수요 예측으로 안전재고[1]를 포함한 주문을 함에 따라 채찍효과[2]라 불리는 주문의 증폭 현상이 일어나게 되었다. 공급사슬에서 정보의 비동기화에 의해서 생기는 이러한 왜곡된 정보의 결과는 공급사슬상의 공급자 쪽에 재고가 쌓이게 만들고 생

1) 판매량의 변동에 따라 발생할 수 있는 재고의 품절을 방지하기 위해 발주부터 입하까지의 기간 내의 판매량의 오차를 고려한 재고.

2) Bullwhip effect라고 하는데, 수요에 관한 정보가 왜곡되어 고객의 수요가 공급사슬상의 상부 단계 방향으로 전달될수록 각 단계별 수요의 변동성이 증가하는 현상을 나타낸다.

산계획에도 차질을 일으키게 된다. 이에 따라 또한 제품 수송의 비효율성은 물론 주문 및 배송기간의 장기화에 따른 고객 서비스 수준의 저하를 가져온다. 채찍효과는 공급사슬상에 있는 기업들에게 10% 내외의 초과 원가를 유발시킨다고 알려져 있는데, 이는 치열한 경쟁 환경에서 운영되는 기업의 입장에서 볼 때 치명적일 수 있는 금액이다. 이에 따라 기업들은 생산력 향상에 못지않게 공급사슬 관리가 중요함을 인식하게 되었다. 즉, 공급사슬을 이루고 있는 기업들의 구매계획을 사전에 알고 유통기업들이 제품을 적시에 운송시켜 주면 안전재고에 대한 불안을 줄일 수 있으며, 이에 따라 구매원가의 절감과 생산시간의 단축으로 고객 만족과 기업의 이윤을 극대화시킬 수 있음을 인식한 것이다.

기업들이 공급사슬 관리를 도입하고자 하는 이유 즉, 공급사슬 관리 도입의 필요성을 항목별로 좀 더 구체적으로 알아보면 다음과 같다.

■ 정보의 불확실성

정보전달의 지연 및 왜곡 확대현상에 의해 공급사슬의 가장 마지막 단계인 소매단계의 고객으로부터의 주문 및 수요형태의 변동에 관한 정보가 도매상, 지역 유통센터 등의 공급사슬을 거슬러 전달되는 과정에서 지연 및 왜곡이 누적되는 채찍효과로 인해 납기지연, 절품, 과잉재고 등의 문제가 발생하고 있다. 특히, 시장 및 제품정보의 확산으로 경쟁이 격화되고 가격할인 및 판촉활동 등의 공격적인 마케팅 전략이 구사됨에 따라 고객 및 유통업체들의 경영 방식이 더욱 동태적으로 변화하게 됨에 따라 불확실한 정보의 전파 및 정보왜곡 효과가 더욱 증폭하고 있다. 따라서 공급사슬상의 정보공유 및 전달, 상호협력 및 조정을 위한 공급사슬 관리의 필요성이 요구된다.

■ 기업 경쟁의 심화

치열한 시장경쟁 환경 속에서 기업들은 경쟁우위 확보를 위해 비용을 절감하려 노력하는 한편 고객 만족을 위하여 납기를 단축시킬 수 있는 방안을 강구하게 되었다. 이에 따라 기업들은 과거의 개별기업 위주의 경쟁우위전략에서 탈피하여 공급사슬상의 기업들과의 긴밀한 협력관계에 의한 시너지 창출을 생각하게 되어 공급사슬 관리를 도입하게 되었다.

■ 기업 활동의 세계화

기업 활동이 세계화 · 국제화됨에 따라 전 세계를 대상으로 원자재를 조달하고 제품을 생산 · 유통시키는 과정에서 공급사슬상의 리드타임이 길어지고 수요 및 공급에 대한 불확실성이 증가하고 있다. 또한 부품조달 비용, 인건비, 금융비용, 생산성, 운송 및 물류비용 등이 국가별 또는 지역별로 편차가 나타나고 이와 더불어 관세 및 환율과 수출입관련 법규가 국가별로 차이가 있기 때문에 이 모든 것을 감안한 세계시장을 대상으로 하는 공급사슬 및 물류의 합리적인 계획 및 관리, 조정통제가 필요하게 되었다.

3. 공급사슬 관리의 기능 및 특성

1) 공급사슬 관리의 기능

공급사슬 관리가 갖추어야 할 기능으로는 첫째, 공급기업에게는 상품의 입고, 출고 관리, 수주관리를 할 수 있도록 하여야 한다. 둘째, 구매기업에게는 카탈로그 관리와 전자구매시스템을 실현할 수 있어야 한다. 셋째, 공급기업과 구매기업 간에 자료교환 시스템을 통한 가격협상 시스템을 제공할 수 있어야 한다. 이러한 기능이 요구되는 공급사슬 관리는 기능 측면에서 전략, 계획, 실행의 세 가지로 나누어 생각할 수 있다.

전략이란 경쟁우위를 달성하기 위하여 기업 운영의 전체적인 방향을 설정하는 것을 말한다. 공급사슬 관리의 전략기능은 공급사슬의 최적 운영을 위한 공급사슬의 설계 및 개선 방향을 정립하고 조달, 분배, 배송 등에 관한 정책 및 운영기준을 정립하는 것을 말한다. 이는 공급사슬에 관여된 기업들이 경쟁력 있는 가격과 서비스로 고품질의 제품을 갖고 최상의 이익을 얻을 수 있도록 기업 간의 관계 및 내부 부문별 세부 정책을 조정하는 것을 의미한다.

공급사슬 계획은 성공적인 공급사슬 구축을 위해서 절대적으로 필요한 기능으로서 수요예측의 정확도 향상, 생산계획의 최적화, 재고비용의 감소, 고객서비스의 증가를 목표로 하는데 수요·공급계획, 생산계획, 배송계획 등으로 나누어져 있다.

■수요 · 공급 계획

수요 · 공급 계획은 기업의 전술적인 운영 계획 요구를 포괄적으로 지원한다. 이 계획은 공급업체의 생산능력 및 부품의 공급 계획을 활용하고 과거의 수요 내역을 활용함으로써 전체 수요에 대한 우선순위를 조정하는 등 원활한 수요 · 공급을 할 수 있도록 해 준다. 이 계획의 원활한 실현은 광범위한 산업 분야에서 즉각적인 생산 최적화를 이룰 수 있도록 해 준다.

■생산 계획

타당성 있는 생산 계획을 수립하기 위한 생산계획은 주문현황, 재고현황, 생산현황, 원부자재나 제품의 수요 · 공급 예측을 기반으로 수립되며 자원 요구사항을 최적화시켜 준다. 즉, 기계, 인력, 자재 및 자원에 대한 총체적 요구사항을 최적화시켜 준다.

■배송 계획

배송 계획은 정해진 시간에 정해진 장소로 제품을 배달할 수 있게 운송일정 계획을 수립해 준다. 이를 위해서는 적정한 선적조건, 운반 설비 및 루트를 결정하는 동시에 운송 제약 조건도 함께 고려해야 한다.

공급사슬 실행은 공급사슬 계획을 통해 수립된 주문처리나 물류관리에 대한 계획을 효과적으로 수행시키는 기능이다. 이는 주문처리 시스템, 창고관리 시스템 및 차량관리 시스템 등으로 이루어져 있다.

2) 공급사슬 관리의 특성

위와 같은 기능을 지닌 공급사슬 관리는 기업 환경의 변화에 따라 개념의 범위와 활동 자체가 변하였으나 일반적으로 다음과 같은 특성을 갖고 있다.

첫째, 공급사슬 관리는 가장 근본적인 원자재를 공급하는 공급업체로부터 최종적인 소비자에 이르기까지 전 과정을 포괄하는 조직 내부 및 조직 간의 관계를 통합함으로써 이루어진다.

둘째, 공급사슬 관리는 제품, 정보, 자금 및 관련된 관리활동과 현장 작업의 쌍방향적 흐름을 포함한다.

셋째, 공급사슬 관리의 목표는 궁극적으로 자원의 적절한 활용을 통하여 고객에게 높은 가치를 제공하고 경쟁우위를 달성하는 데 있다.

4. 공급사슬 관리의 도입 효과

공급사슬 관리가 효과적으로 추진될 경우에 공급사슬 관리에 참여하는 기업들은 다음과 같은 효과를 기대할 수 있다.

■ 재고수준 감소

공급사슬 관리를 효과적으로 추진하게 되면 생산, 유통, 판매에 관련된 정보를 적절한 시간에 통합적으로 제공받게 된다. 이에 따라 공급사슬상의 한 부분이 된 업체들은 각 기업의 운영계획에 맞추어 안전 재고를 확보할 필요가 없이 적정 재고로 운영할 수 있기 때문에 각기 재고 수준을 현저하게 줄일 수 있게 된다.

■ 업무처리 시간 단축

효과적으로 공급사슬을 운영하게 되면 공급사슬 내부의 모든 프로세스가 유기적으로 통합되어 수행되게 된다. 따라서 공급사슬 내부에서 행해지는 각각의 프로세스들에 의한 업무절차가 개별적으로 수립하여 수행되던 업무절차에 비해 상당히 간결해지고 빠르게 수행되기 때문에 업무처리 시간이 단축되게 된다.

■ 생산성 증가

공급사슬 관리에 따른 최적화된 일정으로 생산성을 증가시킬 수 있으며 수요창출과 신제품 출시를 위한 신속한 준비가 가능하다. 이는 부품의 원활한 공급에 따라 부품을 공급받는 데 걸리는 대기 시간이 감소되고 제품의 원활한 유통과 판매가 가능해지기 때문이다.

■ 안정된 공급 가능

공급사슬을 효과적으로 관리 · 운영함으로써 다른 기업과 상호 신뢰 관계를 구축하고 장기적인 비즈니스 파트너로서의 적극적인 제휴 관계를 통해 안정적인 거래를 기대할 수 있다. 공급자는 장기적인 구매자를 확보하는 것으로 안정적인 생산 활동을 벌일 수 있기 때문에 적정원가의 유지, 공급 상품의 수급 조절의 개선, 적정가격의 유지를 꾀할 수 있다. 이에 따라 사업의 수익 면에서 상당한 효과를 볼 수 있다.

■ 자금 흐름 개선

공급사슬의 운영으로 재고수준이 현저하게 감소하게 되며, 동시에 재고를 유지하기 위한 공간과 관리 인력 등이 감소하게 되어 재고 상품을 구매하기 위한 자금과 재고 유지비용이 감소하므로 상당한 자금 여유가 생길 수 있다.

■ 이익 증가

공급사슬 관리로 인한 전략적 제휴는 상품 및 서비스의 가격 혜택으로 이어지는데 이는 제품 원가에 반영되어 가격 경쟁력과 이익에 직접 기여하게 된다. 또한 재고 유지비용이 감소함에 따라 이익 증가를 기대할 수 있으며, 경쟁자보다 좋은 고객 서비스와 빠른 응답을 통해 시장 점유율의 확대가 가능하게 된다.

■ 공급사슬에 참여하는 모든 기업에 이익분배

공급사슬의 효율을 극대화함으로써 공급사슬에 참여하는 기업들의 경쟁력이 강화될 수 있다. 따라서 공급사슬에 참여하는 업체 모두에게 이익이 분배될 수 있다. 이것이 공급사슬 관리의 가장 궁극적인 목표가 되어야 공급사슬상의 모든 기업들이 자발적이고 협조적으로 참여하게 된다.

제2절 인터넷 환경과 공급사슬 관리

1. 인터넷 기술이 공급사슬 관리에 미치는 영향

과거 기업들이 기업들 간의 정보공유를 위해 활용한 VAN(Value Added Network)[3] 기반의 EDI(Electronic Data Interchange)[4]는 응용 프로그램의 표준 부재는 물론 거래 기업들 간의 네트워크 설치에 많은 비용을 필요로 했기 때문에 일부 대기업들을 제외하고는 그 활용에 많은 제약을 받았다. 그러나 인터넷의 활용이 일반화되고 전자상거래가

3) 회선을 직접 보유하거나 통신사업자의 회선을 이용하여 전송기능에 더하여 정보의 축적, 가공, 변환처리 등의 부가가치를 부여한 음성 또는 데이터 정보를 제공하는 복합적인 서비스를 말한다.

4) 기업 간의 거래에 관한 데이터와 문서를 표준화하여 컴퓨터 통신망을 이용하여 전송 · 수신하는 정보전달 시스템이다.

활성화됨에 따라 기업들은 매우 저렴한 비용으로 기업 간 연계가 가능해지게 되었다. 따라서 기업들은 오프라인에서의 공급사슬 관리와 전적으로 다른 보다 효율적인 공급사슬 관리를 할 수 있게 되었다. 즉, 기업들은 공급사슬 관리에 있어서 고객들이 제품이나 서비스를 선택하고 구입하는 방법에 대한 새로운 고찰을 통해 제품 중심이 아닌 고객 중심의 시스템을 구축하고 운영하게 되었다. 더욱이 인터넷을 이용해 전 세계에 걸쳐 관련정보를 검색하고 타 기업과의 정보공유 등을 간단하고 저렴한 비용으로 가능하게 됨에 따라 기업들은 공급업체, 유통업체 및 고객들과의 의사소통을 원활히 행할 수 있게 되었고 또한 이들과의 협력관계를 좀 더 돈독하게 유지할 수 있게 되었다. 따라서 공급업체–생산기업–유통업체–고객의 틀로 짜여진 기존의 공급사슬을 보다 유연하게 결합시킨 새로운 체제로 변환시켜 관리하는 것이 가능해졌다. 인터넷 기술에 의해서 달라진 기업들 사이의 관계는 다음과 같이 다양한 변화를 주도함으로써 공급사슬 관리에 영향을 미치고 있다.

■업무처리의 변화

전자상거래가 이루어지면서 배송업체들은 인터넷을 이용하여 전자적으로 배송에 관련된 서류를 주고받을 수 있게 되었다. 이는 기존의 배송업무에서 서류를 주고받고 송금을 통해 대금 결제를 하는 데 비해 상당한 시간과 노력을 줄여 주게 되었다. 전자상거래를 이용하면서 기업들은 비용을 줄이고, 데이터의 정확성을 증가시키고, 업무처리 과정을 매끄럽게 하고, 사업 회전을 가속화시킴은 물론 고객 서비스도 한층 높일 수 있게 되었다.

■유통체제의 변화

전자상거래는 공급업체와 고객, 그리고 기업들 간에 일어나는 정보나 제품의 복잡한 이동 상황의 관리를 좀 더 유동적으로 만들어 준다. 전자상거래는 기업으로 하여금 고객이나 공급업체와의 접촉이나 거래를 매우 쉽게 해 주고 또한 고객과 유통업체들을 가깝게 연결시켜 주었다. 이에 따라 고객들이 공급사슬을 통해 정보나 제품의 복잡한 이동을 이해하고 대처할 수 있게 되고 정보나 물자의 흐름에 대한 지식을 바탕으로 가치를 창출하던 중간 유통업자들의 입지가 상대적으로 약화되고 있다. 예를 들자면, 기존 음악 산업의 경우 음반이 도매업자, 소매업자를 거쳐 소비자에게 판매되었다. 그러나 전자상거래 환경에서는 웹사이트 및 뮤직 포털을 통해 중간유통업체를 거치지 않고, 고객들에게 직접 음악을 판매하고 전달하고 있다.

■고객중심체제의 등장

전자상거래는 기업이 고객들에게 좀 더 좋은 서비스를 제공하도록 돕고 운영비용을 감소시켜 준다. 전자상거래를 위한 인터넷 사용은 고객들로 하여금 배송에 관련된 위치, 도착 예정일자 및 시간, 금액 등과 같은 정보를 빠르게 획득할 수 있도록 해 주고 있다.

■정보중개인의 등장

전자상거래의 도입으로 인한 기업과 고객 사이의 직거래로 기존 중개업자의 입지는 약화되지만, 복잡하고 다양한 정보의 취사선택을 도와줌으로써 고객들이 보다 좋은 정보를 선택할 수 있게 도와주는 새로운 정보중개인(infomediary)이 등장하였다. 정보의 홍수로 넘치는 정보 가운데 정작 내게 필요한 정보를 검색하여 제공하는 새로운 서비스이다.

정보중개인은 고객과 기업 사이에서 상호 정보교환의 효율성을 높여 주는 가교 역할을 한다. 기업들은 정보중개자를 적절히 활용하여 공급업체 및 고객의 탐색비용을 절감할 수 있고 고객들은 보다 다양한 정보획득 및 효율적인 구매가 가능하게 되었다.

2. 전자적 공급사슬 관리의 도입 효과

앞의 절에서 설명하였던 공급사슬 관리의 도입 효과에 더하여, 인터넷의 활용에 의한 전자적 공급사슬 관리의 도입은 공급사슬의 통합, 공급자 재고관리, 주문생산의 확대 측면에서 그 효과를 나타낸다.

1) 공급사슬의 통합

주문 이행은 상당한 비용을 발생시키는 부문이라서 비용절감 및 서비스 향상의 여지가 많다. 고객의 주문에 적절히 대처하는 기업이 주문 이행과정(원재료, 제품, 재고현황 및 흐름)을 실시간으로 파악하고, 고객의 주문에 보다 신속하게 대응할 수 있을 때 비용 절감이나 서비스 향상이 가능하다.

그러나 전통적인 예측생산방식에서는 원재료 구매시점의 부적절, 과다한 생산능력, 장기간의 비효율적인 물류흐름 등의 이유로 주문 이행 과정이 제대로 파악되지 않기 때문에 이에 따라 자원 활용도도 높지 않다. 기업들은 이러한 문제에 대해 각 부문 및 기업 간의 원활한 협력을 통해 해결이 가능하다고 보고, 정보기술을 활용하여 공급사슬의 각 부문을 연계 · 통합하는 시스템을 구축하고 있다. 과거에는 이러한 공급사슬의 연계를 기업 내에서만 시도했지만, 인터넷의 발달로 기업 간 연계가 용이해진 오늘날에는 기업과 기업 간의 연계와 통합을 도모하고 있다.

2) 공급자 재고관리

물류문제를 해결하고 고객 풀(pull) 전략의 일환으로 효율적 고객 대응[5]이나 신속대응[6]과 같은 새로운 고객대응 기법이 등장하였다. 이는 공급업체가 구매기업의 재고정보 등을 사전에 파악하여 필요한 부품을 자동적으로 보충하여 구매기업의 업무효율성 및 고객대응 능력을 높이기 위한 것이다. 그러나 이와 같은 자동보충 방식이 성공하기 위해서는 공급사슬상의 모든 관련 공급업체들을 단순한 하청업체가 아닌 기업 파트너로 인식해서 이들과 시스템 및 정보공유를 하는 것이 필요하다.

3) 주문생산의 확대

오늘날 기업의 생산 방식은 보다 다양해진 고객의 욕구를 충족시키기 위해서 대량생산에서 맞춤형 주문생산으로 전환되고 확대되고 있다. 이에 따라 공급사슬도 주문생산시스템에 맞게 전환되고 있다. 맞춤형 주문생산에 맞는 공급사슬의 구축이 가능한 것은 인터넷을 포함한 정보기술의 발달로 모든 관련 부문 · 기업 간 정보의 소통 및 공유가 신속하게 이루어질 수 있기 때문이다.

3. 전자적 공급사슬 관리의 성공 방안

경쟁력 강화를 위해 경영혁신을 수행했던 기업들이 혁신활동 자체는 성공적으로 이끌었으나 기업 운영에 대해서는 기대했던 성과를 얻지 못하고 있다. 이의 근본 원인은 기업 혁신 활동이 공급사슬에 관련된 모든 기업과의 협력이 이루어져야 함을 간과한 때문이

5) 관련업체들의 공동 전략으로서, 소비자에게 보다 나은 가치를 제공하기 위해 공급업체와 유통업체들이 밀접하게 협력하여 효율적으로 소비자에 대응하는 기법.

6) 제품의 제조에서 소비자에게 전달되기까지의 제조 과정을 단축시키고 소비자의 욕구 및 수요에 적합한 제품을 공급함으로써 제품 공급 사슬의 효율성을 극대화하려는 기법.

다. 즉, 기업 내의 개선 노력이 부서 간 연계, 또는 개별기업의 개선 노력이 외부기업과 연계하여 공동 또는 전체 차원의 최적화를 이루어야 함에도 불구하고 이러한 노력이 제대로 이루어지지 않아 그 효과가 매우 제한적으로 나타나기 때문인 것으로 본다.

이를 극복하기 위해서는 기업과 관련된 공급사슬 전반을 보는 시각이 필요하다. 공급사슬상에서 서로 관련되어 있는 기업들 모두의 경쟁력이 있어야만 공급사슬 관리의 효과를 볼 수 있기 때문에, 공급사슬의 각 단계마다 경쟁력을 확보하지 못하면 경쟁에서 승리할 수 없다.

오늘날 기업 간의 연계는 정보기술의 도움으로 매우 저렴한 비용으로 이루어질 수 있기 때문에 경쟁력이 약한 부분을 유지하기보다는 전략적 제휴 또는 아웃소싱 등으로 대체하는 것이 바람직하다. 즉, 과거와 같이 경쟁력이 없는 부분을 경쟁력이 있는 부분과 결합시켜 사업을 유지시킬 필요가 없다는 것이다. 따라서 기업이 갖고 있는 자원과 역량을 경쟁우위를 이룰 수 있는 핵심사업 부문에 집중하고 경쟁력이 부족한 부분은 전략적 제휴를 통해 보완하는 전략이 필요하다. 따라서 공급사슬을 이루고 있는 기업의 입장에서 공급사슬상의 기업의 역할과 그 역할에 맞추어 가장 경쟁력을 발휘할 수 있는 대안을 설정하고 각 대안에 대해 사업모델의 취약성이나 경쟁사와 대비한 역량수준을 점검한 후에 적절한 방안을 선택해야 한다.

일단 공급사슬상의 각 기업의 역할이 결정되면 성공적인 공급사슬 관리를 위해서는 각 기업들 간의 정보 공유를 통한 협력 체제를 구축하는 등의 노력이 필요하다. 이를 위해서는 다음과 같이 전자상거래 전략과의 적절한 연계, 조직문화의 변화, 적절한 정보기술의 활용이 요구된다.

1) 전자상거래 전략과 적절한 연계

전자적 공급사슬 관리는 기술적 문제가 아닌 전략적 이슈이며, 전략 목표에 따라 다양한 공급사슬의 운영이 가능하다. 오늘날과 같은 인터넷 시대에서 기업들은 모두 전자상거래 시장과 직결되어 있다. 따라서 e마켓플레이스와 같은 기업들의 전자상거래 시장에서의 부품 조달 전략을 비롯하여 타 기업들과의 정보 공유가 가능하도록 노력하여야 한다. 이러한 과정에서 고객이 원하는 것이 무엇이고, 이를 위해 기업이 어떤 목적을 갖고 공급사슬에서 어느 부분까지 역할을 담당해야 할지를 명확하게 결정해야 한다. 명확한 전략적 목표와 범위를 설정한 후 목표달성을 위해 수요, 생산규모, 전략적 스케즐링, 성과측정 방안 등 공급사슬의 기본요소를 어떻게 운영할 것인가를 결정해야 한다. 단지 고객을 만족시켜야 한다는 막연한 생각으로 공급사슬 관리 시스템을 구축할 경우에는 실패의 가능성을 높일 뿐이다.

2) 조직문화의 변화

전자적 공급사슬 관리는 앞에서 언급하였듯이 단지 시스템의 구축만으로 성공하지 못한다. 실제 시스템을 운영하는 구성원들의 협조와 역량이 성공의 필수요소이다. 구성원들은 단순히 구매 · 배송을 담당하는 좁은 의미의 역할수행자가 아니라, 전체적인 관점에서 업무를 수행하고 상황변화에 적절히 대응할 수 있는 지식근로자가 되어야 한다. 전자적 공급사슬 관리의 성공을 위해서는 정보기술 등 기술적 문제보다 오히려 비기술적 문제가 더 중요하다. 따라서 조직의 구성, 조직 환경의 변화에 대한 준비 및 구성원에 대한 교육 등에 관심을 기울여 조직 문화의 변화에 대처할 수 있어야 한다.

3) 경쟁우위확보 원천으로서의 정보기술 활용

오늘날과 같은 무한 경쟁 시대에서 경쟁우위 확보를 위해서는 전자적 공급사슬 관리의 성공요소 중 하나인 정보기술을 효율적으로 활용하여 타 기업과 차별화된 서비스를 제공할 수 있는 공급사슬을 구축할 수 있어야 한다. 전자적 공급사슬 관리를 수행하는 데 필요한 정보기술에는 하드웨어 · 소프트웨어, 기초기술의 표준화, 다양한 애플리케이션 패키지 개발, 지역 간 통신네트워크 등 매우 광범위한 분야의 기술들이 있는데, 성공적인 전자적 공급사슬 관리를 위해서는 이러한 다양한 기술들의 통합을 위한 설계가 필요하다.

또한 이 시스템을 성공적으로 구축하기 위해서는 데이터 처리량의 증가, 향후 정보처리 환경변화에 대한 적응 및 대응 가능성을 고려해야 하며, 협력업체와 공유가 필요한 정보를 분석하고 공유 방안을 모색해야 한다. 이에 더하여 인터넷상에서 정보교류 및 공유시 발생할 수 있는 보안상의 문제를 해결할 수 있는 방안도 마련해야 한다.

제3절 공급사슬 관리 사례

1) Littlewoods 상점(littlewoods.co.uk)의 SCM 개선

Littlewoods는 품질이 뛰어난 영국의 대규모 의류 소매업체 중 하나이다. 이 회사는 영국 북아일랜드에 136개의 상점을 가지고 있다. 의류 소매업은 매우 경쟁이 심하여, 이 회사는 공급사슬 효율을 향상시키기 위하여 처음으로 정보기술지원을 착수하였다. 이 회사에 있어서 심각한 SCM 문제는 재고 과잉이었다.

보다 나은 SCM 효과를 얻기 위하여, 회사는 웹 기반 실행 보고시스템을 도입했다. 새로운 시스템은 마케팅, 재무자료, 공간계획, 머천다이징[7], 그리고 구매 자료들을 매일 분석할 수 있게 해 주었다. 예를 들어, 머천다이징 관리자는 이 시스템 덕분으로 가격과 재고관리의 주요 운영 의사결정을 위해 세밀한 판매, 재고, 공급자 분석을 할 수 있게 되었다. 웹을 사용함으로써 분석가들은 판매와 재고 데이터를 가상적으로 여러 단계의 범주로 그룹화하여 볼 수 있게 되었다. 더욱이 사용자들은 상세한 판매와 다른 자료들을 드릴다운(drill-down)하여 볼 수 있게 되었다.

이 시스템의 도입 효과는 다음과 같이 나타났다.

- 전략적으로 상점들마다 다른 머천다이즈 가격을 부가하는 능력은 한 해 동안 독자적으로 120만 달러를 절감했다.
- 재고 청산을 위한 요구의 감소로 1년간 100만 달러를 절감했다.
- 마케팅 유통 지출은 연간 700만 달러가 감소하였다.
- 회사는 84명에서 49명으로 직원들을 줄일 수 있어서 연간 약 100만 달러가 절감됐다.
- 재고비축비용은 1년에 약 400만 달러가 감소하였다. 예를 들어, 빠른 보급으로 인하여 80%까지 재고가 감소하였다.

---

7) 시장조사와 같은 과학적 방법에 의거하여, 수요 내용에 적합한 상품 또는 서비스를 알맞은 시기와 장소에서 적정가격으로 유통시키기 위한 일련의 시책.

2) Warner-Lambert사의 통합 공급사슬 적용

Warner-Lambert(WL)사의 주요 생산물 중의 하나는 Listerine이라는 방부 구강약이다. Listerine을 만드는 물질은 오스트레일리아의 유칼립투스(Eucalyptus) 나무이고, 이것은 미국의 New Jersey 주에 있는 WL사의 생산 공장으로 이동되는데, 이 공장에서 가장 중요한 문제는 Listerine의 생산량을 정하는 것이다. Listerine은 도매상과 소매상들을 비롯하여 월마트와 같은 거대한 상점들도 구입하는데, 이들의 전체 수요를 예측하는 것이 이 생산 공장의 당면 과제이다. 잘못된 수요예측은 WL사의 높은 재고 또는 재고 부족의 문제를 발생시키는데, 높은 재고는 그것을 유지하는 데 많은 비용이 발생하는 반면 재고의 부족은 사업의 손실을 만들기 때문에 정확한 수요예측은 필수적이다.

수요예측을 위해 WL사는 SCM을 위한 정보시스템을 파는 회사인 Managistic사의 수요예측 정보시스템을 이용하고 있는 실정인데 WL사의 수요예측은 Managistic사의 공급사슬계획 패키지 안에서 다른 소프트웨어들을 사용하여 기대수요와 기업환경 정보에 대한 생산, 유통, 판매 자료들을 분석하여 산출된다. 이 수요예측 정보시스템의 목적은 WL사가 언제, 얼마의 원재료가 필요한지, 얼마의 Listerine(또는 다른 제품)을 만들 것인지의 결정에 도움을 주는 것이다. 예를 들어 이 모델은 계절적인 판매촉진의 영향 또는 생산라인의 가동중지 등을 예상할 수 있다. WL사의 판매, 마케팅 그룹은 재무부서, 조달부서, 또 다른 부서의 직원들과 매달 회의를 갖고 Marcam Corp사의 SCM 소프트웨어인 PCPS(Prism Capacity Planning System)에 Listerine의 기대수요를 입력한다. PCPS는 Listerine 생산량을 계획하고, WL사의 공급자들에게 전자 구매주문을 해 주는 시스템이다.

WL사의 공급사슬의 우수함은 협업계획, 예측, 비축 프로그램(Collaborative Planning, Forecasting, and Replenishment : CPFR)에서부터 생긴 것으로, 이 프로그램은 WL사에서 시험적으로 행해진 소매산업 계획이었다. 시험 프로젝트에서 WL사는 사설 네트웍을 통해서 월마트와 전략적 계획, 실행자료, 시장 의견 등을 공유했다. WL사는 월마트가 자사의 상품 지식으로 유익할 수 있는 것처럼, 월마트의 시장 지식으로 자사 역시 이익을 얻을 수 있다는 것을 인식했다.

CPFR에서 거래 파트너들은 협업 전자상거래를 사용해서 수요예측을 협업하였다. CPFR을 시험하는 동안, WL사는 상점의 선반에 상품이 가득 채워지는 비율이 87%에서 98%로 증가시킬 수 있었고 추가적인 판매에서 신상품 출시비용과 비슷한 1년에 800만 달러의 이득을 얻을 수 있었다.

주요 용어

공급사슬 관리	채찍효과	정보중개인
아웃소싱	공급자재관리(VMI)	주문생산

연습문제

01 공급사슬 관리가 왜 주목받게 되었는지 그 이유와 전자상거래 환경과 어떠한 관계가 있는지 알아보자.

02 대형할인마트 중 하나를 선택하여 공급사슬 관리를 도입하였는지, 어떻게 활용하고 있는지 알아보자.

03 전통적 공급사슬 관리와 전자적 공급사슬 관리가 어떻게 차이가 나는지 알아보자.

04 공급사슬 관리의 이점과 문제점을 알아보자.

05 인터넷이 공급사슬 관리에 미치는 영향에 대해 알아보자.

쉬어가기

쇼핑 리스트 화면에 쏙 →상품 위치 · 요리법까지 척척→반짝 할인 정보도 나와 →버튼 누르면 계산까지 쇼핑 끝

● 아~ 쇼핑 편하다 대형마트, 디지털 스마트 카트로 진화한다

◆ 1000만원짜리 쇼핑 카트 이용해 보니

이마트 수서점에는 1000만 원짜리 쇼핑 카트가 등장했다. 스마트 카트라 불리는 이 쇼핑 카트에는 RFID(무선주파수 인식) 리더기와 바코드 리더기, LCD모니터가 장착돼 있다. 실제로 이 스마트 카트를 이용해 봤다. 먼저 이마트 홈페이지에서 쇼핑할 목록을 입력하면, 수첩을 가지고 매장에 갈 필요가 없다. 신세계포인트카드를 스마트 카트에 대니 LCD 화면에 미리 작성한 쇼핑 리스트가 뜨고, 해당 품목이 어디 있는지 위치까지 나왔다. 400g 골뱅이 캔에 RFID 리더기를 갖다 대니, LCD 화면에 골뱅이 무침 요리법이 나왔다. '이메일 전송' 버튼을 누르면, 집에서도 이 요리법을 활용할 수 있다. '밀감 7.5㎏ 1박스 농산물 매장에서 6800원에 판매합니다' 라는 행사 정보도 실시간으로 떠, 반짝 할인 행사를 놓칠 염려도 없었다. 와인매장에는 선택한 와인 병을 갖다 대면 등급, 품종, 생산국가, 가격 등을 상세히 검색할 수 있는 키오스크가 있었다. 바코드 리더기가 있기 때문에, 물건을 쇼핑 카트에 담을 때마다 얼마만큼 샀는지도 바로바로 알 수 있었다.

쇼핑이 끝난 뒤 LCD 화면에서 '결제하기' 버튼을 눌렀다. 구매 정보가 계산대로 이미 전송됐기 때문에 카트에 있는 상품을 일일이 다시 꺼낼 필요가 없이 간단히 계산이 끝났다.

◆ 진화하는 대형 마트

대형마트의 디지털화는 지난 2004년 산업자원부가 주관하는 RFID 1차 시범 사업자로 홈플러스가 선정되면서 시작됐다. 홈플러스는 이듬해 서울 서초점에 고객들의 동선을 알 수 있는 RFID 카트를 시범 운영하고, 영등포점에는 국내 첫 무인결제시스템인 '셀프 체크아웃' 을 도입했다. 지난해 개장한 잠실점에는 천장의 열센서를 이용한 '대기 인원 자동감지 시스템' 을 갖춰 고객 대기시간을 최소화했다. 홈플러스는 현재 상품의 공장 출하에서부터 점포 입고까지 유통의 전 과정을 추적해 물동량 파악과 정확한 카테고리 분류가 가능한 '스마트 팔레트' 도 개발하고 있다. 롯데마트 역시 2006년부터 서울역점에서 스마트 선반과 키오스크, 전자가격 표시기 등 다양한 디지털 기반 시스템을 선보이고 있다. 롯데마트 서울역점은 2006년 9월부터 12월까지 정보통신부 시범 사업 과제로 RFID 판독기가 장착된 휴대폰을 이용한 '모바일 와인 정보 서비스' 를 실시하기도 했다. 전자가격 표시기는 매일 바뀌는 가격 정보를 진열대의 전자라벨에 표시해 주는 시스템으로 롯데마트가 국내 최초로 선보였다. 하지만 매장의 디지털화는 아직 시범 단계다. 똑똑한 첨단 마트로 나아가기 위해서는 RFID 칩의 단가 등 해결해야 할 문제들이 있다. 별도로 돈이 거의 들지 않는 바코드와 달리 현재 RFID 칩의 가격은 종류에 따라 150원에서 1000원까지 한다. 비싼 단가 때문에 이마트 수서점에서도 RFID 시스템이 개별 상품에 부착되는 것이 아니라 판매대에만 붙여 정보제공 기능만 하고 있다. 개발비까지 포함해 한 대에 1000만원 하는 스마트 카트도 아직은 10대만 시범 운영되고 있다.

(조선일보, 신은진)

제 3 부
웹사이트 구축과 쇼핑몰

제8장 웹사이트 구축
제9장 쇼핑몰 창업

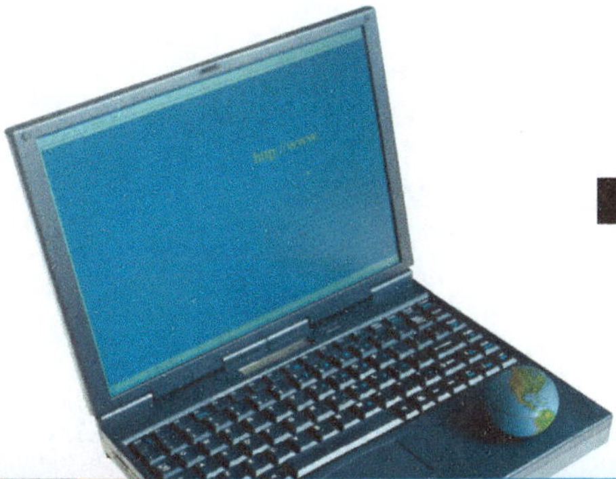

CHAPTER 8

웹사이트 구축

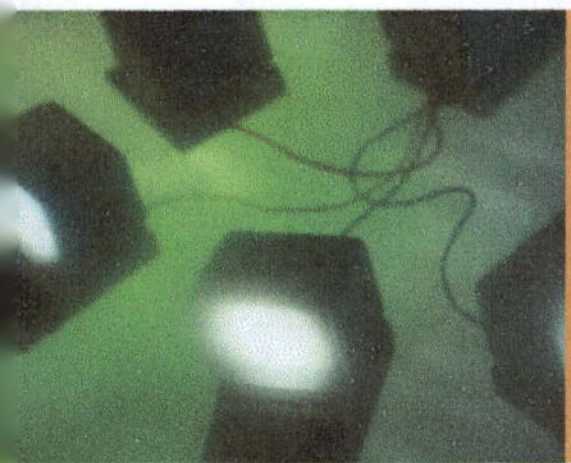

제1절 웹사이트 구축 목적

제2절 웹사이트 구축 단계

학습목표

이 장에서는 다음과 같은 내용을 학습한다.

- 웹사이트 구축 목적
- 웹사이트 구축 단계

오늘날 대부분의 기업들은 웹을 이용하여 제품/서비스 판매는 물론 기업 홍보를 하기 위하여 부단한 노력을 기울이고 있다. 웹에서는 기업들의 규모가 들어나지 않기 때문에 어떠한 형태로 웹에 출현하느냐가 중요하다. 이미 회사 명칭이나 제품의 브랜드로 알려져 있는 대기업과는 달리 기업 그 자체나 기업의 제품/서비스가 대중에게 생소한 중소기업들로서는 특히 적은 비용으로 대중 속으로 파고들 수 있는 좋은 방법이 웹에의 출현이다. 기업이 웹에 출현하기 위해서는 기업의 홈페이지라고 불리는 웹사이트를 구축하여야 한다. 웹사이트는 기업의 이미지를 나타내 주는 기업의 얼굴이라고 볼 수 있기 때문에 이에 대한 구축은 상당히 중요하게 다루어야 한다.

본 장에서는 구축 목적에 따라 달라질 수 있는 웹사이트 형태의 차이를 설명하고 웹사이트를 구축하기 위한 구축 단계에 대하여 소개한다.

제1절 웹사이트 구축 목적

오늘날 대부분의 기업들은 기업의 웹 사이트를 구축하고 이를 이용하고 있다. 기업의 웹 사이트는 기업의 이미지를 나타내 주는 기업의 얼굴 역할을 하기 때문에 이를 구축할 때는 그 목적을 분명히 하여야 한다. 기업들의 웹사이트 구축 목적은 고객에게 제품과 서비스에 대한 정보를 제공하여 기업에 대한 인식을 고객에게 심어 주고 이를 통해 고객과의 돈독한 관계를 만들기 위한 것이다.

기업의 웹사이트는 판매 안내책자나 상품 진열장이 될 수도 있고, 직원모집을 위한 광고판으로 이용되기도 하며 기업과 고객 간 또는 고객들 간의 교류의 장으로 이용될 수 있다. 따라서 기업들은 어떤 업무를 웹사이트에 포함시킬 것인가를 결정하고 이에 따라 이를 어떤 형태로 구현시킬 것인가를 결정해야 한다.

웹사이트의 이용 형태는 기업의 운영 정책에 따라 다를 것이며 웹사이트 이용 목적이 상이한 경우에는 동일한 산업체 군에 속한 기업들일지라도 웹사이트에 다르게 표현되고 있다. 다음과 같은 웹사이트 예를 보면서 이에 대해 생각해 보기로 하자.

맥도날드와 버거킹은 햄버거 판매라는 같은 사업 영역에서 둘 다 매우 강한 브랜드 이미지를 가진 기업들이다. 그러나 이들은 매우 다른 형태의 웹사이트를 구축하고 있다. 다음 두 사이트를 보고 각 사이트가 어떤 이미지를 떠올리게 하는지 생각해 보기로 하자.

한국 맥도날드 홈페이지의 메뉴 속에 들어 있는 맥도날드에 대해 안내하는 문구를 보면 "사람이 맥도날드 비즈니스의 핵심"이라고 강조하고 있다. 그림 8-1 의 한국 맥도날드 홈페이지는 이를 잘 반영하고 있는 듯하다. 이 홈페이지의 모양은 자유롭게 대화하며 식사를 즐기는 만남의 장소 같은 분위기를 보여준다.

한편, 버거킹은 맥도날드와 달리 가장 맛있는 햄버거를 제공함을 강조하고 있다. 그림 8-2 의 한국 버거킹의 홈페이지는 강렬한 붉은색 바탕위에 올려놓은 선명한 햄버거 사진으로 맛깔스런 햄버거의 형태를 강조하고 있다.

위의 두 기업의 홈페이지를 보고 어느 사이트가 더 좋고 어느 사이트가 나쁘다 하는 결론을 내릴 수는 없다. 두 기업 모두 같은 산업체 군에 속해 있고 사업 형태가 비슷하지만 각 기업이

그림 8-1 한국 맥도날드 홈페이지

그림 8-2 한국 버거킹 홈페이지

서로 다른 형태의 웹사이트 이용 접근을 시도하고 있기 때문이다. 여기서 가장 중요한 문제는 웹사이트에 각 기업의 웹사이트 구축 목적이 충실히 반영되어졌는가 하는 점이다. 이에 대한 답은 긍정적이라고 할 수 있다. 맥도날드의 웹사이트는 고객에 친밀하게 다가서는 기업이미지를 보여주고 버거킹의 웹사이트는 맛있는 햄버거 제조 기업의 이미지를 보여주기 때문이다.

기업의 웹사이트 이용 목적을 달성하기 위한 효과적인 웹사이트를 구축하기 위해서는 사업 분야, 기술력 및 사회적 관념 등에 대한 세밀한 이해를 가질 필요가 있으며 또한 웹사이트 구축을 위한 체계적인 접근 방법과 노력이 요구된다. 이와 더불어 기능적인 면에서 좋은 사이트로 평가받기 위해서는 네비게이션 기능이 단순하고, 검색 기능이 정밀하고, 제품 설명이나 가격이 명백하게 제시되어 있고, 고객을 배려한 특성이 잘 반영되어 있어야 한다. 오늘날 수많은 웹사이트들이 만들어지고 있으나 이들 중 많은 사이트들이 사용자의 요구에 부합되지 않게 만들어져 있기 때문에 그 사이트를 방문한 고객들의 욕구를 제대로 충족시켜 주지 못한 결과를 초래하여 고객의 이탈을 조장하고 있다.

성공적인 웹사이트를 구축하기 위한 가장 중요한 도전과제는 앞에서도 언급하였듯이 첫째, 기업의 사업 목적에 맞게 웹사이트 구축 목적을 올바로 정립하여 이를 웹사이트에 반영하는 것이다. 둘째, 웹사이트를 구축을 위한 체계적인 접근 방법과 올바른 기술을 선택하는 것이다. 이를 위해서는 기업의 웹사이트를 구축하기 위한 전반적인 계획을 세우고 기업 거래의 내부적 기초 요소들을 이해할 수 있어야 한다.

제2절 웹사이트 구축 단계

웹사이트 구축은 우선 구축하고자 하는 사이트를 이용하여 무엇을 할 것인가를 정한다음 구축 과정에 대한 청사진을 만들어 내야 한다. 이러한 사이트 구축에 사용되는 방법

중의 하나는 시스템 개발 생명주기(Systems Development Life Cycle : SDLC)이다. SDLC는 시스템 개발을 할 때 시스템의 생성에서 소멸까지의 반복적 변환 과정을 말하는데, 기업의 사업 목적을 이해하여 이에 대처할 수 있는 적당한 해법을 설계하는 방법이다. SDLC 방법을 채택하는 것이 언제나 성공을 보장하는 것은 아니나 아무 방법도 없이 무작정 사이트 구축에 덤벼드는 것보다는 좋다고 본다. 일반적으로 SDLC 방법을 채택한 개발 단계는 기본적으로 계획, 분석, 설계, 구축 및 평가의 다섯 단계로 이루어진다. 그러나 본 장에서 설명하고자 하는 웹사이트 구축에서는 이를 변형하여 기획, 설계, 구축, 테스트 및 유지관리의 4단계로 설명하고자 한다. 그림 8-3 에서 보듯이 기획 단계에서는 웹사이트 계획과 고객 성향에 대해서 논하고, 설계 단계에서는 웹사이트 내용 구축과 웹사이트 구조 정의에 관하여 논의한다. 웹사이트 구축 단계에서는 가시적 설계를 개발하는 방법을 보여주고 테스트 및 유지관리 단계에서는 구축한 웹사이트에 대한 테스트와 유지관리 방법을 논하도록 한다.

그림 8-3 웹사이트 구축 단계

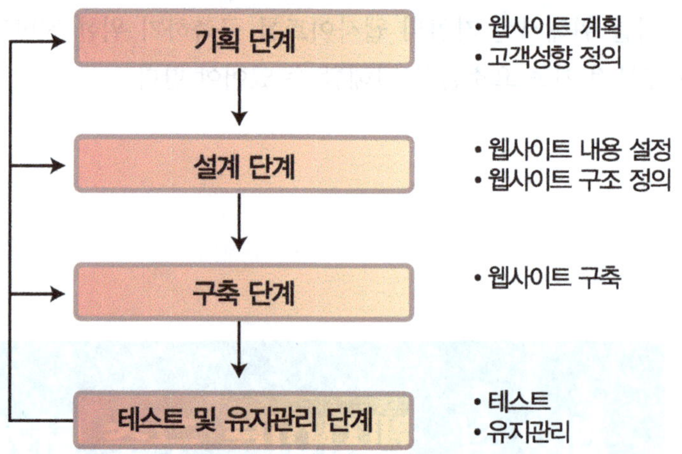

1. 기획 단계

1) 웹사이트 계획

기획 단계에서 웹사이트 계획은 가장 기초가 되는 과정이다. 웹사이트 계획이란 웹사이트의 목표를 정의하는 것을 말한다. 즉, 이 과정에서는 비용 대비 효익을 검토하여 투자 규모를 결정하고 웹사이트를 어떤 목적으로 이용할 것인가를 정의해 준다. 웹사이트를 이용하는 기업들이 웹사이트를 통해 얻고자 하는 바는 여러 가지일 수 있으나 일반적으로 다음과 같이 요약될 수 있다.

- 웹사이트로 방문자를 유도
- 방문자들이 오래 머물러 있고 탐색할 수 있도록 웹사이트를 재미있게 제작
- 정보를 얻기 위한 링크를 탐색하도록 방문자들을 격려
- 바람직한 기업 이미지를 지속적으로 심어 줄 수 있는 감명 생성
- 방문자가 이미 갖고 있는 기업에 대한 긍정적 이미지 각인

위와 같은 기업의 의도는 앞에서 언급하였던 한국 버거킹과 한국 맥도날드의 홈페이지에서 잘 볼 수 있다. 그림 8-2 의 버거킹 홈페이지를 보면 고객의 시선을 붙잡아 고객을 유도하기 위하여 먹음직한 햄버거를 전면에 내세운 것을 볼 수 있다. 이와 달리 그림 8-1 의 맥도날드는 편안한 휴게실 분위기로 고객의 시선을 끌려고 하고 있다. 비록 버거킹과 맥도날드가 생성한 홈페이지에 대한 인상이 서로 다를지라도 두 기업은 그 기업들이 원하는 이미지를 홈페이지에 표출하고자 노력한 것을 알 수 있다. 또한 이 두 웹사이트는 고객들이 이미 갖고 있는 그들 기업의 긍정적인 이미지를 각인시키고자 의도되어 있는 것을 알 수 있다.

인터넷 세상에는 수백, 수천만 개의 웹사이트가 존재한다. 그러나 잘 만들어진 웹사이트로 평가 받는 웹사이트들은 이 중 일부에 지나지 않고 많은 수의 웹사이트들이 지적을 받으며 고객들로부터 외면당하고 있다. 이러한 웹사이트에 대한 평가의 기본은 고객들이기 때문에 웹사이트 개발에 있어서 고객들의 성향을 알아내는 것은 가장 중요한 요인이 된다.

2) 고객성향 정의

1990년대 중반 기업들이 웹사이트를 운영하기 시작할 무렵에는 웹사이트의 기능은 단지 이들 기업들의 사업에 관한 정보를 올려놓는 수준이었다. 오직 몇몇 기업에서만이 잠재 고객들이 웹사이트를 통해 무엇을 원하는가에 대한 시장조사를 하였을 뿐이었으며 웹사이트를 사업에 이용하기 위한 내부 업무 조종을 시도한 회사는 거의 없었다. 이 시기의 웹사이트 운영을 보면 그들의 웹사이트에 이메일 주소를 연결시켜 놓은 회사도 드물었다. 이메일 주소를 연결시켜 놓은 회사라 할지라도 방문자가 보내 온 이메일에 답변할 직원을 충분히 확보하지 않은 경우가 많았다. 따라서 많은 방문자들은 그들이 보낸 이메일에 대한 답을 들을 수 없었다. 기존 기업 운영에서 볼 수 있었던 이와 같은 상황은 많은 기업들이 웹사이트를 구축하면서 의도했던 결과를 얻지 못했던 이유 중의 하나다.

대부분의 기업 웹사이트는 기업에 관한 상당히 표준적인 정보를 모을 수 있는 링크를 포함하고 있다. 이러한 웹사이트에서는 고객들이 기업의 역사, 기업의 목표, 제품이나 서비스에 관한 정보, 기업의 재정에 관한 정보, 기업과 교류할 수 있는 방법 등을 살펴볼 수 있게 되어 있다. 그러나 기업이 앞에 열거한 것과 같은 정보를 어떠한 방법으로 제공하는가에 따라 웹사이트를 통해 기업이나 고객들이 얻는 성취도는 달라진다. 즉, 웹사이트를 어떻게 설계하는가가 중요하다는 것이다.

웹사이트의 시각적 형태의 질이 중요한 것은 사실이나 이보다 더 중요한 것은 웹사이트가 기업과 고객들의 상호 교류 매체라는 점을 인식하여야 한다는 것이다. 웹사이트를 사업에 효과적으로 이용하기 위해서는 기업 웹사이트를 방문하는 모든 방문자들이 기업의 잠재 고객들임을 인지하고 모든 방문자들의 특성 변화에 주의를 기울여야 한다. 왜냐하면 웹 사이트를 방문하는 사람들의 대부분이 우연히 들른 것이 아니고 각기 들른 이유를 갖고 있기 때문이다. 따라서 웹 설계자는 웹사이트를 설계할 때 모든 사람들에게 유용한 사이트를 만들고자 노력하여야 한다. 이를 위해서 웹 설계자는 우선 방문자들의 사이트 방문 이유를 알아야 한다.

웹사이트 방문자들의 방문 이유는 다음과 같이 나열할 수 있다.

- 회사가 제공하는 제품이나 서비스에 관해 알고자 함
- 회사가 제공하는 제품이나 서비스를 사고자 함
- 방문자들이 구입한 제품에 대한 보증, 서비스 또는 수리정책에 관한 정보를 얻고자 함
- 기업에 관한 일반적인 정보를 얻고자 함
- 투자나 신용허가 결정을 위한 재정적 정보를 얻고자 함

- 기업을 운영하는 경영자를 알고자 함
- 기업의 직원이나 부서와 접촉할 수 있는 전화번호나 정보를 얻고자 함

위와 같이 여러 종류의 방문 동기를 가진 방문자들의 필요를 충족시키기 위한 웹사이트 생성은 쉽지 않다. 웹사이트 방문자들이 각기 다른 요구 조건을 갖고 웹사이트에 들어옴은 물론 이들의 경험 정도도 서로 다르기 때문이다. 더욱이 웹사이트를 구축하는데 있어서 방문자들의 성향을 전혀 모르는 상태로는 작업을 시작할 수 없다. 적어도 어떤 부류의 사람들이 어떤 목적을 갖고 웹사이트를 방문할 것인가를 예측할 수 있다면 웹사이트 구축에 상당한 도움이 될 수 있을 것이다. 여기에 방문자 성향 예측의 중요함이 있다.

방문자 성향 예측을 위한 첫 번째 단계는 방문 가능한 사람들의 목록을 작성하고 분류하는 것이다. 방문자를 분류하기 위한 한 방법은 오프라인 사업체나 상점의 고객 집단을 기초로 시도해 볼 수 있다. 고객 분류를 위한 쉬운 예로서 전자제품을 파는 상점의 고객들을 예로 보면, TV나 냉장고 등 고가의 대형 가전제품을 찾는 고객들은 주로 30대 이상이 많을 것이고 게임기나 소소한 전자제품을 많이 찾는 고객들은 10대나 20대의 젊은이들이 많을 것으로 유추할 수 있다. 이러한 분류 방법을 기준으로 구축하고자 하는 웹사이트의 고객 집단을 유추해 보는 것도 한 방법일 수 있다. 또 다른 방법으로는 기존 기업들을 대상으로 한 설문조사, 일반인들을 대상으로 하는 설문조사, 표적 집단에 대한 인터뷰 및 경쟁관계에 있는 업체의 웹사이트를 이용하는 고객 검토 등을 이용하는 것이다. 방문자 성향 예측의 다음 단계는 웹사이트를 방문할 잠재 고객들이 웹사이트를 방문할 경우 웹사이트에서 바라는 것들이 무엇인지 정리해 보는 것이다. 즉, 이미 앞에서 추정하여 언급하였던 방문자들의 웹사이트 방문 동기 외에 추가적으로 고객이 원하고 고객에게 제공할 수 있는 서비스가 무엇인지를 고려하여 웹사이트의 컨텐츠를 조정하고 정리하는 것이다.

2. 설계 단계

좋은 웹사이트 설계는 고객들이 원하는 정보를 빨리 찾을 수 있도록 고객들의 경험을 증진시킬 수 있어야 한다. 고객 유치에 있어서 속도와 반응은 결정적이다. 여기에 관계된 법칙 중에 8초 법칙이라는 것이 있다. 만일 고객들이 검색 결과를 얻는 데 8초 이상 기다리게 하면 그들은 웹사이트를 떠나 다른 곳으로 옮겨 간다는 것이다. 이 법칙을 예로 들은 것은 8초 자체가 중요한 것이 아니라 웹사이트를 찾는 고객들은 참을성이 없다는 것

을 강조하기 위한 것이다.

웹사이트 설계 단계는 웹사이트 내용 설정과 웹사이트 구조 정의로 나누어진다.

1) 웹사이트 내용 설정

이 과정에서는 웹사이트에 포함할 내용에 대한 아이디어를 생성하고 이를 고착시켜야 된다. 즉, 이 과정에서는 웹사이트의 구조를 생성하고 조립하기 위하여 필요한 내용들을 모으는 데 초점을 맞춘다. 예를 들어 전자제품 판매기업을 위한 웹사이트를 구축하고자 한다면 여기에 어떤 내용을 포함시켜야 할 것인가를 생각해 보자. 이 기업의 홈페이지에는 당연히 이 기업에서 취급하고 판매하는 모든 전자제품들의 사진이나 기능 등 이들 제품들에 대한 정보들을 포함시키고 이와 더불어 이 기업의 기업 연혁, 위치, 연락처와 고객을 위한 개인정보보호정책 등을 포함시켜야 할 것으로 여겨진다. 그러나 이들 내용만으로 충분할 것인가 생각해 볼 필요가 있다. 웹사이트의 구체적 세부 내용을 만들기 위해서는 모든 아이디어를 동료/직원들과 상의하여 의견을 종합하거나 델파이 기법을 이용하여 동료/직원들 모두가 각자의 아이디어를 제출하고 이를 종합하여 새로운 안을 수립하는 것이 기본적인 방법이다.

웹사이트에 관한 아이디어를 고착시키기 위해서는 컨텐츠나 웹사이트의 기능적 역할에 대한 목록을 만드는 것이 도움이 된다. 이 목록에 들어갈 내용으로는 다음과 같은 네 가지를 들 수 있다.

- 웹사이트의 개념
- 웹사이트 목표
- 마케팅 및 홍보전략
- 웹사이트 운영전략

웹사이트의 개념에는 웹사이트를 통해 기업이 고객들에게 무엇을 알리고 싶은가 하는 것과 이를 위한 컨텐츠의 종류는 무엇이며 또한 고객의 편의를 위한 네비게이션 방식은 무엇으로 할 것인가와 같은 개념 전달 요소가 포함된다. 웹사이트 목표에 속하는 내용은 웹사이트를 운영하는 목적과 웹사이트에서 제공하는 핵심 서비스에 관한 내용이다. 마케팅 및 홍보 전략에는 제품의 가격 및 홍보방법, 대고객 신뢰 형성을 위한 방안, 마일리지 제공, 특별 할인 이벤트 등과 같은 내용을 포함한다. 웹사이트 운영전략에는 고객지원 및 개인정보보호정책, 사이트 운영에 관한 내부 규정 및 기준, 상품의 배송, 반납 및 환불 정책 등을 포함한다. 운영전략에 관한 내용을 좀 더 구체적으로 나열하면 다음과 같다.

- 제품/서비스에 관한 정보
- 간략한 주문절차
- 신뢰성 있는 배송
- 개인정보보호정책의 표시
- 반품, 교환 정책
- 결재방법
- 판매자의 신뢰를 위한 소개나 평가
- 고객의 제품/서비스 평가 후기
- 타 기업의 제품/서비스 가격 비교
- Q&A 기능

위와 같은 컨텐츠나 웹사이트의 기능적 역할에 대한 목록이 완성되면 웹사이트의 목표와 앞의 단계에서 논의하였던 방문자들의 성향을 고려해서 각 기능의 구축 우선순위를 정해야 한다. 모든 기업 업무에서와 마찬가지로 이 과정에 대한 처리 절차도 설계 문서로 남겨야 한다. 이 설계 문서에는 컨텐츠가 어떻게 모아졌으며 어떤 이유로 웹사이트 설계에 최종적으로 포함되어졌는가에 대한 대략적인 기록이 포함되어야 한다. 이 문서의 형태는 처음에 웹사이트 설계에 관여한 사람이 떠나고 새로운 사람이 웹사이트에 대한 유지 보수를 이어받아야 할 때에도 아무런 어려움 없이 유용하게 사용할 수 있도록 만들어져야 한다.

2) 웹사이트 구조 정의

이 과정에서는 좋은 웹사이트 구조를 만들기 위하여 첫째, 컨텐츠 항목을 표현하기 위한 여러 가지 방법을 모색한다. 둘째, 설계 구조 청사진을 정의한다. 셋째, 웹사이트에서 사용자의 이동에 관련된 네비게이션 방법을 결정하는 데 초점을 맞춘다. 이 과정을 거쳐 웹사이트 구조가 만들어지면 쉽게 이용할 수 있는 웹사이트 네비게이션이나 잘 배치된 페이지와 템플릿 등을 기대할 수 있다.

웹사이트의 구조를 가시화시키기 위해서는 기업의 업무구조 형태를 이용하는 방법과 웹사이트의 특성에 맞는 그래픽 요소에 의존하는 방법이 있다. 예를 들어, 만약 대출에 중점을 둔 은행 사이트를 만들고자 한다면, 웹사이트의 구조는 여러 가지 대출 형태에 의

하여 논리적으로 묶여진 서비스를 기초로 하여 만들 수 있다. 또한 만일 음악 CD 판매에 관련된 웹사이트를 만들 경우에는 사용자가 음악을 미리 들어 보아 판단할 수 있도록 이 웹사이트를 설계할 때 실제로 음악을 틀고 끌 수 있도록 시작, 정지, 임시중지 등의 아이콘을 만들어 포함시키는 것이 좋다. 이 웹사이트를 방문하는 사용자들은 CD를 틀어 보기 위하여 새로운 사용법을 배우는 부담을 가질 필요가 없고 단지 CD 플레이어를 사용해 본 경험만 있으면 된다.

설계 구조 청사진을 정의하는 것은 어떻게 사이트에 있는 요소들이 한데 묶여지고 그리고 서로 어떻게 관계되어지는가를 보여주는 다이어그램을 포함한다.

이 청사진을 보면 제안된 설계와 계획된 순서를 이해하기가 쉽다. 이러한 청사진은 사이트를 설계하는 설계자와 사이트 설계를 의뢰한 고객 간의 대화의 장으로 쓰여질 수 있는데, 이 청사진을 놓고 양자는 의견을 교환하여 수정을 거친 후 최종 청사진을 작성하게 된다.

다음 그림 8-4 는 은행의 설계 구조 청사진을 보여준다. 이 청사진에서는 은행의 업무를 세 가지 서비스로 나누고 각 서비스에 속하는 세부적인 업무들을 보여준다. 이 청사진을 보면서 설계자와 고객은 업무상 빠진 부분이 있는지 잘못 구성된 업무가 있는지 상

그림 8-4 은행 업무 구조

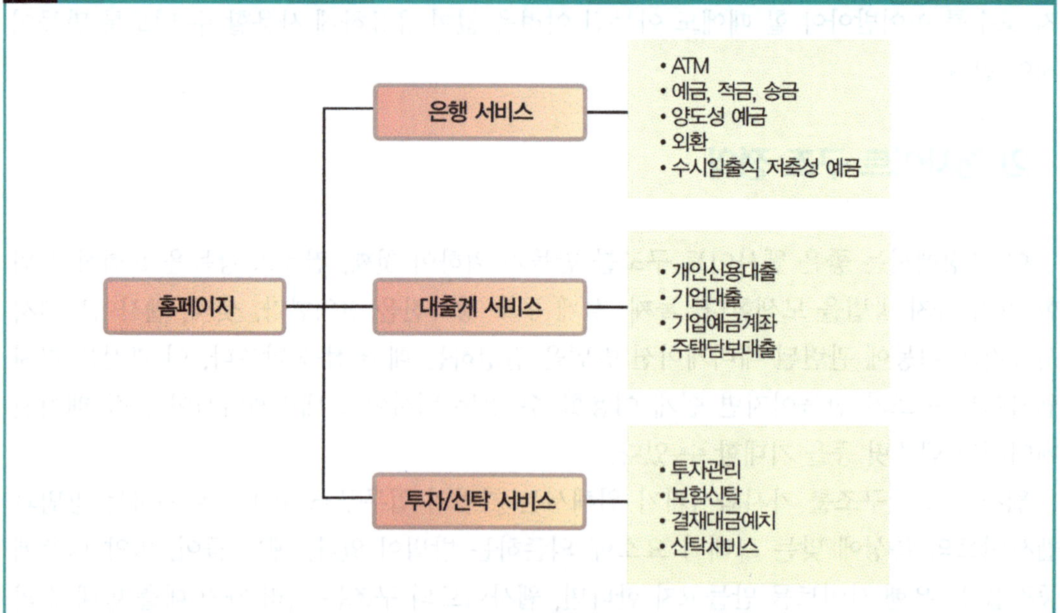

의하고 확인할 수 있다.

웹사이트 네비게이션에 관한 정의도 이 단계에서 만들어진다. 사용자들은 이 웹사이트를 어떻게 사용할 것인가? 그들은 한 페이지에서 어떻게 다른 페이지로 이동할 것인가? 어떻게 이들을 다른 경쟁자 웹사이트로 옮겨가지 않게 할 것인가? 이와 같은 점을 고려하여 여러 가지 형태의 네비게이션 방법을 사용한다. 예를 들자면, 여러 포탈 사이트에서 볼 수 있듯이 주제 목록에 링크를 걸어 사용할 수도 있고 컴보박스를 이용한 선택 메뉴를 사용할 수도 있다. 또한, 이는 은행 웹 사이트에서 볼 수 있듯이 대출, 계좌확인, 송금 등과 같이 서로 연관된 항목들의 목록을 사용할 수도 있다.

3. 구축 단계

사이트 구축 단계는 가시적 시스템을 개발하는 것이다. 이 단계의 목표는 방문자에게 웹사이트에 대한 전반적인 구도를 인식시켜 주는 것이다. 즉, 웹사이트에서 방문자의 현 위치는 어디에 있으며, 어느 경로를 밟아 이동해 왔으며, 어떻게 지속할 것인가 하는 것이다. 이를 위한 첫 번째 단계는 다양한 범주의 방문자 요구사항을 수용할 수 있는 유연한 웹사이트 인터페이스를 생성하는 것이다.

웹사이트의 인터페이스는 웹사이트가 방문자들에게 제공하는 개관으로서 사이트의 배치, 색상, 하이퍼링크, 이미지 등을 포함한다. 사이트에 따라서는 방문자에게 그래픽 이미지를 제외하고 문자만을 볼 수 있는 선택권을 주기도 한다. 많은 그래픽 이미지를 실은 사이트는 방문자들의 웹 브라우저를 느리게 만들기 때문이다. 설계가 잘된 웹사이트에서는 방문자들이 내용의 상세한 정도, 선택한 아이템의 전시, 다운로드 형식 등을 선택할 수 있도록 되어 있다. 많은 사이트에서는 제품 종류별로 제품 정보를 체계화시켜 놓고 간단한 설명과 곁들여 제품 종류에 있는 아이템 사진을 포함하고 있는 페이지로 하이퍼링크를 연결시켜 놓고 있다. 이러한 사이트에서는 방문자들에게 하이퍼링크로 연결된 제품 사진을 클릭하는 선택권을 주어 제품에 대하여 좀 더 자세한 설명이 들어 있는 페이지로 이동할 수 있게 해 주고 있다. 웹사이트는 방문자에게 여러 형식으로 만들어진 정보를 볼 수 있는 링크를 제공하는 것이 좋다. 예를 들면, 기업의 재정 상황을 보여주는 파일도 HTML 파일, PDF 파일 또는 EXCEL 파일 등으로 만들어서 파일에 따라 각기 다른 링크를 만들어 주어 방문자들이 각기 사용할 수 있는 소프트웨어에 맞추어 링크를 선택할

그림 8-5 격자배치 형태

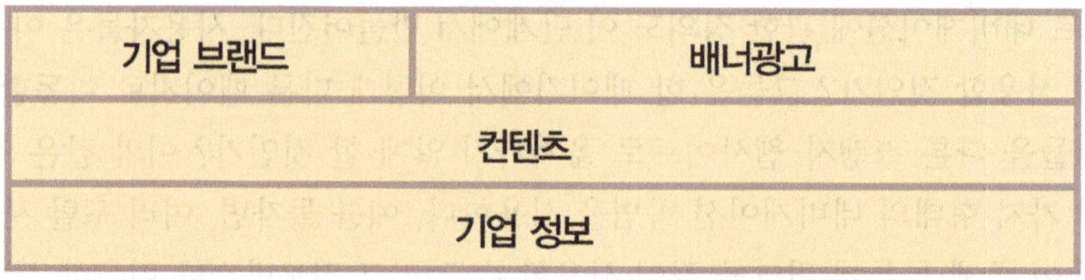

수 있도록 하는 것이 좋다.

유연한 인터페이스 생성과 더불어 사이트 구축을 위하여 필요한 것은 어떠한 형태의 페이지를 만들 것인가를 결정하는 것이다. 이 형태는 컨텐츠 목록에 기반을 두어 결정할 수 있는데 이를 위해 격자배치를 사용할 수 있다. 격자배치는 각 페이지의 형태를 보여주는 템플릿이다. 격자배치의 간단한 예는 그림 8-5 와 같다.

페이지 형식과 형태는 전체 사이트를 통하여 일정한 것이 좋다. 기업의 브랜드는 기업의 이미지를 강조할 수 있도록 각 페이지에 나타내고, 배너 광고 등 수익성 광고를 상단부에 배치하고, 페이지의 중심에는 웹사이트의 중심 내용이 되는 컨텐츠를 배치하도록 한다. 또한, 각 페이지의 하단에는 기업의 이름, 주소 및 전화번호 등과 같은 기업 정보를 배치하여 페이지의 공신력을 높이도록 하는 것이 좋다.

4. 테스트 및 유지관리 단계

웹사이트 구축이 완료되면 웹사이트에 대한 테스트를 통하여 웹사이트에 설계적 오류가 없는지 또는 방문자들이 사용하기에 불편한 점은 없는지를 점검하여야 한다. 현재 운영되고 있는 웹사이트들 중 많은 사이트들이 방문자들의 요구를 제대로 수용하지 못하고 있다고 한다. 웹사이트 이용 목적을 달성하고 있는 성공한 사이트조차도 방문자들과 충분한 교류의 기회를 갖지 못하기 때문에 이러한 면에서 자유롭지 못한 것 같다.

기업의 웹사이트가 사용자의 요구를 충족시키지 못한다는 비판에 따라 몇몇 기업에서는 그들의 웹사이트에 대한 유용성 테스트(Usability Test)를 실시하여 이 문제를 해결하고자 노력하고 있다. 유용성 테스트란 방문자들이 웹사이트를 사용하는 행위를 관찰하고 살펴보는 것인데 방문자들이 정보를 찾기 위해 링크를 이용하며 이동하는 단계마다 방문자들의 느낀 바를 기록하게 하는 것이다. 웹사이트 방문자들의 행동을 기록한 후 이를 분석하면 웹사이트의 어느 부분이 잘 만들어져 있고 어느 부분이 수정되어야 하는가를 알 수 있기 때문에 유용성 테스트는 웹사이트 관리에 상당히 유익하게 사용될 수 있다. 이러한 결과로 유용성 테스트 실시 후에 생성된 웹사이트는 처음에 설계하였던 웹사이트 보다 한결 그 기능이나 형태가 이용자의 편의에 맞추어져 있기 때문에 초기의 웹사이트와 전혀 다른 형태를 지니기도 한다.

테스트 과정을 거쳐 오류나 이용하기에 불편한 부분이 수정되면 웹사이트의 구축이 완료된 것으로 보고 수정 및 보완 과정에 대한 기록을 포함한 프로젝트 완료 보고서를 작성한다.

마지막으로, 개발이 잘된 사이트보다 운영관리가 잘되는 사이트가 더 좋은 사이트라는 말이 있다. 이 말은 사이트의 운영관리가 중요함을 대변한다. 운영관리가 잘되는 웹사이트는 질이 좋은 웹사이트로 평판이 나고 사용자의 이용 빈도가 높아진다. 잘 구축된 웹사이트라 하더라도 주기적인 업그레이드가 이루어지지 않으면 사용자들의 시선에서 멀어지게 된다. 따라서 운영관리에 대한 별도의 계획을 세워 운영관리를 체계적으로 진행할 필요가 있다.

주요 용어

웹사이트 구축 목적	네비게이션	검색기능
시스템 개발 수명주기	기획 단계	설계 단계
구축 단계	테스트 및 유지관리 단계	고객성향
사이트 구조		

연습문제

01 웹사이트 구축 목적에 따라 달라질 수 있는 사이트 형태를 예를 들어 설명하라.

02 기업들이 웹사이트를 통해 얻고자 하는 바가 무엇인지 기술하라.

03 고객들이 기업의 웹사이트를 방문하는 이유들이 무엇인지 기술하라.

04 웹사이트의 기능적 역할에 들어갈 목록들이 무엇인지 기술하라.

05 웹사이트 운영에 필요한 내용들을 기술하라.

06 웹사이트 구축 단계를 설명하라.

세계에서 가장 뛰어난 웹사이트, 국내 업체 수상
유플리트, FWA '오늘의 웹사이트' 로 선정

[사진=유플리트]

디지털에이전시업체 유플리트(www.uPleat.com)의 홈페이지가 웹어워드코리아2007 최우수상 수상에 이어 세계적인 홈페이지 평가기관인 영국의 FWA(Favorite Website Awards : www.thefwa.com)의 '오늘의 웹사이트(Site of the Day)' 에 선정됐다.

FWA는 2000년에 설립돼 전세계의 웹사이트를 통틀어 가장 뛰어난 기술력과 크리에이티브가 돋보이는 사이트를 하루에 한 곳씩 선정해 '오늘의 웹사이트' 로 발표하고 있다. 선정된 웹사이트는 FWA 홈페이지의 site of the day(S.O.T.D)에 금띠를 두르고 게시된다. FWA에는 현재 우리나라의 몇몇 마이크로 사이트가 선정돼 있기는 하지만, 아직까지 그 점유율이 다른 나라들에 비해 매우 낮아 의미가 크다.

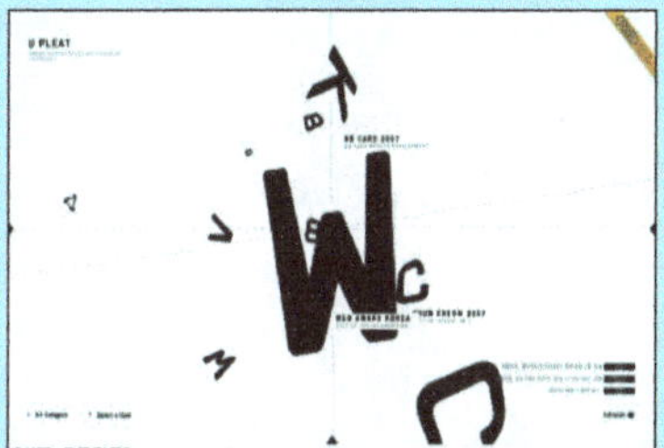
[사진=유플리트]

유플리트 홈페이지는 'Experience Shock Wave!(새로운 경험, 새로운 커뮤니케이션)' 란 컨셉을 바탕으로 상호적 관계성을 flexible(유연)한 조합과 재조합, 상호적인 관계와 소통을 내포하고 있는 유플리트의 CI를 통해 표현했다.

웹이란 매개체의 등장 이래 방대한 정보들이 등장하게 됐고, 사용자들은 이런 방대한 정보에서 필요한 정보를 찾기 위해 많은 불편함을 겪는다는 점에 착안, 필요한 정보와 최소한의 요소인 점, 선, 면을 모티브로 한 극단적인 미니멀(minimal) 디자인을 보여주고 있다. 전체적인 분위기는 조선시대 선비의 한복과 상투, 창호지와 먹 등 Black &White의 대조적인 조합을 통해 정형화되지 않은 자연스러움으로 한국적인 디자인 정서를 담고자 했다.

(아이뉴스24, 김현아)

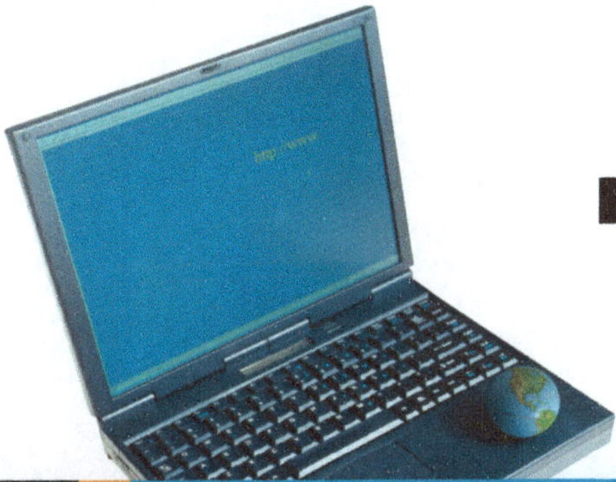

CHAPTER 9

쇼핑몰 창업

학습목표

이 장에서는 다음과 같은 내용을 학습한다.

- 인터넷 쇼핑몰의 개요
- 인터넷 쇼핑몰 운영전략
- 인터넷 쇼핑몰 창업 과정
- 쇼핑몰 구축 연습

초고속 인터넷 사용률 세계 1위, 인터넷 사용자 밀도 세계 2위 등 우리나라는 지금 인터넷을 통해 수많은 일들이 벌어지고 있다. 쇼핑, 게임, 정보검색, 동호회뿐만 아니라, 은행거래, 전자정부, 사이버대학 등 사회 기능의 대부분을 인터넷을 통해 제공받을 수 있다. 인터넷을 통한 다양한 매체의 증가로 인해 과거와는 달리 기존의 10~20대 혹은 일부 전문 종사자들만 이용하던 인터넷 컨텐츠 및 서비스를 연령과 직업을 초월하여 대부분의 국민이 이용하게 되었다.

이렇듯 발달하는 인터넷을 활용하는 경영의 한 방법으로 인터넷 쇼핑몰을 생각할 수 있다. 인터넷 쇼핑몰 구축의 이론적 배경으로는 제8장에서 학습한 웹 사이트 구축 내용을 활용할 수 있으며, 전자상거래가 인터넷을 통해 상품을 주문하고 판매하는 일련의 과정이라는 점에서 전자상거래 개념을 바탕으로 제4장에서 배운 인터넷 마케팅을 잘 활용한다면 성공적인 인터넷 쇼핑몰을 운영할 수 있을 것으로 여겨진다.

제1절 인터넷 쇼핑몰의 이해

1. 인터넷 쇼핑몰의 개요

인터넷 쇼핑몰이란 컴퓨터 통신망인 인터넷 가상공간과 사람들이 쇼핑을 하는 전용 상가를 뜻하는 쇼핑몰의 합성어로서 인터넷의 가상공간에 상품을 진열하고 판매하는 쇼핑몰을 말한다. 인터넷 쇼핑몰은 기업과 소비자 사이에 이루어지는 전자상거래의 가장 대표적인 형태이다. 이 상거래 절차는 앞의 그림 3-1 에서와 같이 쇼핑몰 운영자가 상품의 사진을 포함한 상품 정보를 컴퓨터 화면으로 볼 수 있도록 쇼핑몰 홈페이지에 진열해 놓으면 소비자들이 쇼핑몰 사이트를 방문하여 상품을 찾아 주문하고 대금을 지불하면 쇼핑몰 운영자가 주문한 상품을 고객에게 배달하는 것이다.

인터넷 쇼핑몰은 전 세계 인터넷 사용자를 고객으로 삼아 거래할 수 있기 때문에 무한한 성장 잠재력을 내포하고 있다. 소비자 입장에서 볼 때 인터넷 쇼핑몰을 이용하면 직접 상점을 찾는 일 없이 인터넷을 이용하여 전 세계의 상품에 대한 가격 및 품질 등을 비교해 가며 값싸게 살 수 있다는 장점이 있기 때문에 인터넷 쇼핑몰에 대한 매력이 점차 늘어나기 때문이다. 또한 쇼핑몰 운영자 입장에서 볼 때 인터넷 쇼핑몰은 비용 절약 면에서 상당한 매력을 제공한다. 왜냐하면 쇼핑몰을 구축하고 운영하는 데 드는 비용은 실제 매장을 갖추는 데 들어가는 비용에 비하여 상당히 적게 들고 건물 임대료와 같은 운영비도 크게 걱정할 필요가 없기 때문에 비용 감소에 따른 상품 가격 인하로 소비자 유치에 도움을 받기 때문이다.

그러나 워낙 많은 쇼핑몰들이 존재하기 때문에 인터넷 검색을 통해 제공되는 방대한 정보 속에서 소비자들은 자신의 의도에 맞는 상품 정보를 골라내기가 쉽지 않은 경우도 있으며, 반품 처리나 애프터서비스에 대한 처리가 제대로 되지 않는 등의 문제점이 있는데 이는 쇼핑몰 운영자 입장에서 앞으로 해결하여야 할 과제이다. 더욱이 국제적인 거래를 고려한다면 가장 심각하게 고려해야 할 문제로 여겨진다.

2. 인터넷 쇼핑몰 운영전략

인터넷 쇼핑몰을 이용하여 창업하는 사람들이 늘어나고 있다. 이와 같은 창업을 하기 위해서는 당연히 인터넷 쇼핑몰을 구축해야 하는데 인터넷 쇼핑몰은 기본적으로 다음과 같은 기능을 포함하고 있어야 한다. 첫째, 고객 입장에서는 상품을 구매할 수 있어야 한다. 둘째, 쇼핑몰 운영자 입장에서는 상품을 등록하고 고객의 주문을 포함한 쇼핑몰 전반에 대한 모든 관리가 가능해야 한다. 쇼핑몰 구축과 운영은 동시에 고려해야 하는데 이에 따라 쇼핑몰 운영 전략이 달라진다. 즉, 인터넷 쇼핑몰의 운영 전략은 그림 9-1 과 같이 기존의 업체 사이트에 편승해서 운영할 것인지 아니면 독립적인 쇼핑몰을 구축하여 운영할 것인지에 따라 달라진다. 이 방식들은 각자 장 · 단점을 갖고 있는데 그 특성에 대해서 살펴보기로 하자.

그림 9-1 인터넷 쇼핑몰 운영 전략

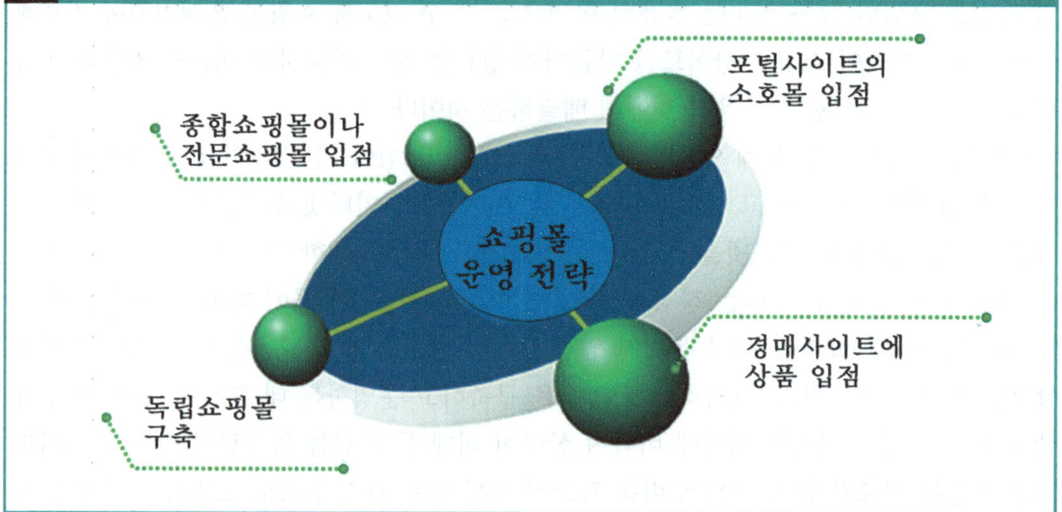

1) 종합 쇼핑몰이나 전문 쇼핑몰에 입점하는 방식

인터넷 쇼핑몰은 모든 상품을 함께 판매하는 '종합 쇼핑몰' 과 특정 품목만을 취급하는 '전문 쇼핑몰' 로 구분해 볼 수 있다. 종합 쇼핑몰의 예로는 GSeshop(www.lgeshop.com), 인터파크(www.interpark.com), G마켓(www.gmarket.co.kr), CJ몰(www.cjmall.com)

등이 있는데 이는 오프라인의 백화점과 같은 쇼핑몰이다. 그림 9-2 는 종합 쇼핑몰인 GSeshop을 보여준다. 전문 쇼핑몰은 특정 상품이나 소수 상품만 취급하는 쇼핑몰로서 그 예로는 마이크몰(www.mikemall.com)을 들 수 있다 그림 9-3 . 마이크몰에서는 마이크나 음향시스템에 관계된 상품만을 전문으로 취급한다.

그림 9-2 종합 쇼핑몰 GSeshop

그림 9-3 전문 쇼핑몰 마이크몰

종합 쇼핑몰은 그 특성상 사업 규모가 크기 때문에 종합 쇼핑몰에 입점하게 되면 백화점에 입점하는 것과 같은 장점이 있다. 종합 쇼핑몰에 입점한 경우의 장점은 다음과 같다.

- 확실한 상권 보장
- 적은 초기 구축비용
- 쇼핑몰 운영 용이

종합 쇼핑몰에 입점하게 되면 이미 있는 기존 상권에 편입되는 것이기 때문에 비교적 쉽고 간단하게 쇼핑몰을 시작할 수 있고, 초기 구축비용이 적게 든다. 또한, 별도로 마케팅 활동을 하지 않더라도 종합 쇼핑몰의 명성에 의존하여 상품을 판매할 수 있고 고객 유치 또한 비교적 쉽다는 장점이 있다.

그러나 이러한 장점에 비해 그 단점도 어렵지 않게 찾아볼 수 있다.

- 까다로운 입점 절차
- 독자적 고객 관리의 어려움
- 어려운 사업 능력 축적

종합 쇼핑몰에 입점하려는 신청이 점차 증가하면서 심사 절차가 점차 까다로워지고 있다. 종합 쇼핑몰에 대한 입점은 주로 기업이나 전문 도매업체 위주로 입점이 이루어지고 있는데 이는 점차 까다로워지는 입점 조건으로 인해 개인이나 소호 사업자의 입점이 상당히 어렵기 때문이다.

종합 쇼핑몰에 입점하게 되면 고객 유치에 어려움이 없는 것은 사실이나 종합 쇼핑몰을 찾는 고객이 자신만의 고객이 아닌 종합 쇼핑몰의 고객이기 때문에 독자적인 고객관리가 어려워 고객을 대상으로 하는 개별적 마케팅이나 서비스를 기대하기가 어렵다. 이에 따라 오늘날 사업의 기본으로 생각하는 고객관리를 바탕으로 한 사업에 대한 독자적인 노하우를 축적하기 어렵다. 이러한 까닭에 종합 쇼핑몰에 입점하게 되면 쇼핑몰 운영이 안정적이기는 하나 사업가로서의 발전을 위한 기틀을 마련하기는 어렵게 여겨진다.

종합 쇼핑몰에 대한 개인이나 소호 사업자의 입점이 어려워짐에 따라 이들은 주로 전문 쇼핑몰에 입점신청을 하게 된다. 전문 쇼핑몰은 골프용품이나 등산용품과 같이 한 가지 품목만을 전문적으로 판매하는 쇼핑몰이다. 전문 쇼핑몰은 거대한 규모의 다양한 상품 군을 취급하기 어렵고, 많은 상품을 관리하기 위한 인력이 부족한 경우에 자신의 전문성을 살려 틈새시장을 적극적으로 공략할 수 있다는 점에서 이점을 가진다. 또한 한 가지 상품 군에 특화하게 되므로 종합 쇼핑몰에 비해 전문성을 바탕으로 경쟁력을 가질 수 있다. 그러나 전문 쇼핑몰의 특성상 다양한 상품들의 취급이 어렵기 때문에 시장의 규모가 제한적일 수밖에 없다.

2) 포털사이트의 소호몰에 입점하는 방식

네이버, 다음, 야후, 네이트 등의 포털사이트에는 '소호몰'이라는 메뉴가 있고, 많은 소호몰들이 입점되어 다양한 상품을 팔고 있는 것을 볼 수 있다. 포털사이트에 입점하는 것은 복합 상가에 상점을 내는 것과 비슷한 경우로 자체 홍보능력이 부족한 소호 사업자에게는 유리한 방식이다. 그림 9-4 는 소호몰의 예로 온켓(www.onket.com)을 보여준다.

그림 9-4 소호몰 온켓

포털사이트에 입점하는 방식의 장점은 다음과 같다.

- 좋은 입지 확보
- 저렴한 입점비와 관리비
- 신뢰성 확보
- 홍보의 용이성

창업을 하기 위한 준비 단계에서 제일 처음 고려해야 할 점이 입지 선정이다. 아무리 사업 준비를 잘하더라도 입지 선정이 잘못되면 생각한 것만큼의 성과를 올릴 수 없기 때문이다. 포털사이트의 경우에는 확보된 기존 회원 수가 많고 또한 수시로 많은 사람들이 드나들기 때문에 자신의 쇼핑몰을 방문하는 고객들의 수가 확률적으로 많다고 볼 수 있다. 대부분의 포털사이트의 주 수입원이 쇼핑몰을 통해서 발생한다는 사실을 인지하면 포털사이트의 소호몰 입점은 탁월한 입지선정이라고 볼 수 있다.

또한 포털사이트의 입점비는 10~20만 원, 월 관리비는 4만 4000원 정도로 별로 부담되지 않는 운영 유지비 수준으로 여겨진다.

전자상거래를 발달시키는 데 가장 큰 장애 요인은 상품을 구비하지 않고 쇼핑몰만을 만들어 놓고 고객들을 우롱하는 사기 행각들이다. 이러한 사기 행각으로 고객들은 인터넷상의 쇼핑몰을 안심하고 이용하지 못하는 경우가 많다. 더욱이 신규 쇼핑몰일 경우에 고객 확보가 사업의 성패를 좌우하는 만큼 운영 초기에 고객 확보가 상당히 중요하다고 볼 수 있는데, 포털사이트에 입점할 경우에는 이러한 문제가 비교적 쉽게 해소된다. 왜냐하면 앞에서 언급하였듯이 포털사이트를 이용하는 잠재 고객 수가 많고 또한 이들은 기본적으로 포털사이트의 신용을 믿기 때문에 이에 입점된 소호몰에 대한 신뢰를 보이기 때문이다.

포털사이트에 입점한 소호몰에 대해서는 포털사이트에서 검색 등록은 물론 키워드 검색 서비스가 제공되기 때문에 홍보가 용이하다. 또한 포털사이트에서는 입점 소호몰의 매출 증대를 위해 유료 광고 배너의 운용이나 상품 검색 시 상위 노출 등과 같은 서비스를 제공하고 이 외에도 입점한 쇼핑몰들을 위한 다양한 이벤트를 실시하기 때문에 광고나 홍보비용의 절감도 기대할 수 있다.

그러나 포털사이트에 입점하는 것이 모든 면에서 좋은 것은 아니다. 이의 단점을 살펴보면 다음과 같다.

- 상권 보장의 어려움
- 차별성 없는 쇼핑몰 레이아웃과 쇼핑 기능
- 제한적인 판매 아이템
- 고객관리의 어려움

포털사이트에서는 원하는 대로 입점을 받아들이기 때문에 같은 카테고리에 여러 개의 비슷한 쇼핑몰들이 포함되어 있어서 판매자들 간의 치열한 경쟁을 피할 수 없게 된다. 이 상황을 고객의 입장에서 볼 때 다양한 상품에 대한 가격을 비교하고 살 수 있기 때문에 좋지만, 입점한 쇼핑몰들로서는 상대적으로 제품상태가 너무 쉽게 비교되기 때문에 결국에는 매출을 올리기 위해 가격 경쟁에 뛰어들 수밖에 없게 된다. 따라서 판매자의 입장에서는 안정된 상권을 보장받기 어렵고 과다경쟁이나 출혈 경쟁에 매달리게 된다.

같은 음식을 먹더라도 음식점의 분위기에 따라 그 값을 달리하고 맛이 다를 수 있듯이, 비슷한 품목을 팔더라도 쇼핑몰을 개성 있게 디자인하여 고객의 시선을 끌 수 있어야만 좀 더 많은 고객을 유치하고 상품 가치를 높일 수 있는데 포털사이트 내에 입점할 경우에는 이러한 효과를 얻기가 어렵다. 왜냐하면 같은 포털사이트 내에 입점하는 쇼핑몰들이 모두 같은 포털사이트에서 제공하는 솔루션을 사용하기 때문에 쇼핑몰의 모양이나 기능의 차별성을 보이기가 어렵기 때문이다. 특히 액세서리나 선물용품 등과 같이 디자인을 돋보여야 하는 상품들을 취급할 경우에는 더욱 어려움을 가질 수 있다.

포털사이트에서 채택한 쇼핑몰 솔루션마다 차이가 있긴 하지만, 고객 데이터베이스를 소호몰 자체적으로 관리할 수 없거나 관리 기능이 독립 쇼핑몰 솔루션보다는 떨어지기 때문에 고객 정보를 바탕으로 한 적극적인 고객관리가 어렵다.

3) 경매 사이트에 상품을 올리는 방식

옥션(www.auction.co.kr), 와와(www.waawaa.com) 같은 경매 사이트에는 앞의 경우와는 달리 쇼핑몰이 경매 사이트에 입점하는 것이 아니라 상품이 입점하는 방식이다.

경매 사이트에 상품을 올리는 방식은 상품을 등록하는 절차가 간단하며 고정 가격으로 판매가 가능하고 창업비용이 거의 들지 않기 때문에 직장을 가지고 있으면서 부업을 하려고 하는 사람들이나 인터넷 상거래 경험이 없는 초보자에게 아주 적합하다.

경매 사이트에 상품을 올리는 방식의 장점은 다음과 같다.

- 간단한 창업절차
- 적은 초기 투자비
- 단발성 판매에 적합
- 다양한 상품의 판매 용이
- 안전한 거래 장치

포털사이트에 입점할 경우에는 카드 결제와 무통장 입금을 위한 가상계좌 때문이라도 사업자등록과 통신판매업 신고가 이루어져야 한다. 그러나 경매 사이트에서는 경매 사이트의 회원으로 등록만 하면 사업자등록이나 통신판매업 신고 없이 곧바로 상품을 판매할 수 있다. 이와 더불어 경매 사이트에서는 입점비나 월 관리비가 없기 때문에 경매 사이트에서 소요되는 비용은 상품 판매 등록을 위한 등록 수수료, 판매 후 지불하는 판매 수수료와 신용카드 결제를 위한 결제시스템 이용 수수료이다. 이 중 등록 수수료와 부가 서비스 수수료는 판매 여부와 상관없이 지불해야 하는 비용인데 상품이 판매되면 이 비용을 공제하고 입금되기 때문에 초기 비용은 거의 들지 않는다고 볼 수 있다.

경매 사이트에서는 재고나 이월상품처럼 더 이상 물량 확보가 어려운 상품인 경우는 판매 수량을 미리 정해 놓고 판매할 수 있기 때문에 단발성 판매에 아주 효과적인 사이트이다. 또한 앞에서 논의하였듯이 경매 사이트에는 소호몰이 입점하는 것이 아니라 상품별로 입점하는 것이기 때문에 상품 종류에 제한을 받지 않고 아주 다양한 품목을 판매하기에 적합하다. 이에 따라 희귀한 중고 물품이나 단종된 상품들의 판매도 가능하다. 다양한 상품의 취급에 따라 경매 사이트를 찾는 고객층이 다양하고 수가 많기 때문에 이에 따라 형성된 대규모의 상권을 이용할 수 있다.

경매 사이트에는 입점 심사가 별도로 없고 회원으로 가입만 하면 누구나 자유롭게 판매할 수 있기 때문에 이런 거래 시스템에서 생길 수 있는 부작용을 생각하지 않을 수 없다. 즉, 마음만 먹으면 사기 행각을 시도할 수 있다는 말이다. 이와 같은 낮은 신뢰도 문제를 해결하기 위하여 경매 사이트에서는 신용 등급 관리를 철저히 하고자 노력하고 있으며 안전한 거래 장치를 도입하고 있다. 안전한 거래 장치란 경매 사이트에서 상품을 구입할 때 고객이 지불한 대금이 고객이 상품을 받아본 후 상품의 하자가 없음을 확인하고 구매 의사를 밝혀야만 판매자에게 입금되게 한 것이다.

경매 사이트에는 소호몰이 입점하는 것이 아니라 상품을 올리는 방식이기 때문에 이에 따르는 단점도 여러 가지 있다.

- 낮은 고객 충성도
- 수수료 부담
- 치열한 가격 경쟁
- 차별성 없는 상품 정보 설계
- 고객관리의 어려움

경매 사이트는 상품이 입점하는 방식이라 고객들은 순간순간 상품의 거래에만 신경 쓸 뿐 상품 판매자에 대한 지속적인 관계는 신경을 쓰지 않기 때문에 판매자로서는 고객들의 충성도를 기대하기 어렵다.

포털사이트 입점 방식에서는 매출이 많다고 해서 월 관리비가 높아지거나 수수료를 더

내야 하는 것은 아니다. 그러나 경매 사이트에서는 판매 상품에 일일이 수수료가 부과되기 때문에 판매가 많아지면 그에 따르는 수수료가 늘어나게 되어 수수료 부담이 크다.

경매 사이트에서는 상품 카테고리가 세분화되어 있기 때문에 다른 상품과의 구분이 아주 수월하다. 그리고 상품 등록에 대한 제한이 거의 없기 때문에 동일한 상품이 세분화된 카테고리에 입점하게 되어 상대적인 가격 차이를 적나라하게 보여주기 때문에 치열한 가격 경쟁을 유발시킨다.

경매 사이트의 상품 정보 페이지는 거의 비슷하게 만들어져 있다. 모든 상품에 대해 일관된 인터페이스와 기능을 제공하고 있다. 이것은 유용성 면에서는 상당히 좋은 것 같지만 남들과 다른 개성적인 인터페이스와 상품 가치를 뒷받침해 주는 디자인을 선보이고 싶어 하는 판매자의 입장에서는 이를 구현할 수 없기 때문에 차별적인 마케팅을 할 수 없다. 경매 사이트는 상점 형태로 입점하는 것이 아니기 때문에 상품을 입점하는 판매자는 자체적으로 회원 데이터베이스를 관리할 수 없기 때문에 고객관리를 할 수 없다.

4) 자기만의 독립 쇼핑몰을 구축하는 방식

독립 쇼핑몰은 쇼핑몰 솔루션을 이용해서 구축하는 것이 일반적이다. 독립 쇼핑몰은 고객들을 직접 불러 모아야 하는 일반 상점에 비유할 수 있다. 그래서 독립 쇼핑몰은 독립적이고 자유롭게 운영할 수 있지만 자체 상권을 형성하지 못하면 매출이 저조할 수 있으며 홍보에 어려움을 겪을 수도 있다.

독립 쇼핑몰의 장점은 세련된 디자인, 차별화된 쇼핑기능, 효과적인 고객관리를 들 수 있다. 따라서 적합한 웹페이지 제작능력을 갖추지 못할 경우에는 독립 쇼핑몰의 장점을 살려 쇼핑몰을 제대로 운영할 수 없다.

독립 쇼핑몰을 구축할 때 자기만의 독창적인 설계를 할 수도 있으나 이에 대한 구축 비용이 많이 든다. 또한 독립 쇼핑몰은 사업 초기에 상권을 보장받기 어렵고 홍보에도 어려움이 있다. 따라서 어느 정도 판매 기반을 이룬 판매자가 좀 더 성장하기 위해 독립 쇼핑몰로 전환하는 것이 바람직하고 인터넷 창업 초보자에게는 적합하지 않다.

위의 내용들을 정리한 쇼핑몰 운영 전략의 장 · 단점을 비교해 보면 표 9-1 과 같이 요약된다.

표 9-1 인터넷 쇼핑몰 운영 전략의 장 · 단점 비교

방식	장점	단점
종합 쇼핑몰에 입점	• 확실한 상권 보장 • 적은 초기 구축비용 • 쇼핑몰 운영 용이	• 까다로운 입점 절차 • 독자적 고객 관리의 어려움 • 어려운 사업 능력 축적
전문 쇼핑몰에 입점	• 전문화와 특화 가능	• 다양한 상품군 취급이 어려움
포털사이트에 입점	• 좋은 입지 확보 • 저렴한 입점비와 관리비 • 신뢰성 확보 • 홍보의 용이성	• 상권 보장의 어려움 • 차별성 없는 쇼핑몰 레이아웃과 쇼핑 기능 • 제한적인 판매 아이템 • 고객관리의 어려움
경매사이트에 입점	• 간단한 창업절차 • 적은 초기 투자비 • 단발성 판매에 적합 • 다양한 상품의 판매 용이 • 안전한 거래 장치	• 낮은 고객 충성도 • 수수료 부담 • 치열한 가격 경쟁 • 차별성 없는 상품 정보 설계 • 고객관리의 어려움
독립쇼핑몰 구축	• 세련된 디자인 • 차별화된 쇼핑기능 • 효과적인 고객관리	• 초기 구축비용 많이 듦 • 상권을 보장받기 어려움 • 홍보의 어려움

제2절 인터넷 쇼핑몰 창업 과정

인터넷의 발달로 소자본을 갖고도 아이디어와 실천력만 있으면 누구나 쇼핑몰을 차려 창업을 하는 시대가 왔다. 무슨 일을 하더라도 미리 준비를 철저히 해야 하는 것과 마찬가지로 쇼핑몰 창업을 하기 위해서는 아이템 선정을 시작으로 시장조사 등과 같은 절차

를 밟아 창업을 준비해야만 성공 가능성을 높일 수 있다. 지금부터 쇼핑몰 창업 과정은 어떻게 이루어져 있는지 살펴보기로 하자.

인터넷 쇼핑몰 창업절차는 그림 9-5 와 같이 쇼핑몰 조사, 쇼핑몰 준비, 쇼핑몰 구축 및 쇼핑몰 홍보의 네 단계로 분류할 수 있다.

그림 9-5 인터넷 쇼핑몰 창업절차

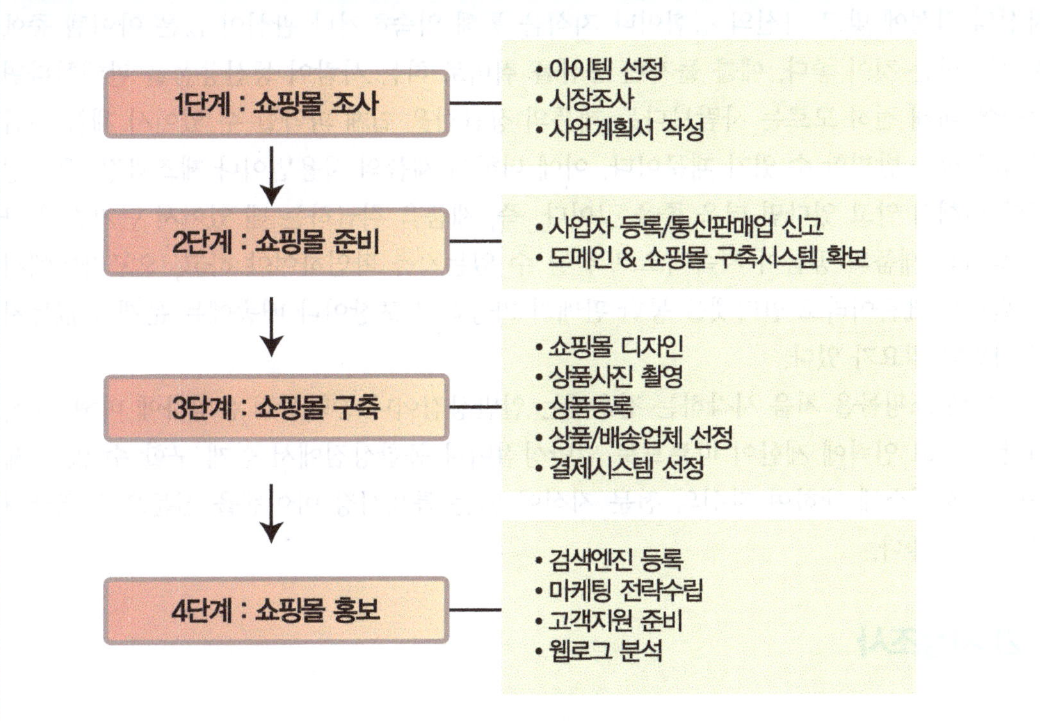

1. 쇼핑몰 조사 단계

이 단계에서는 쇼핑몰을 운영하기 위한 아이템을 선정하고 아이템 판매를 위한 시장조사를 하고 쇼핑몰 운영을 위한 사업계획서를 작성한다.

1) 아이템 선정

사업 아이템을 선정하기 전에 먼저 어떤 업종에 대한 사업을 할 것인가를 정하기 위하여 업종에 대한 정보 수집을 하는 것이 좋다. 업종을 선택하기 위해서는 관심 업종에 종사하고 있는 기존 사업자들과의 면담 등을 주선하여 구체적인 정보를 얻을 필요가 있다. 업종이 선택된 후에는 업종에 관련된 사업아이템을 선정하여야 되는데 이때는 가능한 한 자신의 적성에 맞고 자신의 경험이나 지식을 통해 익숙하거나 관심이 많은 아이템 중에서 선정하는 것이 좋다. 예를 들자면 등산을 취미로 하는 사람이 등산용품을 판매한다면 등산에 대해 전혀 모르는 사람보다는 제품의 장단점을 쉽게 파악할 수 있어서 제품 취급에 유연성을 발휘할 수 있기 때문이다. 이에 더하여 제품의 사용법이나 제조과정, 유통경로에 대해서 알고 있다면 더욱 좋을 것이다. 즉, 제품을 취급하는 데 있어서 단기간이 아닌 장기간 제품의 공급이 지속적으로 잘될 수 있는지를 확인하여야 하고, 오프라인에서 잘 팔리는 제품이라도 인터넷을 통한 판매가 가능하고 포장이나 배송에는 문제가 없는지를 확인할 필요가 있다.

인터넷 쇼핑몰을 처음 시작하는 경우에는 일반상점이나 종합상점 운영자에 비해 자금, 시간 그리고 인력에 제한이 따르므로 일반상점이나 종합상점에서 쉽게 구할 수 없는 제품이나 서비스에 대하여 자신의 전문 지식이 있는 틈새시장 아이템을 전문으로 취급해 보는 것도 좋다.

2) 시장조사

시장조사는 앞에 선택한 아이템에 대한 판매나 성장 전망을 예측하기 위하여 과거에서 현재까지의 시장의 발전 상황이나 경향을 살펴보아 앞으로의 사업성이 있는지 없는지를 알아보고 또한 앞으로 어떠한 방향으로 사업을 이끌어 갈지 예측해 보기 위한 일련의 과정이다.

시장조사를 하는 근본적인 목적은 일반적으로 시장조사에 근거하여 세분화된 시장을 파악하고 고객을 공략하기 위한 적절한 전략을 수립하기 위한 것이다. 시장조사에 근거하지 않은 무분별한 전략은 실패할 확률이 높고, 시행착오로 인한 시간, 금전적인 낭비를 가져올 수 있다. 이러한 목적을 달성하기 위한 시장조사에 포함할 내용으로는 다음과 같다.

- 목표 고객의 연령대는 어떻게 되는가?
- 해당 아이템에 대한 고객의 반응은 어떠한가?

- 해당 아이템에 대한 시장 규모는 얼마나 큰가?
- 해당 아이템 취급 업체들의 성공요인 또는 실패요인은 무엇인가?
- 현재 업계의 동향은 어떠한가?
- 새로운 시장 확장 가능성은 있는가?

위와 같은 일반적인 시장조사에 비해 인터넷 쇼핑몰을 창업하고자 할 때의 시장조사는 인터넷을 이용해서 이루어지는 만큼 인터넷 시장에서 해당 아이템의 현황 및 전망, 사업 모델 등에 대한 총체적인 점검을 하는 단계인 온라인 시장조사가 필요하다. 온라인 시장 규모 및 수요예측을 위한 방법으로는 검색엔진 키워드 조회, 사이트 수 측정, 순위 서비스 사이트 이용 등이 있다.

검색엔진의 키워드 조회를 통해서는 인터넷으로 쇼핑을 즐기는 고객들에게 가장 인기 있는 아이템과 유행 아이템 등을 알아볼 수 있고, 키워드 조회수를 통해서는 해당 키워드에 대한 수요의 정도를 파악해 볼 수 있다. 사이트 수 측정이란 전체 온라인 시장에서 해당 아이템을 취급하는 사이트 수가 몇 개나 되는가를 추정해 보는 것이다. 예를 들자면 컴퓨터 판매를 취급하는 온라인 쇼핑몰이 몇 개인지는 정확히 알 수 없으므로 주요 검색엔진에 등록된 컴퓨터 판매 사이트 수를 파악하는 것으로 수치를 예측해 보는 것이다. 이런 예측이 완벽하지는 않지만 검색엔진에 등록되어 있지 않은 사이트들의 경우에는 소비자에게도 노출되기 어렵기 때문에 고려하지 않아도 큰 문제가 없을 것으로 여겨진다.

미디어채널의 랭키닷컴(www.rankey.com)과 같은 순위 서비스 사이트를 이용하면 트래픽 분석을 통한 분야별 순위 파악이 가능하며 동일 업종에서의 경쟁 사이트에 대한 매출이나 방문자 수 예측이 가능하다.

3) 사업계획서 작성

새로운 집을 지을 때 집의 구조를 그린 설계도가 필요하듯이 사업을 시작할 때에도 상세한 사업계획서를 작성해야 원하는 방향으로 사업을 이끌어 나갈 수 있다. 사업계획서는 사업의 내용, 운영방안, 일정 및 자금 조달 계획과 같은 내적 요소들과 시장조사를 통한 사회적 변화, 소비자 욕구의 변화나 관련 법규 등과 같은 외적 요소들을 문서화한 것이다.

사업계획서의 역할은 다음과 같이 볼 수 있다.

■ 사업 방향 설정

사업계획서는 창업하고자 하는 사업이 직면한 주요 문제와 상황들을 체계적으로 고려할 수 있는 기회를 제공하여 객관적이고 체계적으로 사업타당성을 검토할 수 있도록 해 주고 앞으로 사업자가 해야 할 역할과 목표를 정할 수 있도록 해 준다.

■ 이해관계자들과의 의사소통 증진

사업계획서는 사업의 타당성을 사업과 관련된 이해관계자에게 전달할 때 의사소통의 매개 역할을 한다. 이러한 사업계획서의 기능은 사업에 대한 투자자들을 설득하는 데에도 유용하게 이용된다.

위와 같은 사업계획서의 역할을 수행하기 위해서는 사업계획서에 다음과 같은 내용이 포함되어야 한다.

① 사업 개요

사업 개요는 사업계획서의 요약에 해당되는 부분으로 사업계획서의 핵심이라고 할 수 있다. 사업 개요에는 사업 아이템, 목표 시장, 사업전략 등을 간략하게 기술하여 이해관계자의 관심을 유도하고 사업의 방향을 알 수 있게 해 주어야 한다. 사업 개요는 사업 분야와 경영목표로 나누어 기술할 수 있다.

② 시장분석

시장분석에는 쇼핑몰에서 판매할 상품이나 서비스가 어떤 것인지를 구체적으로 기록한다. 또한 경쟁업체에 대한 분석을 실시하여 고객의 입장이나 사업자의 입장에서 어떻게 가치를 극대화할 것인지를 보여줄 수 있어야 한다. 기업의 시장분석을 위해 사용하는 가장 일반적인 방법으로 SWOT 분석을 들 수 있다. SWOT는 Strength(강점), Weakness(약점), Opportunity(기회), Threat(위협)의 약자이다. 이 분석은 해당 기업의 내부환경과 외부환경을 분석하여 내부환경의 강점과 약점을 찾아내고 기업에 영향을 줄 수 있는 외부환경의 기회 요소와 위협 요소를 찾아내는 것이다. SWOT 분석을 토대로 기업은 강점을 살리고 약점은 줄이고, 기회 요소는 활용하고 위협 요소는 억제하기 위한 마케팅 전략을 수립할 수 있다. 그림 9-6 은 SWOT 분석의 예를 보여준다.

그림 9-6 SWOT 분석의 예

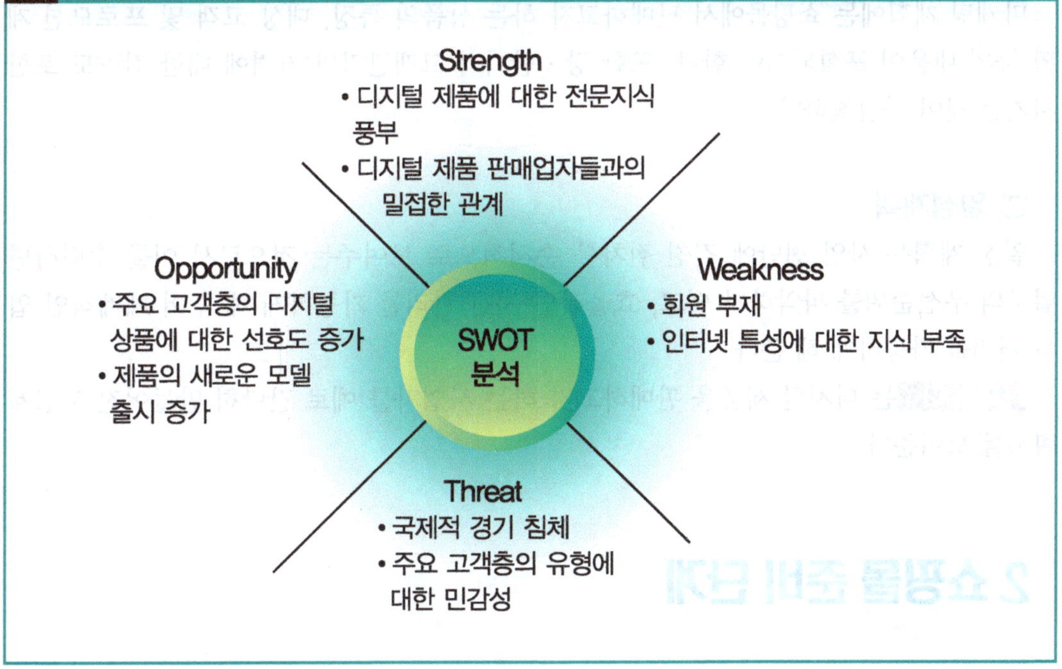

③ 개설계획

쇼핑몰을 시작하기 위한 사업 장소와 쇼핑몰 개설을 위해 필요한 장비나 솔루션 구입과 준비에 대한 계획을 마련한다.

④ 운영계획

쇼핑몰에서 취급할 상품의 조달과 판매에 대한 방법을 구체적으로 나열하고 배송 처리 방법을 강구한다. 상품이나 배송에 관한 비용 조달 방법과 판매 상품 가격 전략을 수립한다.

⑤ 재무계획

사업을 시작한 초기에는 수입에 앞서 지출이 발생하게 된다. 재무계획은 자금의 수입, 지출 흐름을 미리 예측하고 파악함으로써 예산 책정이나 손익분기점을 미리 예상해 보기 위한 것이다. 잘 작성된 재무 계획은 필요한 자금의 규모, 현금 유동성, 자금 조달계획 등을 미리 파악할 수 있도록 해 주기 때문에 예상하지 못했던 돌발 변수에 의한 지출에도 대처할 수 있도록 재무 계획을 초반기에 수립하는 것은 매우 중요한 의미를 가진다.

⑥ 마케팅계획

마케팅 계획에는 쇼핑몰에서 판매하고자 하는 상품의 특징, 대상 고객 및 프로모션 계획 등의 내용이 포함되어야 한다. 또한 장 · 단기적 고객관리와 가격에 대한 전략도 포함시키는 것이 바람직하다.

⑦ 일정계획

일정 계획은 사업 전반에 걸친 절차를 순서적으로 보여주는 것으로서 이를 수립하면 업무의 우선순위를 파악하기 쉽고, 효율적인 시간 관리를 가능하게 해 주어 체계적인 업무 처리를 가능하게 해 준다.

표 9-2 는 디지털 제품을 판매하고자 하는 사업자를 예로 간단히 만들어진 사업계획서를 보여준다.

2. 쇼핑몰 준비 단계

쇼핑몰 준비 단계에서는 쇼핑몰 조사 결과를 토대로 사업을 하기 위한 법적 · 제도적 절차를 이행하고, 도메인 등록과 상품 구비 등의 준비를 하는 과정이다.

1) 사업자 등록

인터넷 쇼핑몰을 운영하려면 최소한 사업자 등록, 통신판매업 신고, 부가통신 사업자 신고 세 가지는 해야 한다.

사업자 등록은 사업을 시작했다고 관할 세무서에 사업자등록을 하는 것이다. 사업자 등록 후 제공받는 사업자등록증은 독립 쇼핑몰을 개설하거나 포털사이트 등에 소호몰로 입점하려면 반드시 필요하다. 쇼핑몰에 사업자등록번호, 사업자 이름, 사업자 주소, 연락처 등을 소비자가 볼 수 있도록 의무적으로 공개하도록 법령으로 정하고 있기 때문이다. 이런 법적인 조항이 아니더라도 인터넷에서의 거래는 신용 거래이기 때문에 사업자 등록을 하지 않으면 소비자의 신뢰를 얻기 어렵다.

소비자 보호를 강화하기 위한 목적으로 인터넷이나 전기통신매체를 수단으로 상품이나 용역을 판매하는 사업자는 의무적으로 통신판매업 신고를 하게 되어 있다. 이는 상품 배송이나 대금 결제 과정에서 약속이 불이행되는 사고를 막기 위한 제도이다. 통신판매

표 9-2 사업계획서

회 사 명	다트몰
대 표 자	OOO
회사 정보	OO시 XX구 OO빌딩 / 전화 연락처 / 이메일 연락처
사업 분야	10대, 20대들이 선호하는 디지털 카메라, 휴대폰, MP3 프레이어, 게임패키지 등을 판매
경영 목표	10대, 20대들이 디지털 제품을 구입할 때 유행과 디자인에 신경을 많이 쓰는 경향이 있으므로 이에 따라 가격경쟁력과 함께 디자인적인 면을 중점적으로 공략한다. 10대, 20대들의 경제력을 생각하여 다양한 디자인과 가격대의 상품을 제공한다.
시장 분석	오프라인 도매시장에서 다양한 동종 상품이 공급이 되고 있으나, 10대, 20대들의 인터넷 사용 선호도를 고려하였을 때 온라인을 통한 판매가 효과적임 특히 10대, 20대들이 충동적인 구매가 많은 것을 감안하여야 함
목표 시장 분석	인터넷을 사용하는 10대, 20대 학생들과 20대, 30대 직장인을 주요 고객으로 선정
개설 계획	초기에는 집안의 방 한 칸을 사무실로 변경하여 사용하고 사업 진척에 따라 사무실 임대 홈페이지 구축은 비용절감과 원활한 구축을 위해 쇼핑몰 임대 서비스와 프리미엄 서비스 사용 쇼핑몰 사이트 쇼핑 코너에 입점함.
운영 계획	취급하고자 하는 상품들의 기능과 디자인 등이 유행에 민감하므로 상품은 소량으로 도매시장을 통해 구매함 이벤트 등을 다양하게 실시하여 저이윤 다매출로 박리다매의 원리를 적용함 초기 상품 공급 및 쇼핑몰 구축비용 : OOO만원
재무 계획	손익분기점을 OO개월로 보고 자금조달 계획 설립 매출 및 고객확보에 따라 점진적으로 추가 자금 투자
홍보 계획	검색엔진 등록, 키워드 광고 및 배너 광고 등을 통한 홍보를 준비하고 고객 성향 분석이 된 후 선택적으로 진행
마케팅 전략	회원가입 시점에 특별 포인트를 적립시켜 주고 상품을 구매할 때마다 구매가에 비례하여 포인트를 적립시켜 주어 이를 다음 구매 시에 활용할 수 있도록 함
일정 계획	1개월 안에 상품 구입 및 쇼핑몰 개설을 마무리하고 2개월째 쇼핑몰을 오픈함 오픈과 함께 다양한 구매 이벤트를 실시하여 고객을 확보하고 고객관리에 만전을 다함

업 신고에는 사업자등록증을 구비해야 하므로 사업자 등록을 마친 후에 신고해야 한다. 통신판매업 신고는 사업자 등록과 달리 세무서가 아니라 관할 구청 지역경제과에 신고하며, 면허세를 납부해야 한다. 그러나 간이과세자[1)]의 경우에는 이 신고 의무가 제외된다.

부가통신사업이란, 전송이라는 기본적인 통신서비스에 컴퓨터의 기능을 결합하여 회선변환, 부호변환, 통신속도 변환, 정보의 축적, 전송, 매체변환, 계산처리, 데이터베이스의 제공 등 향상된 부가가치의 통신서비스를 제공하는 것을 의미한다. 부가통신사업자 신고는 주로 법인의 경우에 해당된다고 보면 된다.

사업자 등록, 통신판매업 신고, 부가통신사업 등록에 필요한 서류는 표 9-3 과 같다.

표 9-3 구비 서류

사업자 등록	– 사업자등록신청서 1부 – 주민등록등본 1부 (개인 사업자) 법인등기부등본 1부 (법인 사업자) – 사업허가증 사본 1부 (허가, 등록을 해야 하는 사업의 경우)
통신 판매업 신고	– 통신판매업신고서 1부 – 신청 비용 (45,000원) – 사업자등록증 사본 1부 – 도장
부가통신사업 신고	– 부가통신사업신고서 1부 – 사업계획서 1부 – 법인등기부등본 (법인의 경우) – 사업용 주요 설비의 내역 (설치 장소 및 통신망 구성도 각 1부) – 이용자의 정보에 관한 보호대책 (물리적 정보 보호 대책, 개인정보보호 대책 각 1부)

2) 도메인 & 쇼핑몰 구축시스템 확보

■ 도메인

인터넷에 연결된 컴퓨터는 고유한 주소를 가지고 있다. 이것을 인터넷 주소(IP address)라고 한다. 인터넷 주소는 외우기도 어렵고 사용도 불편하므로, 이것을 쉬운 영문, 또는 한글로 바꾸어 주는 것을 도메인이라 한다. 보통 홈페이지 주소라고 하는 것이

1) 광업, 제조업, 도매업, 부동산매매업, 변호사 등 전문직 사업자들을 제외한 연 매출이 4800만 원 미만인 사업자.

바로 도메인이다(좀 더 자세한 내용은 제1장 제4절 참조).

인터넷 도메인은 회사 이름만큼 중요하기 때문에 회사와 사업을 잘 표현해야 하며 고객들이 알기 쉽고 외우기 쉽게 작명해야 한다. 따라서 효율적인 도메인 등록을 위해서는 쇼핑몰의 운영대상에 따라 혹은 취급하는 상품에 따라 고객들에게 선명하게 인식될 수 있는 도메인을 확보해야 한다. 고객 지향적 측면과 상품 지향적 측면 등을 염두해 두고 작명된 도메인을 살펴보면 표 9-4 와 같다.

표 9-4 도메인의 예

고객 지향적 도메인	• http://www.hotel.co.kr : 호텔 예약 • http://www.foodnara.com : 재료별 요리법 • http://www.travel.com : 여행전문
상품 지향적 도메인	• http://www.flower119.co.kr : 꽃배달 서비스 • http://www.watchmall365.com : 시계전문 쇼핑몰 • http://www.toy123.co.kr : 장난감 전문점
회사명을 이용한 도메인	• http://www.interpark.com : 인터파크 • http://www.lotte.com : 롯데닷컴 • http://www.auction.co.kr : 옥션 • http://www.kyobobook.com : 교보문고

도메인은 한국인터넷정보센터를 통해서 등록할 수 있으며 .com 같은 해외 도메인은 미국의 인터닉사를 통해서 등록하거나 국내 도메인 전문 등록 서비스업체를 통해서 등록할 수 있다. 국내 도메인 등록과 해외 도메인 등록에 관한 내용은 표 9-5 에 정리되어 있다.

표 9-5 도메인 등록

	국내 도메인	해외 도메인
등록처	한국인터넷정보센터	미국 인터닉
등록명	www.회사명.co.kr	www.회사명.com
등록비	연간 22,000원(VAT 포함)	약 $15 ~ $35
기타	여러 도메인의 동시 등록이 가능함	

■ 쇼핑몰 구축 방법

쇼핑몰 구축은 직접 제작하는 방법과 쇼핑몰 호스팅 서비스를 이용하는 방법으로 나눌 수 있다. 쇼핑몰을 구축하기 위하여 필요한 쇼핑몰 구축시스템은 쇼핑몰을 제작 운영하기 위한 모든 제반 시스템으로 가장 먼저 필요한 컴퓨터 서버를 비롯하여 쇼핑몰 배경화면, 상품등록 화면, 주문/결제관리화면, 게시판 관리화면 등을 포함한다. 쇼핑몰을 직접 제작할 경우에는 사이트 구조를 마음대로 변경하면서 원하는 형태로 만들 수 있다는 장점이 있으나, 서버를 구매해야 하고 쇼핑몰에 필요한 화면을 생성하기 위해서는 프로그래머나 디자이너 등의 인력이 필요하여 이에 대한 비용 지출이 만만치 않고 또한 제작 기간이 길어질 수 있다는 단점이 있다. 한편, 쇼핑몰 호스팅 서비스를 이용할 경우에는 비록 표준화된 서비스를 수용해야 하지만 쇼핑몰 구축에 필요한 모든 시스템이 제공되기 때문에 따로 화면을 개발하는 데 따르는 시간과 비용이 절감된다.

쇼핑몰 호스팅 서비스는 쇼핑몰을 운영할 수 있도록 인터넷 전용선이 연결된 서버의 일정한 공간을 할당하여 사용할 수 있도록 제공하는 서비스인데, 이러한 서비스는 호스팅 서비스 업체를 선정하면 모두 지원된다. 호스팅 서비스 업체는 쇼핑몰 구축에 필요한 솔류션 제공에서부터 전자결제에 이르기까지 전자상거래에 필요한 모든 서비스를 제공한다. 이 서비스에 포함되는 기본적인 서비스를 나열해 보면 상품 입력 및 자동 카달로그 생성 기능 제공, 웹 페이지 배치 및 스킨 제공, 회원 또는 고객관리 기능 제공, 주문 및 배송 관리 기능 등이다.

국내의 호스팅 서비스 업체들로는 메이크샵(www.makeshop.co.kr), 와이즈카트(www.wisecart.co.kr), 골든샵(www.goldenshop.biz), 포인트샵(www.pointshop.co.kr), 디어몰(dearmall.biz) 등을 포함하여 다수가 있다. 그림 9-7 은 디어몰 사이트로서 이들 호스팅 서비스 업체에서 제공하는 서비스 종류를 보여준다. 이들 업체들이 제공하는 서비스 내역의 차이는 크지 않기 때문에 쇼핑몰 구축을 위한 업체를 선정할 때에는 업체의 신뢰도와 솔류션의 안정성 및 서비스 비용을 고려하면 된다.

쇼핑몰을 구축하는 데 있어서 앞의 두 가지 구축 방법 중 어느 방법을 선택할 것인가는 운영 상황에 맞추어 선택하는 것이 좋다. 다만, 소호몰을 구축하고자 할 경우에는 쇼핑몰 호스팅 서비스를 이용하는 것이 경제적 · 시간적 · 운영 관리 차원에서 바람직하다.

그림 9-7 호스팅 서비스 업체

3. 쇼핑몰 구축 단계

쇼핑몰 구축 단계에서는 쇼핑몰 설계를 하고 상품 등록이나 결제 시스템 선정과 배송 업체 선정을 한다.

1) 쇼핑몰 디자인

쇼핑몰의 카테고리가 정해졌으면 이 상품들을 어떻게 진열할 것인가에 대한 방법과 같은 사이트 구조를 정의해야 한다. 즉, 상품 진열 위치에 따른 메뉴 이름, 이벤트나 기획전의 위치, 고객지원 안내방식 등에 대한 기획을 하여야 한다.

쇼핑몰 호스팅을 이용할 때는 기본적인 골격인 메뉴 분류나 사이트맵 설정 등을 완성한 후 로고, 이미지로 제작된 타이틀, 배너, 약도 등은 웹디자이너에게 의뢰한다.

2) 상품사진 및 상품 등록

상품사진은 제조사가 제공하는 카달로그나 이미지 사진을 이용하는 방법, 소호 쇼핑몰용 상품사진 세트를 구입해 직접 촬영하는 방법, 사진 스튜디오에 맡기는 방법으로 크게 나누어지는데, 상품 사진의 선명도나 표현 방법에 따라 고객의 반응이 크게 차이가 나기 때문에 이에 대한 준비를 잘해야 된다. 왜냐하면 쇼핑몰의 특성상 실제로 상품을 보거나 만져 보고 구매할 수 없어 고객은 상품에 대한 판단을 상품 이미지에 의존할 수밖에 없기 때문이다. 상품사진이 준비되었으면 이에 상품 가격과 상품 정보를 포함하여 등록한다.

3) 배송업체 선정

온라인 쇼핑의 최대 장점은 전국 어디서나 주문이 가능하고 상품을 직접 받을 수 있다는 점이다. 쇼핑몰에서 주문이 발생하게 되면 중요한 일 중 하나가 바로 배송이다. 일반적으로 배송은 직접 배송하는 방법과 배송업체에 의뢰하여 배송하는 방법이 있다. 직접 배송할 경우에는 인력이나 규모 면에서 막대한 비용을 초래하므로 아주 고가의 제품을 취급하는 경우가 아니면 배송업체를 선정하여 위임하는 것이 좋다. 배송업체 선정은 가격, 신뢰도, 신속성, 배송시스템 등을 잘 살펴보고 결정해야 한다. 배송업체를 택배사로 선정할 경우에는 직접 배송품을 택배사로 가지고 가야 하는 번거로움 없이 전화신청이나 인터넷 신청이 가능하여 편리하다. 택배사를 이용하는 경우 가능하면 택배사와 장기적인 계약을 통해 일반 요금보다 할인받을 수 있도록 금액 조정을 할 필요가 있다. 이때 고려해야 할 점은 쇼핑몰과 배송업체의 데이터가 연동되도록 하여 고객이 직접 배송 조회를 할 수 있도록 지원되어야 한다.

4) 결제시스템 선정

쇼핑몰의 아이템을 결정하고 판매가 시작되면 고객의 주문에 따라 판매한 상품 대금을 받을 수 있는 결제시스템이 필요하다.

전자상거래에 참여하고자 하는 고객들은 개인의 신용정보가 네트워크상에서 공개될 수 있다는 우려를 느끼게 되면 거래를 중단하는 경향이 있으며 쇼핑몰의 운영자도 주문자와 카드 소유주의 진위 여부를 확인할 수 없다는 우려를 갖게 된다. 따라서 원활한 전자상거래의 수행을 위해서는 지불의 안전을 보장할 수 있는 결제시스템이 요구된다.

일반적으로 인터넷 쇼핑몰에서의 지불 방식은 크게 신용카드, 가상계좌, 전자화폐, 전자지갑, 핸드폰 등을 이용한 지불방법으로 나눌 수 있으나, 여기서는 신용카드 결제 방법, 가상계좌 이용방법과 핸드폰 결제 방법에 대해서만 살펴보기로 한다.

신용카드 결제는 고객이 상품을 주문하고 그 대금을 신용카드로 결제하고자 하면 신용카드 결제에 대한 승인과 보안에 대한 부분을 전자 지불 결제대행사의 시스템에서 처리한다. 처리과정을 통해 승인 여부를 해당 쇼핑몰에 알려 줌으로써 쇼핑몰에 대금이 지급된 주문으로 입력되게 되면 쇼핑몰에서 상품을 배송시킨다. 그림 9-8 는 쇼핑몰에서 신용카드를 사용하여 상품을 구입할 때 신용카드가 결제되는 과정을 보여준다.

그림 9-8 신용카드 결제

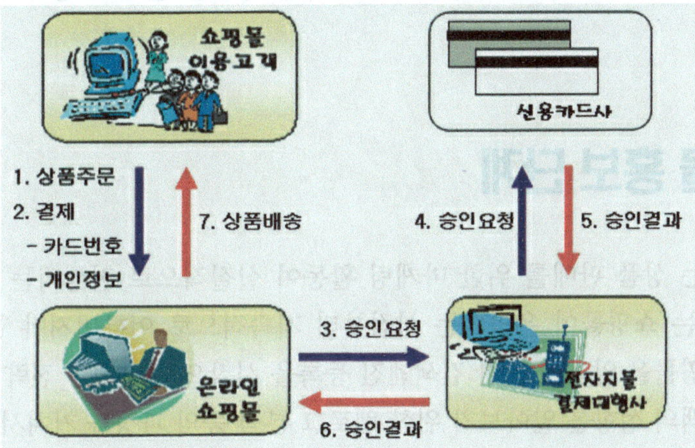

지불결제대행서비스는 결제에 관한 흐름을 대행해 주는 것으로 전자상거래를 이용하는 소비자와 판매자의 중간에서 안전한 거래가 가능하도록 도와주는 서비스이다. 인터넷 쇼핑몰을 운영하려면 결제시스템을 구축해야 하는데 자체적으로 결제시스템을 구축하려면 상당한 비용과 노력이 들어가야 하나 결제대행사의 지불결제대행시스템을 이용하게 되면 결제시스템을 구축하는 데 드는 비용과 노력을 절감할 수 있어 효과적이다. 그러나 이러한 지불결제대행시스템은 쇼핑몰 솔루션과 연동시켜야 하므로 쇼핑몰을 구축할 때 쇼핑몰 호스팅 서비스 업체와 이 시스템 사용에 대한 지불조건 등을 사전에 협의해야 한다.

가상계좌란, 실제로 통장이 존재하는 계좌가 아닌 편리한 입금 확인 절차를 위해 임시적으로 발급되는 계좌이다. 예전에는 상품 대금 지급을 고객이 무통장입금으로 입금할 경우에 어느 누가 어떤 상품 대금을 입금하였는지를 확인하는 데 노력과 시간이 소요되었는데 이러한 불편함을 개선한 결제처리방법으로 등장한 것이 가상계좌이다. 가상계좌 시스템은 통장이 존재하지 않는 가상의 계좌번호를 구매 고객별로 부여하는 것으로 구매자-결제금액-가상계좌가 매칭되도록 구성되어 입금 시 실시간으로 자동 확인되도록 되어 있다. 고객 입장에서는 무통장입금 방식과 동일하게 상품주문 시 발급된 가상계좌에 입금하면 되며 입금된 금액은 자동으로 운영자의 실제 계좌에 입금된다.

핸드폰 결제는 핸드폰을 이용한 결제로 소액 결제에만 사용이 가능한 결제 방법이다. 이동통신사에 등록한 회원 본인명의의 핸드폰으로만 결제가 가능하며, 사용금액은 전화요금과 함께 청구된다.

핸드폰 결제는 인증번호 문자서비스를 통해 본인 여부를 확인하며, 승인번호 발급, 이동통신사와의 승인, 승인결과 처리 통보의 절차는 핸드폰 결제 대행사의 시스템에서 처리된다.

4. 쇼핑몰 홍보 단계

쇼핑몰 홍보는 상품 판매를 위한 마케팅 활동이 실질적으로 진행되는 과정이다. 홍보의 특성상 홍보는 쇼핑몰이 운영되는 시점부터 지속적으로 이루어져야 한다. 쇼핑몰 홍보는 처음에 쇼핑몰을 알리기 위한 검색엔진 등록을 시작으로 마케팅 전략 수립, 고객지원 수립을 거쳐 고객의 성향을 알아보기 위한 웹로그 분석 등의 과정을 거쳐서 이루어진다.

1) 검색엔진 등록

사람들의 인터넷 사용 실태를 보면 검색과 이메일 이용이 가장 큰 비중을 차지하고 있으며 이어 전자상거래나 게임 등의 오락성 이용을 하고 있다.

많은 사람들이 자신이 원하는 정보나 상품을 찾기 위해 1차적으로 검색엔진을 통해 검색을 하고 검색 결과를 통해 자신이 원하는 정보나 상품이 있는 페이지로 이동해 가는 것이 일반적인 추세이다. 수많은 인터넷 사용자가 거쳐 가는 검색엔진 사이트는 인터넷 세상의 번화가라고 할 수 있다. 젊은 사람들이 많이 모이는 신촌 지역이나 압구정동을 비롯하여 대학로 등 유동인구가 많은 지역에 상점을 열면 장사가 잘되는 것처럼, 온라인상에서도 사람이 많이 모이는 곳에 쇼핑몰 광고가 되어야 많은 방문자를 얻을 수 있는 것은 자명한 사실이다. 따라서 온라인상의 번화가인 검색엔진등록을 통해 쇼핑몰을 광고하고자 하는 시도는 가장 기본적이고 필수적인 조치이다.

2) 마케팅전략수립

앞의 제5장에서 소개하였듯이 전자상거래 기업에서 사용하고 있는 마케팅 기법에는 검색엔진 마케팅, 이메일 마케팅, 제휴 마케팅 및 바이러스 마케팅 등이 있다. 쇼핑몰의 마케팅을 위해서 이러한 마케팅 기법을 사용하는 것은 기본이겠으나 소호형 쇼핑몰 운영과 같이 소규모 사업을 위해서는 위에 열거한 마케팅 기법 외에도 다음과 같이 다양한 기법이 동원될 수 있는데 이러한 기법들이 자금력과 인력 규모가 충분하지 않은 입장에서는 오히려 현실적이고 효과가 있을 수도 있다.

첫 번째 방법은 포털사이트의 커뮤니티를 이용하는 것이다. 즉, 쇼핑몰 운영자가 포털사이트에 동호회나 카페를 만들어 놓고 운영하면서 회원들의 관심을 자신의 쇼핑몰로 유도하도록 노력하는 것이다.

두 번째는 네이버의 지식iN 서비스와 같은 지식 검색 서비스에 올라온 질의 중에 자신의 쇼핑몰과 관련될 만한 내용을 골라 이에 적극적으로 대응해 주면서 자신의 쇼핑몰을 간접적으로 홍보하는 것이다.

세 번째는 자신의 쇼핑몰 게시판에 고객의 질문과 쇼핑몰의 답변 형식으로 쇼핑몰에 관련된 내용을 홍보하는 것이다. 이상과 같은 방법들은 특별히 비용이 들어가지 않아 좋은 점이 있기는 하지만 대중의 시선을 끌기에는 다소 어려운 점이 있기 때문에 적극적인 노력이 병행되어야만 효과를 거둘 수 있다는 점을 인지하고 있어야 한다.

대중의 시선을 끌기 위한 방편으로 소호형 쇼핑몰에서는 이벤트 마케팅을 실시할 수도 있는데 이를 실시할 때는 타 쇼핑몰과 차별화된 모습을 보여주어야 하기 때문에 비용 부담을 감수해야 한다.

마지막 방법은 고객 감동을 위한 핸드폰 SMS(Short Message Service) 이용 방법이다. 이는 기존 고객을 위한 마케팅 전략으로 보면 된다. 일부 신용카드사의 예를 보면 고객이 신용카드를 사용할 때마다 신용카드 사용처와 금액을 핸드폰 메시지로 알려준다. 이 간단한 서비스로 고객은 신용카드 분실로 인한 부정사용에 대한 불안을 해소시킬 수 있기 때문에 해당 신용카드에 대한 애착을 더 느끼게 된다. 이와 유사한 개념으로 쇼핑몰 운영자도 고객의 주문에 대한 내용을 SMS로 재확인시켜 주고 고객의 불평이나 문의에 대해서도 즉각적으로 SMS로 답변해 주게 되면 쇼핑몰에 대한 고객의 친근감과 신뢰도를 높일 수 있다. 이러한 서비스 방법은 현재 기업에서 가장 중요하게 취급되고 있는 고객관계 관리 차원에서 볼 때 상당히 유용하다고 여겨진다.

3) 고객지원 준비

우리가 식당에서 식사를 주문하였을 때 종업원이 반찬그릇들을 식탁 위에 탁탁 소리가 나도록 집어 던지듯이 놓고 가면 그 식당의 음식 맛이 아주 월등하게 좋지 않은 다음에는 그 식당에 대해서 좋은 기분을 느낄 수 없게 된다. 이 경우에 손님들의 발걸음이 이 식당에서 멀어지는 것은 당연하다. 이 경우는 쇼핑몰 방문에도 똑같이 적용될 수 있다. 쇼핑몰의 형태나 이벤트 등이 마음에 들어 방문한 쇼핑몰에서, 고객이 의문 사항이 있어서 질문을 할 경우에 이에 대한 반응을 기대할 수 없도록 쇼핑몰이 이루어져 있다면 고객은 이 쇼핑몰을 이용하기에 부담을 느끼게 되고 결국에는 다른 쇼핑몰로 떠나게 된다.

고객지원 준비는 위와 같은 일이 벌어지지 않도록 고객의 요청에 답하고 불만 사항을 접수하여 처리할 수 있도록 고객과의 의사소통을 원만히 할 수 있도록 하기 위한 준비를 말한다. 고객과의 원활한 의사소통은 쇼핑몰에 대한 신뢰감을 높여 주어 매출에 직 · 간접적으로 영향을 미치기 때문에 이를 위한 준비는 매우 중요하다.

쇼핑몰에서의 고객지원은 주로 게시판이나 이메일이 활용된다. 게시판 활용에는 많은 사람들이 자주 질문하는 내용에 대한 FAQ(Frequently Asked Question)와 질문과 답변인 Q&A(Question & Answer)가 있다.

FAQ는 자주 묻는 질문에 대한 답변으로, 고객들이 자주 물을 것 같은 예상 질문들에 대하여 미리 답변을 작성해 둠으로써 고객들의 일반적인 의문점을 바로 해소시켜 주는 데 그 목적이 있다.

FAQ의 작성 예들을 보면

- 아이디와 비밀번호를 잊어버렸는데, 어떻게 알 수 있나요?
- 주문 내역은 어떻게 확인하나요?
- 배송 상태는 어떻게 확인하나요?.
- 주문 취소는 어떻게 할 수 있나요?
- 반품/환불신청을 하고 싶은데, 어떻게 하나요?

등과 같이 많은 사람들에게 공통적으로 해당되는 내용들이다.

Q&A는 고객의 질문에 대하여 1:1로 답변을 해 주는 것이다. Q&A 게시판에는 질문한 날짜와 답변한 날짜가 나타나는데 답변이 늦어질 경우에는 질문자를 포함한 고객들이

쇼핑몰에 대해 갖는 신뢰감이 감소되므로 관리에 주의를 기울여야 한다. 고객의 질문에 대하여 즉각적인 대응은 불가능하더라도 최소 1일 1회 이상의 관리를 통해 답변 없는 질문이 쌓이는 일은 없도록 해야 한다.

4) 웹로그 분석

오프라인 상점에서는 하루 방문한 고객의 수, 가장 많은 고객이 몰리는 시간대, 가장 많이 팔리는 상품 등을 바로 알 수 있기 때문에 이를 마케팅에 이용할 수 있다. 온라인 쇼핑몰에서는 이와 같은 내용을 데이터 마이닝 기법을 사용한 웹로그 화일 분석으로 알아낼 수 있다. 웹로그 화일은 웹 서버를 통해 이루어지는 모든 작업들에 대한 기록인데 흔히 웹사이트를 방문한 흔적을 의미한다. 웹로그 화일분석의 결과를 보면 고객이 어떠한 경로를 통해 방문하였는지, 어느 시간에 가장 많이 방문하였는지, 가장 선호하는 상품은 어떤 것인지 등을 알아볼 수 있다.

① 트래픽 분석

쇼핑몰 운영자는 얼마나 많은 방문자가 쇼핑몰을 방문하였는지 날짜별, 시간별로 방문한 수와 통계를 볼 수 있다. 이를 잘 분석하여 방문자가 가장 많이 방문하는 시간에는 게시판 답변이나 고객응대 부분을 강화하고, 방문이 적은 날이나 시간에는 홍보 메일 등을 발송하는 계획 등을 수립할 수 있다. 세부기능으로는 순방문자수, 페이지뷰, 주문 시도 건수 등에 대한 분석이 있다.

② 고객선호도 분석

쇼핑몰을 방문한 고객이 쇼핑몰의 어떤 카테고리, 컨텐츠 또는 상품을 많이 클릭했는지에 관한 정보를 제공한다. 이를 이용하여 쇼핑몰 운영자는 고객의 선호도를 확인하여 이에 대한 대응 방안을 수립할 수 있다.

③ 외부접근 경로 분석

고객이 어떠한 검색엔진 또는 사이트를 통해 쇼핑몰을 방문하는지 알아볼 수 있다. 고객이 가장 많이 방문하는 검색엔진에 검색 광고를 집중해 보는 것도 방문자를 더욱 늘릴 수 있는 방법이다. 도메인별 접근순위, 검색엔진별 접근순위, 검색엔진 검색어 순위, 지역별 접근 순위 별로 파악할 수 있도록 구성되어 있다.

제3절 쇼핑몰 구축 연습

우리는 앞에서 전자상거래에 대한 내용과 웹 사이트 구축 및 쇼핑몰 구축에 대한 내용을 학습하였다. 본 절에서는 앞에서 배운 이론에 더하여 실질적인 쇼핑몰 감각을 살려보기 위하여 쇼핑몰을 구축하는 연습을 해 보기로 한다. 쇼핑몰을 구축하는 실습은 HTML, ASP, XML 등을 이용하여 할 수 있으나 본 절에서는 쇼핑몰에 대한 개략적이고 전반적인 이해를 돕기 위하여 와이즈카트에서 제공하는 무료사용권을 이용해서 의류 쇼핑몰을 구축해 보기로 한다.

1) '7일 무료 사용' 이용하기

① 와이즈카트(www.wisecart.co.kr) 메인 화면에서 그림 9-9 와 같이 '7일 무료 사

그림 9-9 와이즈카트 메인 화면

용' 을 선택한다.

② 서비스 신청을 위해 약관에 동의하고, 기본 자료를 입력한 후 '확인' 단추를 누른다.

③ 약관 동의와 기본 자료를 입력하고 나면 그림 9-10 과 같이 쇼핑몰 주소와 관리자 주소가 생성된 것을 확인할 수 있다.

그림 9-10 쇼핑몰 신청 완료 화면

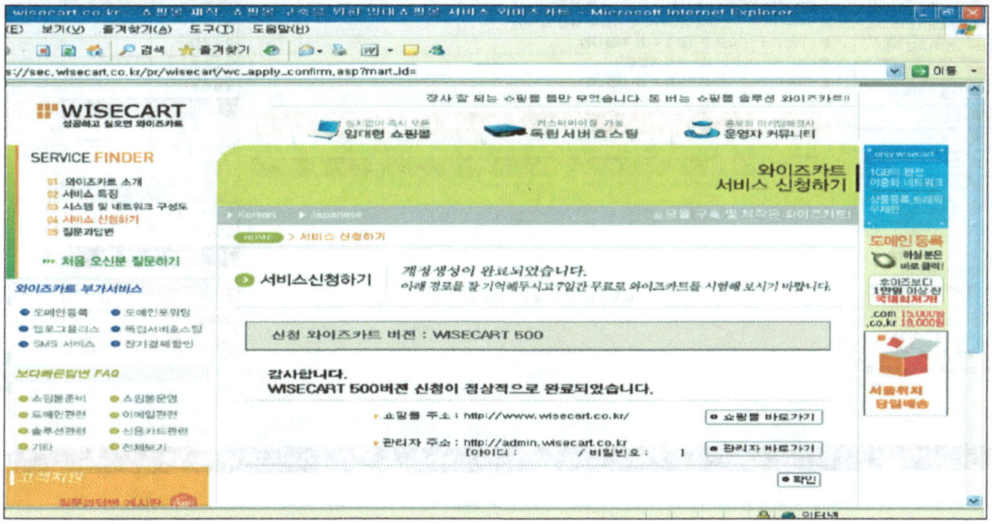

④ 이제 관리자로 로그인하면 쇼핑몰을 자신이 직접 구성할 수 있다. 그림 9-11 에서 관리자 ID와 PASSWORD를 입력하면 그림 9-12 와 같은 화면이 나타난다.

그림 9-11 관리자 로그인 화면

그림 9-12 관리자로 로그인한 화면

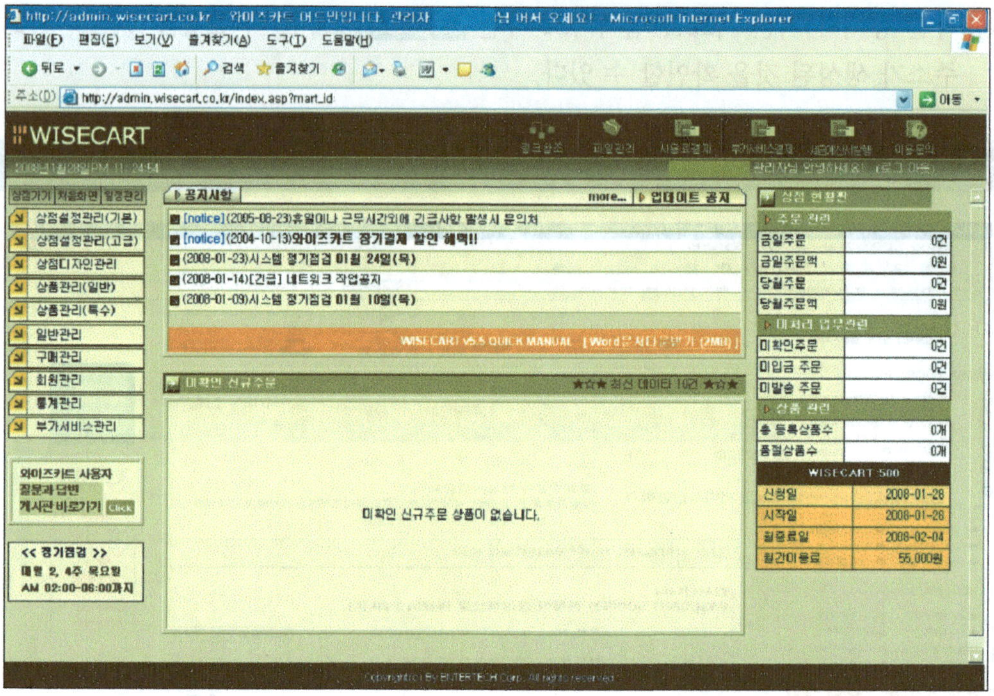

2) 쇼핑몰 메인 페이지 만들기

① 관리자로 로그인 후 '상점설정관리(기본)'를 선택하면 기본정보관리, 결제정보관리, 배송정보관리, 부운영자 관리메뉴가 나온다. '기본정보관리'를 선택하면 사업자정보, 기본정보, 상점운영타입, 적립금 제도 등에 대한 내용을 설정할 수 있다. 그림 9-13 은 상점에 대한 기본정보를 설정하기 위한 화면이다.

그림 9-13 상점설정관리(기본) – 기본정보관리

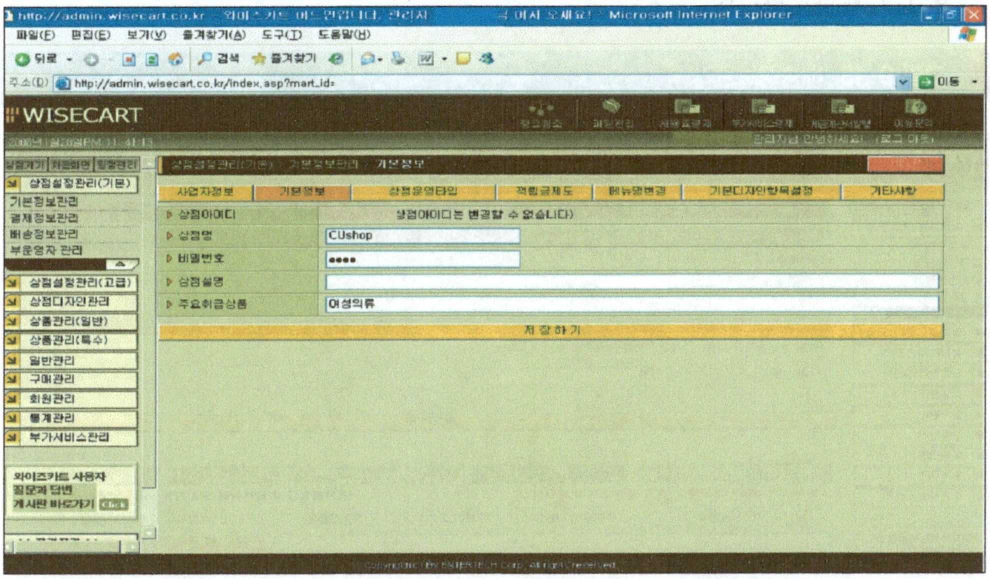

② '결제정보관리' 를 선택한 후 결제종류를 선택하고, '저장하기' 를 선택한다.

그림 9-14 상점설정관리(기본) – 결제정보관리

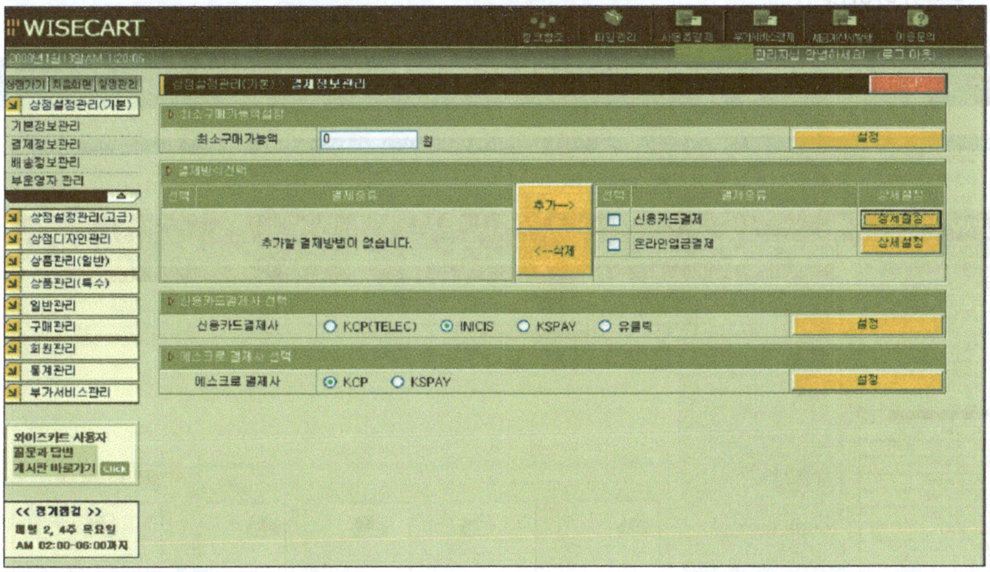

③ '배송정보관리' 를 선택한 후 배송소요기간, 배송료 등 필요한 사항을 입력한 후 '저장하기' 를 선택한다.

그림 9-15 배송정보관리

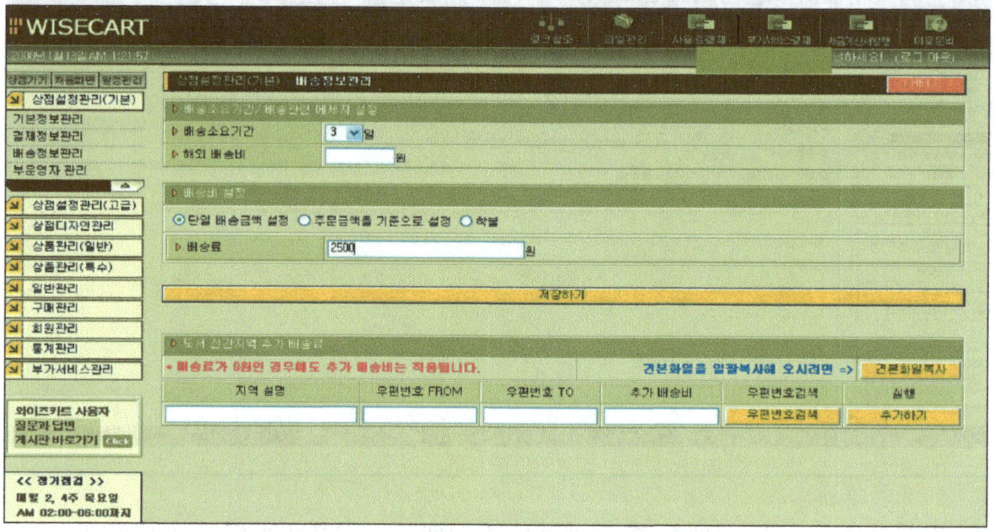

④ '상점설정관리(고급)-회사소개관리' 를 선택한 후 자신의 쇼핑몰을 소개하는 내용을 입력한다.

그림 9-16 게시판 설정하기

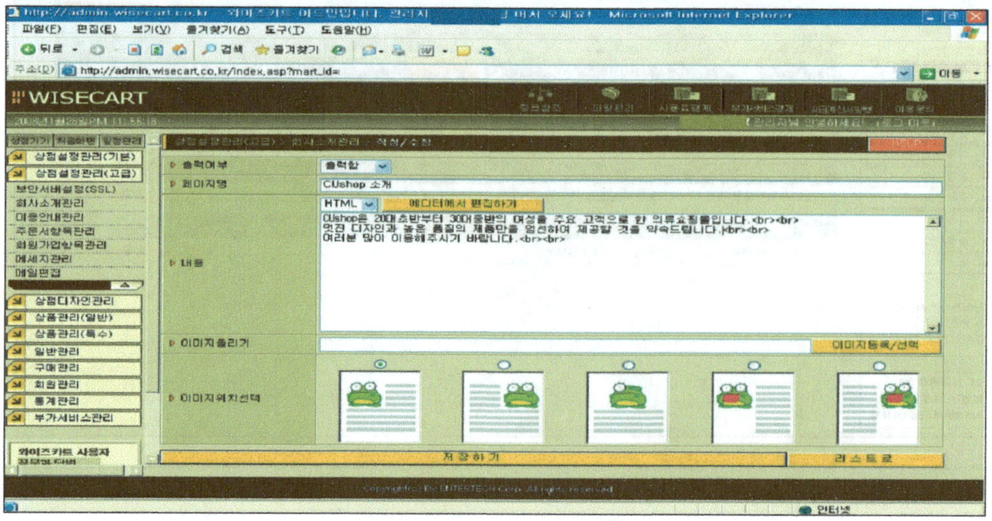

⑤ 그림 9-17 에서 상점가기를 선택하면 결과를 확인해 볼 수 있다.

그림 9-17 회사소개 작성 결과

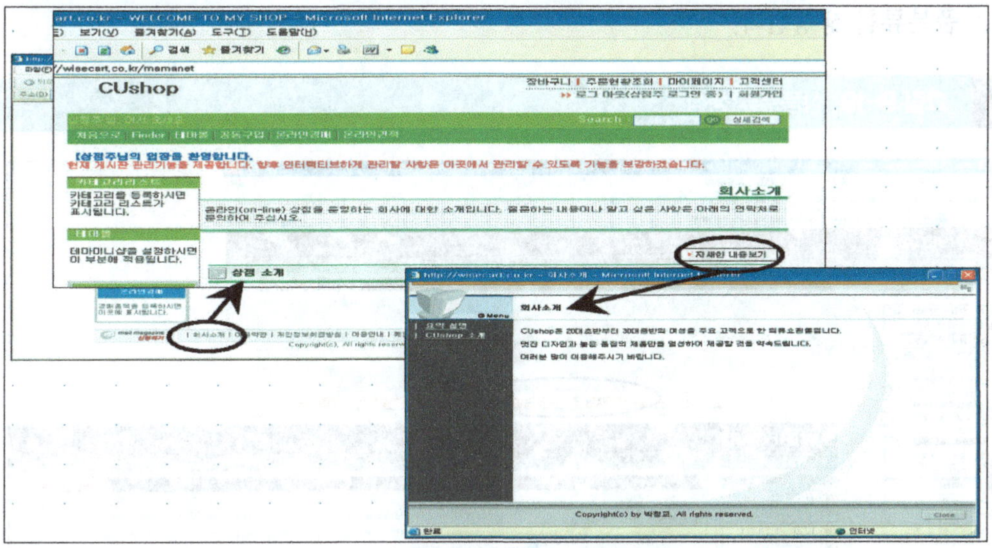

⑥ '상점디자인관리→디자인마법사(초급)'를 선택하고 인트로 디자인, 레이아웃 디자인, 메인화면 디자인, 파인더 디자인 등에 대해 그림 9-18 과 같이 원하는 형태를 선택한 후 '저장하기'를 선택한다.

그림 9-18 상점디자인관리

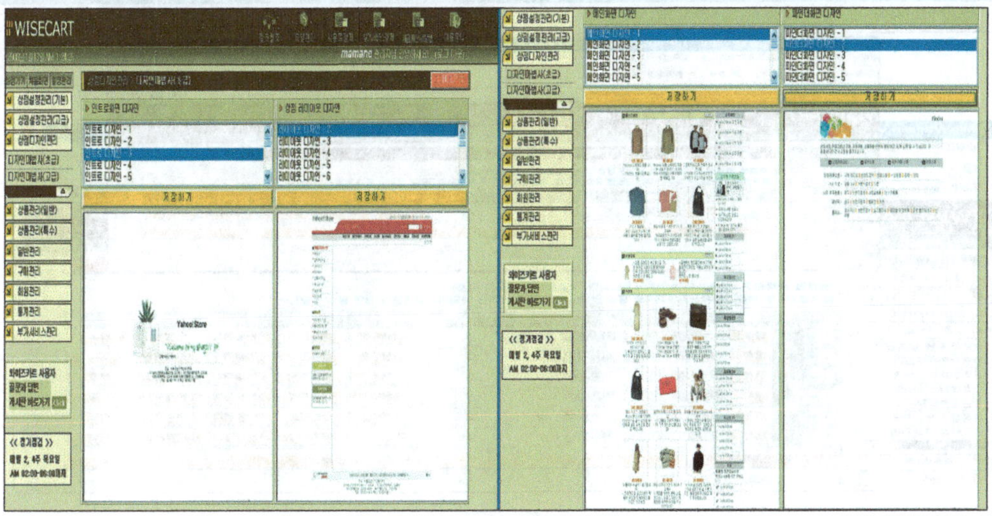

3) 상품 분류하고 등록하기

① '상품관리(일반)→상품분류 및 상품관리' 선택 후 '대분류신규생성'을 선택하여 상품분류를 생성한다.

그림 9-19 상품분류 생성

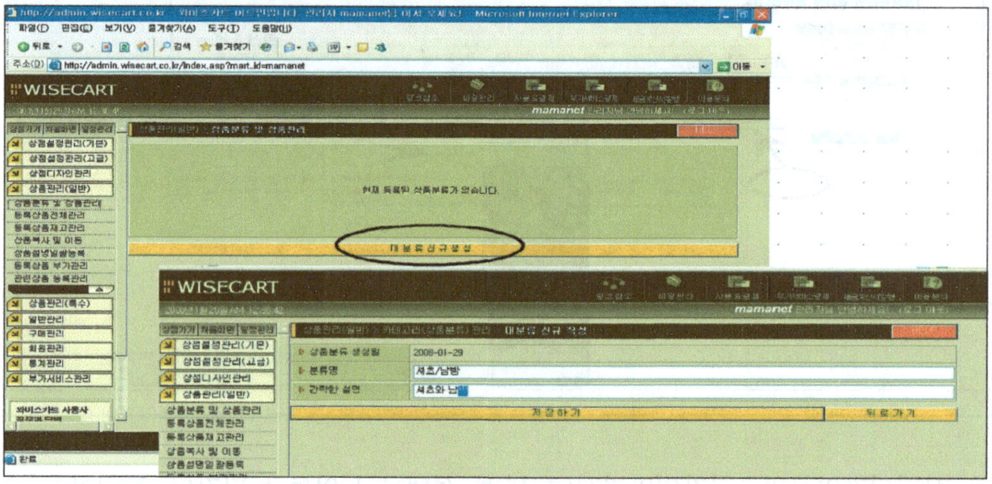

② 그림 9-20 은 상품분류가 생성된 결과이다. 필요한 분류만큼 반복하여 수행한다.

그림 9-20 상품분류생성 결과

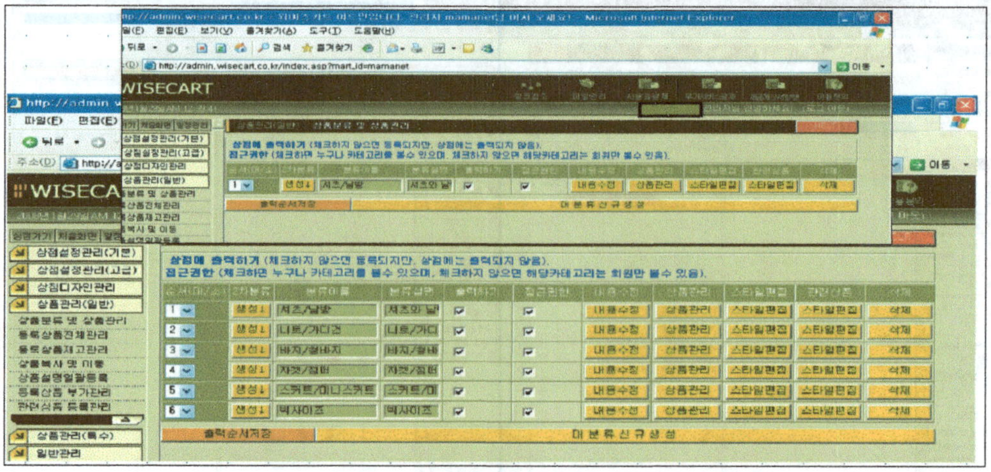

③ 그림 9-21 에서와 같이 '상품관리(일반)-상품분류및상품관리'를 선택하면 상품을 등록할 수 있다. '신규상품등록'을 선택한 후 이름, 판매가, 상품설명 등의 내용을 입력하고, 상품 이미지를 등록한다.

그림 9-21 개별상품 등록

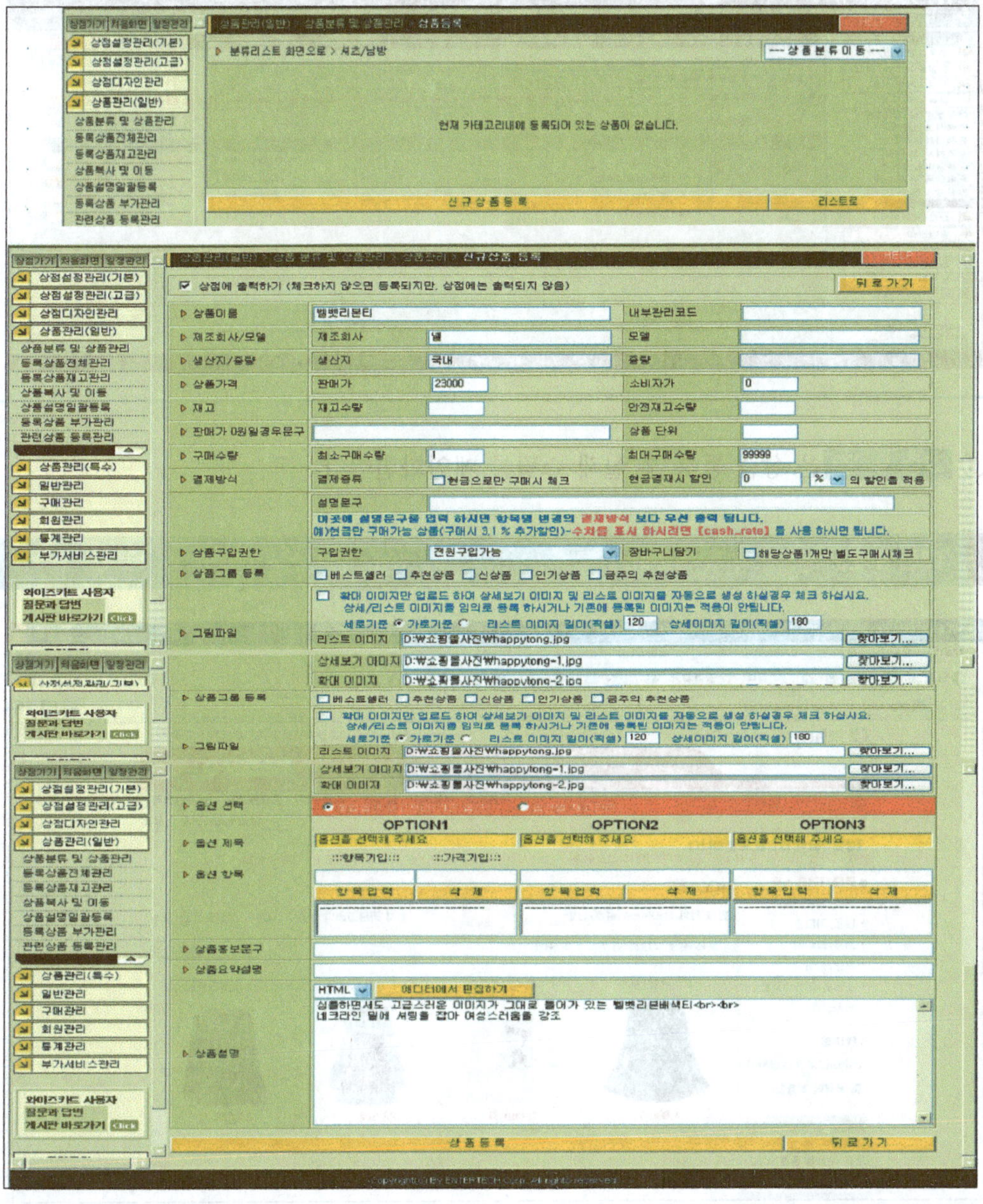

⑤ 그림 9-22는 상품이 등록된 결과이다.

그림 9-22 상품 등록 결과

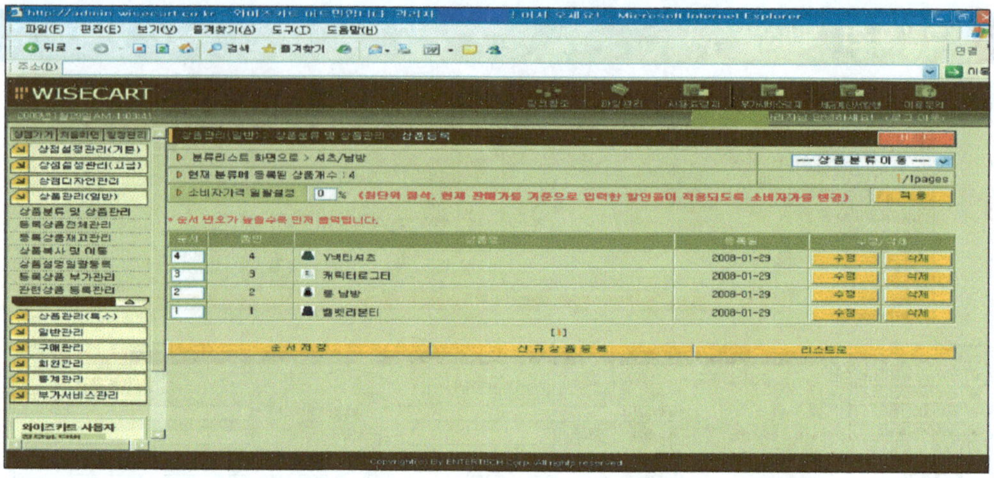

⑥ 그림 9-23은 상품 등록 후 실제 쇼핑몰 메인화면이다.

그림 9-23 상품등록 후 메인화면

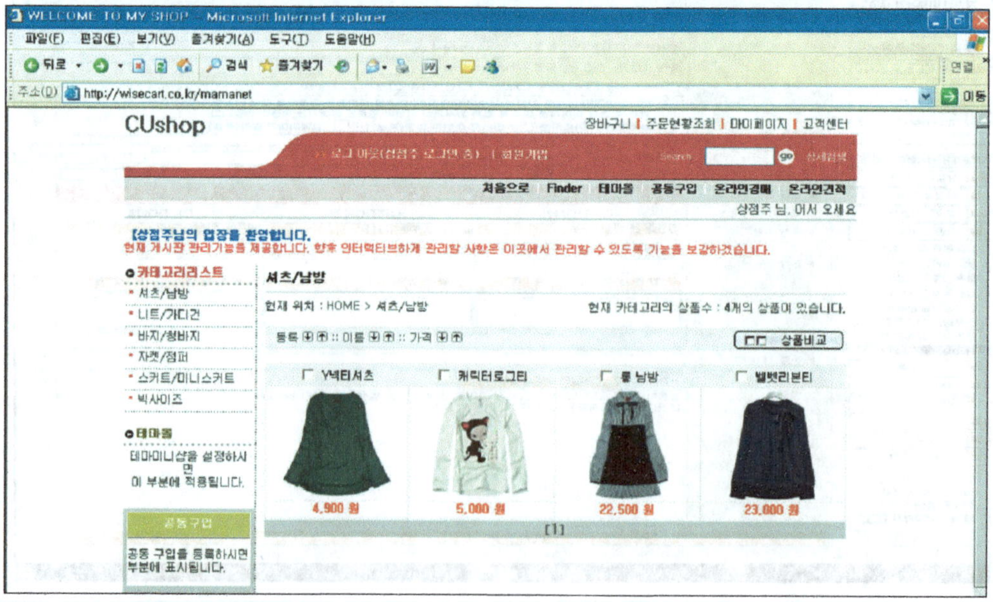

⑦ 그림 9-24는 상품을 선택했을 경우이다.

그림 9-24 상품 선택 후 화면

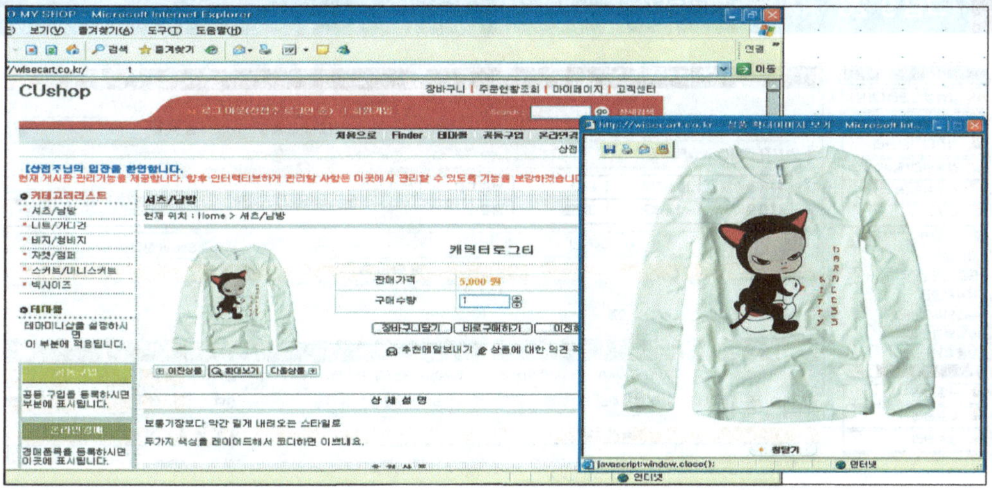

4) 공지사항과 게시판 설정하기

① 공지사항을 등록하기 위해서는 왼쪽 메뉴의 '일반관리→공지사항관리'를 선택한 후 공지사항 작성을 선택한다.

그림 9-25 공지사항 작성하기

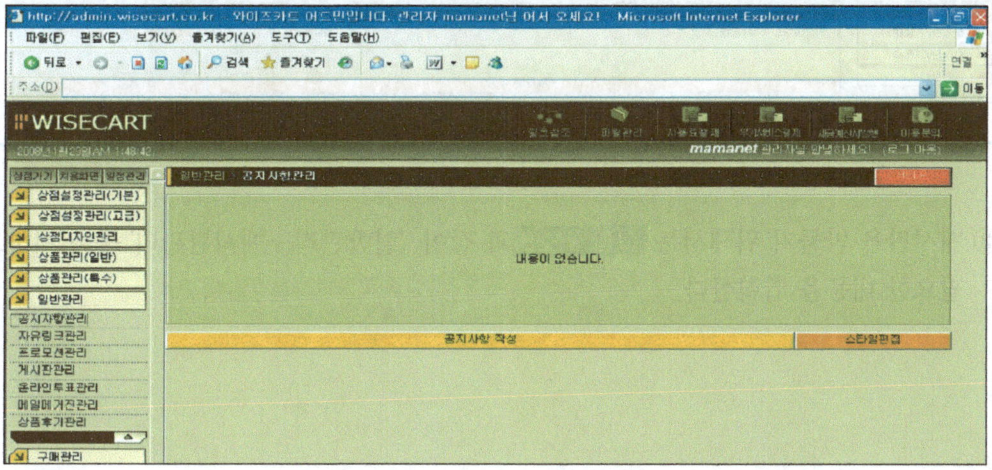

② 그림 9-26 과 같이 공지사항의 제목과 내용을 입력하고 저장하기를 선택하면 그림 9-27 과 같이 공지사항 리스트를 확인할 수 있다.

그림 9-26 공지사항 입력하기

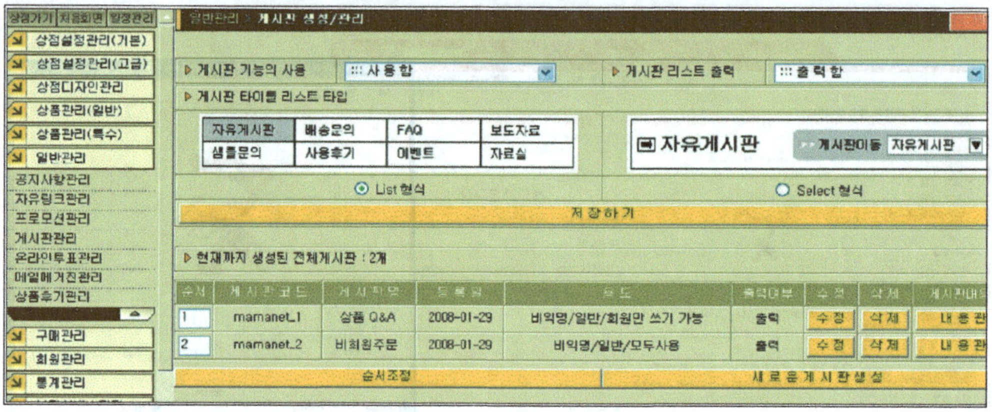

그림 9-27 공지사항 리스트

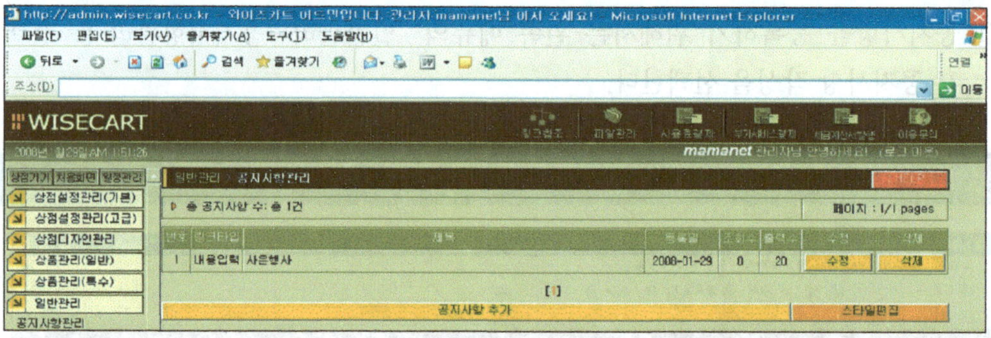

③ 게시판을 만들기 위해서는 그림 9-28 과 같이 '일반관리→게시판관리' 를 선택하고 필요한 내용을 입력한다.

그림 9-28 생성된 게시판 리스트

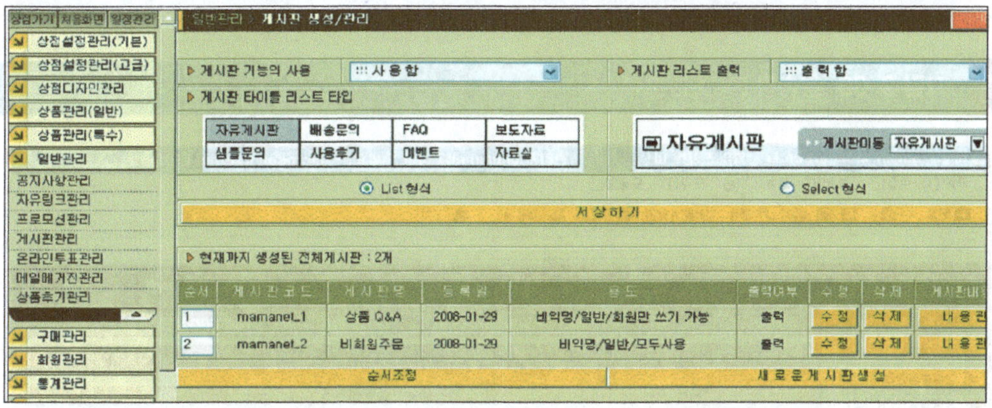

5) 기타

① '구매관리→운송장 및 구매내역'을 선택하면 구매내역을 검색할 수 있다.

그림 9-29 구매내역 검색

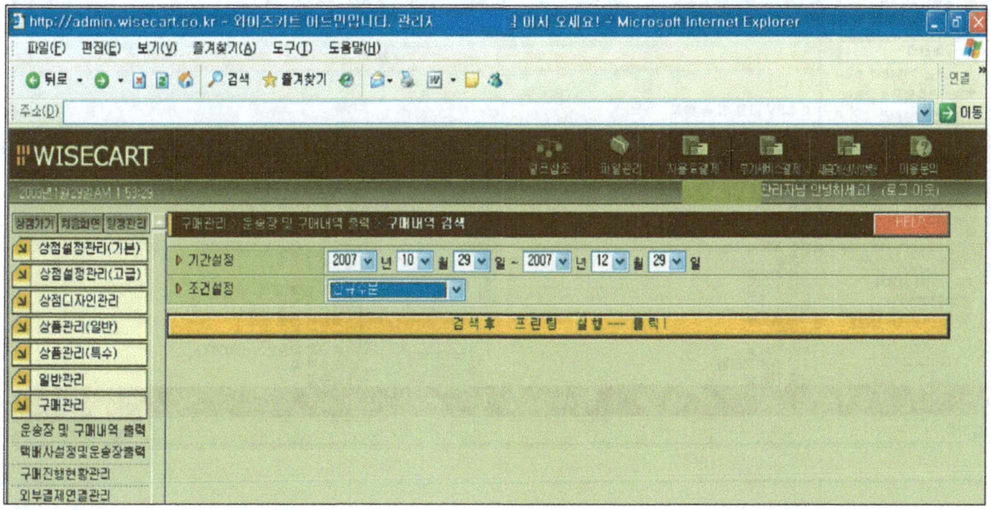

② '구매관리→택배사설정 및 운송장출력' 을 선택하면 운송에 관한 내용을 설정할 수 있다.

그림 9-30 운송장 EXCEL 출력

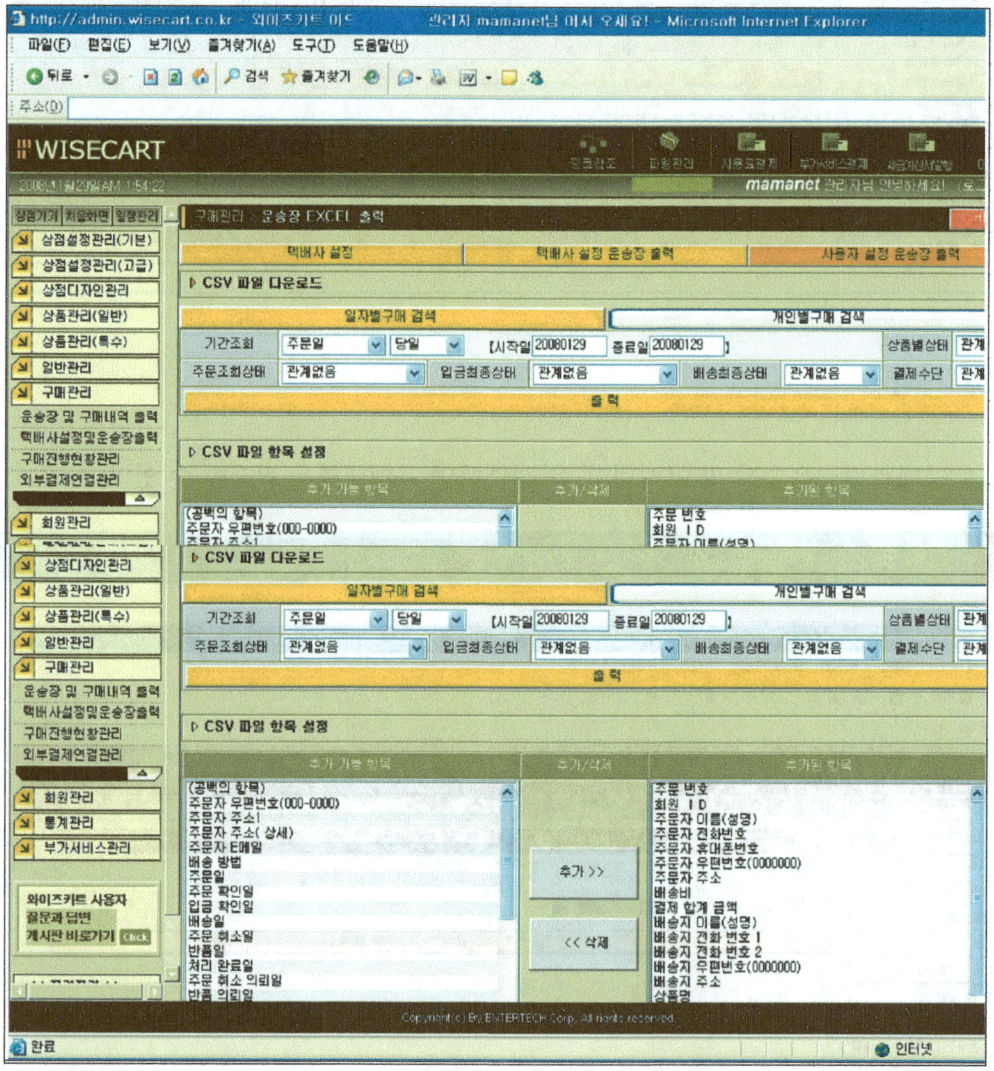

③ '구매관리→구매진행현황관리' 를 선택하면 구매진행현황을 알 수 있다.

그림 9-31 구매진행현황관리

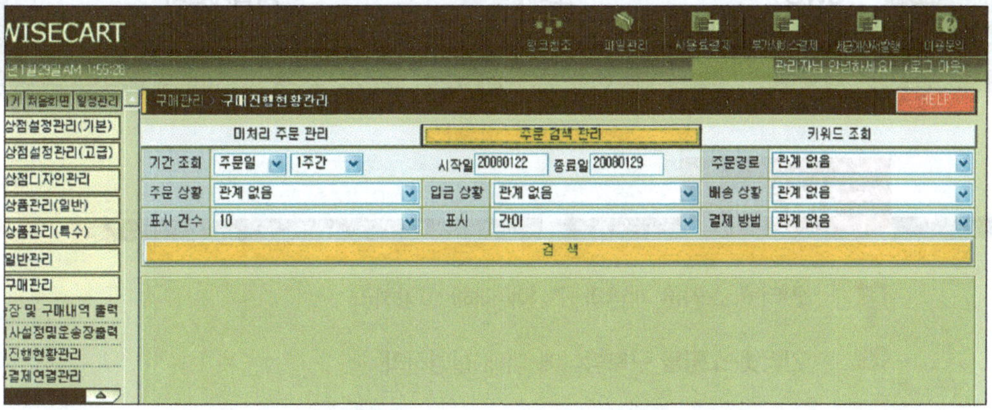

④ '회원관리→회원가입약관관리' 를 선택하여 회원가입약관의 내용을 수정할 수 있다.

그림 9-32 회원가입약관관리

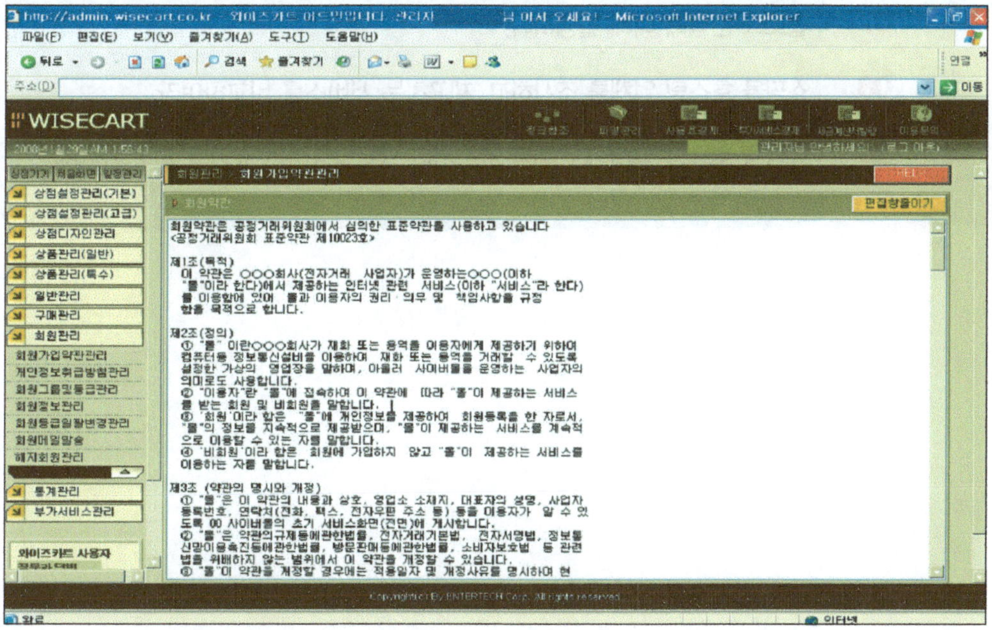

주요 용어

인터넷 쇼핑몰	경매사이트	포털사이트
종합 쇼핑몰	전문 쇼핑몰	소호몰
SWOT	도메인	사업계획서
웹로그 분석		

연습문제

01 인터넷 쇼핑몰 개념과 구성에 대해 설명하라.

02 인터넷 쇼핑몰 구축방식에 대해 설명하라.

03 인터넷 쇼핑몰 구축방법들의 장점과 단점을 비교하여라.

04 인터넷 쇼핑몰 창업 과정에 대해 설명하라.

05 쇼핑몰 조사계획서에서 시장조사의 목적은 무엇인가?

06 사업계획서에 포함되어야 할 내용을 기술하라.

07 웹로그 분석에 대해 설명하라.

08 쇼핑몰 호스팅 업체를 조사하고, 제공하는 서비스를 비교하여라.

09 쇼핑몰 호스팅 업체에서 제공하는 서비스를 활용하여 쇼핑몰을 구축하여라.

쉬어가기

인터넷으로 돈 버는 중학생 사장님들

인터넷 문화에 익숙한 10대들에게 인터넷은 생활의 연장인 동시에 자신의 꿈을 펼칠 수 있는 무한한 가능성의 바다이기도 하다. 어른들이 고심 끝에 결단을 내리는 '창업'도 이들에게는 그리 어렵지 않다. 다음은 중 · 고등학생 인터넷 쇼핑몰 CEO 네 명의 이야기다.

◆ 슈가셸(www.sugarshell.com), 임지영

슈가셸 임지영(16) 대표는 공부하다 남는 자투리 시간을 영업 시간으로 쓴다. 자신의 쇼핑몰을 한 번이라도 찾은 고객들에게 친절한 상품 설명을 담은 카드를 보내는 것이다. 임 대표는 작년 8월부터 중고생이 입을 수 있는 귀여운 디자인의 속옷을 파는 인터넷 쇼핑몰을 운영 중이다. 주 고객은 중학교 2학년 학생부터 대학생까지 다양하다. 월 매출은 300만 원 전후. 제품 사진 역시 주로 임 대표가 직접 찍는다. 잠옷류는 임 대표가 직접 입고 찍은 사진을 올린다. 임 대표가 나름대로 분석한 슈가셸의 성공 요인은 고객과의 눈높이를 맞췄다는 것이다. 상품을 구하러 가면 임 대표는 직접 속옷을 입어 보고 착용감, 디자인을 따진다. 세탁 뒤의 옷감 상태도 세심하게 살핀다. 가격은 2만 원을 넘지 않는 게 대부분이다.

◆ 윈인터렉티브(www.win-i.net /jol.la), 남기철

올해 고등학생이 되는 윈인터렉티브 남기철(16) 대표는 무료 도메인 사업을 벌이는 IT 사업가다. 2007년 8월 윈인터렉티브를 창업해 '졸라'라는 도메인을 무료로 제공하기 시작했다. 사이트를 연 지 두 달 만에 1만 명의 젊은 가입자가 졸라(jol.la)에 자신의 홈페이지를 만들었다. 사람이 몰리면서 광고도 붙기 시작해 요즘은 한 달에 80만 원에서 100만 원의 광고 수익을 올리고 있다. 졸라'라는 도메인을 알리기 위해 포털사이트에 홈페이지 등록 신청을 했지만 '졸라'가 비속어라 거절당했다.

◆ 매직고(www.magicgo.co.kr), 이정훈

매직고(MagicGo) 이정훈(15) 대표는 1700여 가지 마술용품을 온라인으로 판매한다. 매직고 사이트의 총방문자 수는 200만 명에 육박한다. 처음에는 국내산 마술 도구가 있는지조차 몰라 수입용품만을 판매했지만 지금은 마술 동호인들과 정보를 교환하며 싸고 좋은 국산 마술용품도 판매하고 있다.

그는 마술 연습을 시작하던 초등학교 3학년 겨울 인터넷 마술 카페를 만들었다. 어려운 마술 해법을 알려주며 입소문을 내 가입을 하도록 하는 '귀여운 홍보 활동'도 했다.

◆ 삼괴몰(www.samgoe-mall.com), 이명근

2006년 6월에 문을 연 쇼핑몰 '삼괴몰'의 이명근(18) 대표는 올해 고등학교 3학년이 된다. 이 대표가 운영하는 회사 직원은 쇼핑몰 동아리에 소속된 같은 학교 학생 5명으로 물류관리, 사진촬영, 포토샵 등 각자 맡은 분야가 있다.

삼괴몰에서 판매하는 상품 역시 삼괴고 학생이 직접 만든다. 시장 답사, 아이디어 회의, 재료 구입, 제작 등의 과정을 거쳐 상품이 탄생한다. 이들이 판매하는 물품은 한방비누, 한방방향제, 양모펠트제품 등이다. 화성 지역 특산물과 지역의 기업 제품도 판매한다.

삼괴몰의 수익은 한 달 기준으로 60만 원에서 100만 원 정도. 삼괴몰의 법인통장으로 차곡차곡 들어온다. 수익금은 재료비와 운송비를 제외하고 불우이웃돕기로 사용하고 있다.

(weekly chosun 1992호, 이윤아)

참고문헌

고응남, 「정보통신 개론: 정보통신 기본 개념부터 유비쿼터스까지」, 한빛미디어, 2006.

권금택, 「전략적 고객관계관리」, 도서출판 대명, 2007.

곽수일, 「인터넷 쇼핑몰의 성공사례」, 서울대학교 경영대학 전자상거래지원센터, 2001.

김기수 · 이상우, 「쇼핑몰 구축에서 운영까지 : 인터넷 전자 상거래」, 비앤씨, 1999.

김길선, 「생산시스템과 SCM」, 법문사, 2004.

김상일, 「고객관계관리의 새로운 지평 eCRM」, LG주간경제, 2000.

김수옥 · 김정섭 · 김승철 · 유한주 역, 「공급사슬관리」, 한경사, 2005.

김승욱 · 김경재 · 김창수 · 김민철 · 김유석, 「유비쿼터스 컴퓨팅시대의 고객관계관리」, 형설출판사, 2004.

김재일, 「인터넷 마케팅」, 박영사, 2005.

김진우, 「인터넷 비즈니스.com」, 영진닷컴, 2001.

김찬웅 · 황상윤, 「검색 마케팅 이야기」, 길벗, 2007

디지털경제연구, 「디지털 경제」, 매일경제신문사, 2001.

문상원, 「e-SCM의 구축과 운용」, 한국방송통신대학교출판부, 2004.

박강철, 「인터넷 비즈니스 모델과 성공포인트」, LG주간경제, 2000.

박대윤 · 김형수, 「인터넷 쇼핑몰 기획 실무 스타일 가이드」, 비비컴, 2002.

박재기, 「인터넷 마케팅 : e-비즈니스의 핵심」, 형설출판사, 2004.

박정서, “Mobile Commerce 집중분석(2) : 가치사슬과 비즈니스 모델”, e-bizgroup Whitepaper, 2001.

박철우, 「모바일 비즈니스의 수용 요인과 신뢰의 역할 : 모바일 뱅킹을 중심으로」, 한국학술정보, 2006.

배성수 · 조양현 · 한종수, 「네트워크 기초 및 활용」, 세화, 2004.

삼성경제연구소, “인터넷라운드와 기업의 대응”, CEO Information 102호.

삼성전자 글로벌마케팅연구소 옮김, 「CRM.com : 인터넷 시대의 고객관계경영」, 21세기북스」, 2001.
아이비즈넷(주), 「인터넷 비즈니스 @ i-biznet.com」, 21세기북스, 2000.
오재섭 역, 「e-commerce 비즈니스 전략」, 정보문화사, 2001.
원승교, 「나 혼자 꾸리는 인터넷 상점 창업부터 성공까지!」, 제우미디어, 2005.
윤종훈, 「전자상거래의 이해」, 삼영사, 2004.
이건창, 「인터넷과 경영」, 무역경영사, 2003.
이문규 · 안광호 · 김상용, 「인터넷 마케팅」, 법문사, 2004.
이상진, 「e-비즈니스개론 : 기초개념부터 구현사례까지」, 두남, 2004.
이영해, 「SCM(공급사슬경영)이론과 실제」, 문영각, 2001.
이용만 · 이근태 · 전종, 「디지털경제의 도래와 우리경제에의 시사점」, LG경제연구원」 2000.
이웅희, 「인터넷 비즈니스 모델의 성공조건」, 삼성경제연구소, 2000.
이태호 · 안철륜 · 권호중, 「쇼핑몰 창업의 바이블」, 북스토리, 2006.
이훈영, 「e-마케팅 플러스」, 무역경영사, 2002.
임종원 · 이동일, 「디지털 환경하의 유통경로 변화」, 서울대학교 경영대학 전자상거래지원센터, 2002.
전옥선, "인터넷 마케팅 트랜드 및 사례분석", 삼성SDS IT Review, 2002, 7.
정진욱 · 박길철 · 김석수, 「멀티미디어 통신」, 사이텍미디어, 2006.
정진욱, 「정보통신 배움터」, 생능, 2005.
팀인터페이스 옮김, 「성공하는 웹사이트, 실패하는 웹사이트」, 길벗, 2001.
조동훈, 「경영전략@벤처창업」, 한올출판사, 2004.
채경민, 「쌩생 쇼핑몰 창업 노하우」, 교학사, 2006.
최동수 · 유지성, 「디지털경제」, 박영사, 2006.
한동철, 「고객관계관리」, 우용출판사, 2001.
현이주, 「인터넷 쇼핑몰 창업&운영 노하우」, 영진닷컴, 2004.
효성데이타시스템 SCM팀 역, 「실천 SCM 경영혁명」, 민미디어, 1999.
Afuah, A. and Tucci, C. L., 「Internet business models and strategies : text and cases」, McGraw-Hill, 2003.
Albert, T. C., 「E-business marketing」, Prentice Hall, 2003.
Awad, E., 「Electronic commerce: from vision to fulfillment」, Prentice Hall, 2004.
Davis, W., 「E-commerce basics : technology foundations and e-business

applications」, Addison-Wesley, 2003.

Duyne D. K., Landay J. A. and Hong J. I., 「The Design of Sites」, Addison Wesley, 2003.

Schneider G.P., 「Electronic commerce」, Course Technology, 2003.

Jelassi, T., 「Strategies for e-business : creating value through electronic and mobile commerce: concepts and cases」, Prentice Hall, 2005.

Laudon, K. C., 「E-commerce : business, technology」, society, Addison Wesley, 2003.

Rayport, J. F., 「Cases in e-commerce」, McGraw-Hill/Irwin, 2002.

Galliers, R. D. and Beats, W., 「Information technology and organizational transformation」, Wiley & Sons, 1998.

Goto K. and Cotler E., 「Web Redesign : Workflow that works」, New Riders, 2002.

Siegel, C. F., 「Internet marketing : foundations and applications」, Houghton Mifflin, 2006.

Strauss, J., 「E-marketing」, Prentice Hall, 2003.

Albert T. C. and Sanders, W. B., 「E-business marketing」, Prentice Hall, 2003.

Turban, E., 「Electronic commerce: a managerial perspective」, Pearson/Prentice Hall, 2004.

Turban, G. L., 「Digital marketing strategy: text and cases」, Pearson/Prentice Hall, 2004.

Zhao, J. J., 「Web design and development for e-business」, Prentice Hall, 2003.

한글 색인

ㅇ

ㅈ

ㅊ

ㅋ

ㅌ

ㅍ

ㅎ

영문 색인

저 자 소 개

김 성 언
서울대학교 해양학과 (학사)
미국 루이지애나 주립대학교 전산학과 (석사)
미국 루이지애나 주립대학교 DSIS (경영학 박사)
한국경영정보학회 이사
한국정보시스템학회 감사
한국의사결정학회 회장 역임
현,한국산업경영학회 상임이사
대구가톨릭대학교 경영정보학과 교수

인터넷 시대를 위한 **디지털 경영**

2009년 2월 23일 초판 인쇄
2015년 3월 10일 초판 2쇄 발행

저 자 : 김 성 언
발행인 : 정 광 식
발행처 : **비앤엠북스**

서울시 금천구 가산동 319번지(호서대벤처타워 B1-103)
등 록 2004. 12. 29. / 제313-2004-00298호
전 화 02-2627-5710~12, 팩스 02-2627-5720
홈페이지 www.대학교재.net
이 메 일 bnmbook@daum.net

이 책의 무단전재 또는 복제행위는 저작권법 제97조의 5에 의거, 5년 이하의 징역 또는 5,000만원 이하의 벌금에 처하게 됩니다.

정가 24,000원

ISBN 978-89-91879-57-7

B&Mbooks